KB039035

학습부진아의
# 공부잠재력
# 키우기

학습부진아의
# 공부잠재력 키우기

최진오 · 정종성 공저

학지사

# 머리말

"교수님, 애들은 왜 공부를 하지 않을까요? 도무지 이해할 수가 없어요."

"교수님, 아무리 지도해도 그 다음날 되면 도로 원점입니다. 도무지 진척이 없어요."

"교장 선생님께서는 어떻게든 학습부진아 숫자를 줄여 보라고 늘 말씀하시는데 어디서부터 손을 대야 할지 감도 오지 않습니다."

"다른 학교 업무도 많아 힘든데 애들까지 따로 지도해야 한다고 하니 스트레스를 받아 학교 가는 게 싫어질 지경입니다."

우리가 현장에서 학습부진아를 지도하는 교사들에게 자주 듣는 하소연이다. 최근 들어 학습부진아에 대한 사회적 관심도가 높아지면서 이들에 대한 교육부나 시·도교육청의 지원 또한 과거에 비해 대폭 증가하였다. 그런데 막상 현장에서 학습부진 아를 지도하는 교사들을 만나 보면 이러한 지원을 달가워하기 보다 부담스러워하는 것을 흔히 보게 된다. 교사들이 학습부진 아에 대한 관심과 지원을 반가워하지 않는 이유는, 이들의 하소 연에서 나타나듯 학습부진아는 지도해도 잘 바뀌지 않을뿐더러 일만 더 늘리는 부담스러운 존재로 인식되기 때문이다. 실제로 교육부와 교육청의 많은 관심과 지원을 비웃기라도 하듯 학습 부진아 수는 해가 갈수록 증가하고 있다.

학습부진아는 우리 학교현장에 오랫동안 있어 왔지만 이들 이 이렇게 주목을 받기 시작한 것은 비교적 최근의 일이다. 무엇 보다 한 학급에 20~30명의 학생을 지도해야 하는 교사의 입장 에서 이들 하나하나에 대해 충분히 신경써 줄 수 없었던 것도 사 실이다. 최근 들어 학생 수가 급속히 감소하면서 한 학생도 소 홀히 할 수 없다는 사회적 공감대가 형성됨과 동시에 학급당 인 원수가 20여 명 아래로 떨어지면서, 학생 개개인을 돌아볼 수 있 는 여유가 생겨 학습부진아들에 대한 관심이 증가하기 시작하였 다. 이러한 현실 속에서 학습부진아 지도에서 핵심적인 역할을 담당해야 할 교사들은 몇 가지 구조적인 문제점에 봉착해 있다.

첫 번째 문제는 현재 대부분의 교사가 학습부진아를 가르 치는 방법을 충분히 배우지 못한 채 교사생활을 시작했다는 것 이다. 실제로 학습부진아 지도는 교대나 사범대의 필수교육과 정에 포함되어 있지 않다. 신체적·인지적 기능 제한이 명백히 나타나는 장애학생을 위한 특수교육이 필수교육과정에 포함되어 있는 현실을 감안하면 학습부진아 문제는 교사교육에 있어 여전히 사각지대에 놓여 있는 것이다. 2015년 「초·중등교육법개정안(일명 느린 학습자 지원법)」이 통과되면서 교사들의 학습부진아 지도에 대한 연수를 의무화하고 있지만, 이러한 몇 시간의 연수로 몇 년간 학업 실패를 거듭해 온 학습부진아를 지도할 수 있는 전문성을 갖추기란 거의 불가능하다.

　두 번째 문제는 교사들과 학습부진아 사이의 간극이 너무 크다는 것이다. 이 책에서도 자세히 다루고 있지만 우리나라 교사들은 공부를 매우 잘한다. 시험에서 한두 번 떨어져 본 적은 있을지 몰라도 공부가 잘 안 돼서, 공부가 어려워서 고통받아 본 경험은 많지 않을 것이다. 그러다 보니 학습부진아가 공부에 대해 경험하는 좌절감과 고통을 이해하지 못한다. 또한 자신이 공부를 잘하다 보니 자신의 공부 방법과 내용을 학습부진아에게 그대로 적용하려는 경향이 있다. 문제는 이러한 공부 방법과 내용이 공부를 잘하는 학생에게는 적절할 수 있는 반면, 학습부진아에게는 맞지 않을 가능성이 크다는 것이다. 그러니 공부를 잘하는 학생은 더 잘하게 되고, 못하는 학생은 더욱더 못하게 되는 불평등 구조가 나타나게 된다.

　마지막으로, 현재 교육부나 시·도교육청, 심지어 학교현장까지 모두 학습부진아의 '부진'에만 초점을 맞추고 있다는 것 또한 극복되어야 할 문제이다. 학습부진아의 진단부터 지도하는 과정과 그 결과를 평가하는 것까지 전부 '부진'에 초점이 맞추어져 있다. 학습부진아의 가장 큰 문제가 말 그대로 학습부진이니 부진에 집중하는 것이 당연하다고 생각할 수도 있다. 그런데 아이러니하게도 부진에 초점을 맞춰서는 학습부진 문제가 해결되지 않는다. 부진에 초점을 맞추는 것이 다음과 같은 역효과(side effects)를 만들어 내기 때문이다.

첫째, 학생들이 '부진아'라는 이름으로 낙인찍히게 된다. 이렇게 낙인이 찍히면 이들을 바라보는 주위 사람들의 시선이 달라진다. 특히 교사에게 있어 학습부진아는 자신의 지도를 제대로 받아들이지 못하고 추가적인 업무를 만들어 내는 '짐덩이'로 인식되기 쉽다. 이러한 교사의 부정적 인식은 주위 학생들에게 그대로 투사되고, 이들에 대한 눈빛이 부정적으로 바뀌게 된다. 교사와 친구들의 이러한 부정적 시선은 학습부진아로 하여금 학교와 교실을 불편하고 힘든 공간으로 여기게 만든다. 그러다 보니 학교는 가기 싫은 곳이 되고 공부에 대한 흥미를 잃어버리게 되어 공부를 더욱 더 못하게 되는 악순환의 관계가 만들어진다.

둘째, 학습부진아가 가지고 있는 '잠재력'이 사장되어 버린다. 모든 학생은 자신만의 고유한 잠재력을 가지고 있으며, 학습부진아 또한 예외가 아니다. 그런데 많은 학습부진아가 '부진'이라는 프레임에 갇혀 자신의 잠재력을 돌아볼 기회조차 얻지 못하고 있는 것이 현실이다. 자신의 잠재력을 인식하고 이것을 펼치고자 하는 마음은 공부에 대한 근본적인 동기를 만들어 줄 수 있다는 점에서 학습부진 문제 해결의 중요한 열쇠가 된다. 그런데 부진에 초점을 맞추다 보니 이러한 문제 해결의 열쇠가 사장되어 버리는 아이러니한 상황이 펼쳐지는 것이다.

　셋째, 학습부진아가 나타내는 '부진'은 결과라는 것이다. 더 중요한 것은 왜 이러한 부진이 만들어졌는가 하는 원인에 있다. 동일한 형태의 학습부진이 나타났다고 하더라도 그 원인은 제 각각 다르며, 이에 따라 처방이 달라지기 때문이다. 그런데 현재 학교에서는 부진이라는 결과에 초점을 맞추다 보니 부진의 형태에 따라 획일화된 처방을 내린다. 예를 들어, A라는 문제를 풀지 못하면 B를 몰라서 그런 것이니 B를 먼저 지도하는 식이다. 안타깝게도 이런 획일적 처방은 학습부진아 문제 해결에 큰 효과가 없다. 학습부진아의 문제를 해결하기 위해서는 이들이 나타내는 각각의 부진 원인을 체계적으로 파악하고 이들의 학습특성에 맞는 개별화된 지도가 필요하다. A라는 문제를 똑같이 못 푸는 학습부진아들이라 하더라도 각각 다른 형태로 접근하는 것이 더 효과적일 수 있는 것이다.

　이 책은 학습부진아 지도의 이러한 구조적인 문제를 일부라도 해결하고자 하는 마음에서 쓰였다. 이 책은 총 5장으로 구성되어 있다. 1장에서는 현재 교육현장에서 사용되고 있는 '학습부진'이라는 용어가 어떠한 문제를 유발하고 있는지 살펴보고, 이를 대체할 수 있는 '공부잠재력'의 개념에 대해 설명한다. 아울러 이러한 공부잠재력의 발현을 위해 우리의 생각과 태도가 어떻게 변화되어야 하는지에 대해 논의한다. 2장에서는 학습부진이 왜 발생하는지에 대한 원인을 총 일곱 가지로 나누어 살펴보고, 각각의 문제에 어떻게 접근해야 하는지에 대해 설명한다. 3장에서는 학습부진아의 학습특성 파악의 중요성과 각각의 학습특성을 어떻게 진단할 것인지에 대해 살펴본다. 4장에서는 학습부진 문제를 해결하기 위해 최우선적으로 습득해야 할 초기 문해력과 학습전략을 소개하고 이를 어떻게 지도해야 하는지에 대해 설명한다. 마지막 5장에서는 효과적인 학습부진아 지도는 어떻게 이루어져야 하는지를 총 여덟 단계로 나누어 설명한다.

　　이 책에 제시된 사례들은 우리가 직접 만났거나 학습부진아를 지도했던 교사들을 통해 간접적으로 접한 학생들의 실제 사례이다. 그러나 개인정보보호를 위해 모든 이름은 가명으로 처리했으며, 민감한 정보와 내용은 당사자를 인지하지 못하도록 내용을 일부 윤색하였음을 미리 알려 둔다. 아무쪼록 이 책이 공부 때문에 힘들어하는 수많은 학습부진아의 공부잠재력을 발현시키는 데 조금이나마 일조할 수 있기를 소망한다. 아울러 이 책을 읽는 독자들이 학생을 어떻게 바라보고 가르쳐야 하는지에 대해 한 번 더 고민함으로써 학습부진 문제를 사전에 예방할 수 있는 단초가 만들어지길 기대해 본다.

최진오, 정종성

# 차례
C O N T E N T S

## 01
## 학습부진? 공부잠재력!

## 02
## 학습부진의 원인과 진단의 방향

# 03

# 학습특성 파악

# 04

## 초기 문해력과 학습전략

# 05

# 학습부진아 지도의 실제

# 01

# 학습부진?
# 공부잠재력!

학습부진아의
**공부잠재력 키우기**

# 1. 학습부진 문제의 실태

학력 양극화는 이미 우리나라 학교교육의 가장 심각한 문제로 고착되었으며, 이를 해결하지 않는 한 우리 사회의 미래는 결코 밝지 않다. 대학 입시에서 유리한 고지를 차지하기 위한 과열경쟁은 이미 초등학교에서부터 시작되며, 선두 집단에 속하지 못한 수많은 학생이 학년이 높아지면서 서서히 학력 경쟁에서 도태되고 있다. 학원에서 이루어지는 선행학습으로 학생 간 학력 격차는 지속적으로 증가하고 있고, 이에 따라 교사가 수업 목표를 설정하는 것이 여간 어렵지 않다. 학원에서 선행학습을 마친 학생은 국가 교육과정을 준수하는 학교 수업에 흥미를 가지기 어렵다.

이러한 교육 현실에서 가장 큰 어려움에 처한 이들은 다름 아닌 학습부진아들이다. 선행학습을 한 학생의 비중이 높아질수록 교실 수업을 실행하는 교사는 교육목표를 조금씩 높여 가게 되므로 또래에 비해 학습능력이 부족한 학생이 수업목표에 도달하는 것은 점점 더 어려워진다. 상향 조정된 수업목표에 도달하지 못하는 학생의 경우 집중적인 특별지도를 받지 않는 한 또래와 동일한 학습수준에 도달하는 것이 거의 불가능하다. 다음은 우리의 교육 현실에 대한 교사의 자조 섞인 말이다.

> "교실에서 잠자는 학생들은 두 부류입니다. 첫 번째 부류는 이미 학원에서 선행학습을 해서 배우는 게 재미가 없는 학생들이고, 다른 한 부류는 수업을 도무지 이해하지 못하는 학생들입니다."

학습부진은 단지 학업의 문제로만 끝나지 않는다. 학습부진아는 학교생활에 적응하지 못하여 개인 내적으로 우울·분노·불안과 같은 정서적인 어려움을 겪게 되며, 이러한 정서적 문제들이 자신을 둘러싼 외부 환경으로 표출될 경우 학교폭력과 청소년 비행으로 이어져 학교뿐만 아니라 사회 전체에 심각한 부정적인 영향을 끼치게 된다(박순길, 조증열, 2016; 신정인, 김춘경, 2012; 최규련, 2010).

학습부진 문제의 심각성을 인식한 정부는 학습부진아 문제를 해결하기 위해 학습부진아 책임지도제, 학력향상 중점학교 지원사업, 국가수준 학업성취도 평가를 통한 학력향상 지원사업, 학습클리닉 센터운영 지원사업 등과 같은 많은 노력을 기울여 왔다(김은영, 신민경, 2017; 이대식, 임건순, 2018). 그러나 이러한 국가적인 노력에도 불구하고 학습부진은 여전히 해결되지 않은 채 학교교육의 가장 심각한 문제로 남아 있다.

최근 교육부에서 발표한 국가수준 학업성취도 평가 결과(교육부, 2019a)에 따르면, 중학교, 고등학교 모두 전년도에 비해 기초학력미달 비율이 거의 나아지지 않고 있다. 〈표 1-1〉에서 나타나듯, 고등학생보다 중학생의 기초학력미달 비율이 더 높았으며, 특히 중학교를 중심으로 대도시와 읍·면 지역의 기초학력미달 비율의 차가 갈수록 벌어지고 있다. 초등학교의 경우 국가수준 학업성취도 평가를 실시하지 않아 정확한 통계적 수치를 알 순 없지만 현장 교사들은 초등학생의 학습부진 문제가 갈수록 심화되고 있다고 체감한다(이대식, 임건순, 2018). 학생의 학습부진

···· 표 1-1 ● 2019년 국가수준 학업성취도 평가 결과: 지역 규모별 기초학력미달 비율(%)

| 구분 / 연도 | 중3 | | | | | | 고2 | | | | | |
|---|---|---|---|---|---|---|---|---|---|---|---|---|
| | 국어 | | 수학 | | 영어 | | 국어 | | 수학 | | 영어 | |
| | 대도시 | 읍·면 | 대도시 | 읍·면 | 대도시 | 읍·면 | 대도시 | 읍·면 | 대도시 | 읍·면 | 대도시 | 읍·면 |
| 2017 | 2.7 (0.28) | 3.2 (0.47) | 6.5 (0.48) | 7.7 (0.75) | 2.9 (0.31) | 3.8 (0.65) | 5.1 (0.71) | 7.1 (1.98) | 9.0 (0.89) | 13.2 (3.14) | 3.7 (0.54) | 6.3 (1.70) |
| 2018 | 4.4 (0.39) | 4.3 (0.69) | 10.3 (0.69) | 12.7 (1.28) | 5.3 (0.46) | 5.2 (0.78) | 4.0 (0.63) | 3.2 (0.58) | 9.4 (0.94) | 12.5 (1.77) | 5.5 (0.72) | 6.8 (1.21) |
| 2019 | 3.8 (0.43) | 4.9 (0.65) | 10.3 (0.76) | 15.2 (1.18) | 3.4 (0.44) | 3.6 (0.53) | 3.9 (0.58) | 3.1 (0.89) | 7.6 (0.81) | 9.3 (1.69) | 3.6 (0.58) | 3.0 (0.77) |

※아래 (  )는 표준오차임                                    출처: 교육부(2019a).

문제가 더욱더 심각해지고 있으며, 특히 교육 인프라에 따른 기초학력 격차가 더욱 커지고 있다는 사실은 국가적 수준의 개입이 전방위적으로 확대되어야 함을 시사한다. 실제 교육부에서는 '2019 기초학력 지원 내실화 방안'(교육부, 2019b)을 통해 초등학교 1학년부터 모든 학생의 기초학력 진단을 포함한 전방위적인 지원계획을 발표하기도 했다.

우리나라에서 초등학교와 중학교는 의무교육에 포함되기 때문에 누구나 예외 없이 학교에 가야 한다. 고등학교는 의무교육에 포함되진 않지만 대부분의 학생이 별다른 어려움을 겪지 않고 고등학교에 진학할 수 있다. 일단 학교에 입학하게 되면 거의 모든 학생이 자신의 능력이나 수준에 상관없이 학급을 배정받기 때문에 학급 구성원의 학습 수준은 천차만별이다. 정도의 차이는 있겠지만, 요즘은 대다수 학생이 학원, 과외 등과 같은 사교육을 받기 때문에 사교육을 받지 않는 학생을 찾기가 도리어 쉽지 않다. 선행학습을 금지하는 법이 엄연히 존재하지만 이 법을 준수하는 학원이나 과외 교사는 거의 없다. 도리어 사교육 업체는 선행학습을 시킨다는 것을 교묘하게 돌려서 광고하는 상황이다(정석환, 배정혜, 2016).

선행학습을 조장하는 듯한 학교의 교육적 풍토와 부모의 강력한 권유에 떠밀려 학생은 자신의 의사와 상관없이 사교육 시장에 내던져진 채 공교육 체제하에서 배워야 할 것들을 사교육 시장을 통해 미리 학습한다. 대표적인 예가 한글 선행학습이다. 2015 교육과정에서는 초등학교 1학년을 한글 교육의 출발

점으로 규정하고 있으며, 이를 위해 초기문해교육을 위한 수업
시수도 확대하였다(이승미, 박순경, 김중훈, 2017). 그러나 초등학교
1학년 시기의 한글 교육을 강화하겠다는 교육당국의 의도는 초
등학교 입학을 앞둔 아동의 부모에게는 별다른 감흥을 주지 못
한다. 자녀교육에 조금이라도 관심이 있는 부모라면 거의 예외
없이 아동이 초등학교에 입학하기 전에 미리 한글을 해득할 수
있도록 모든 수단을 총동원한다. 자녀가 또래 아동에게 뒤처질
것을 염려하는 부모의 조바심, 그리고 이에 더해 선행학습을 하
지 않으면 학교 공부를 따라갈 수 없다는 다른 이들의 조언으로
대부분의 아동은 초등학교에 입학하기 몇 년 또는 몇 개월 전부
터 한글 선행 교육을 받는다.

경제적 양극화가 심화되면서 사교육을 받는 정도에 있어서
도 양극화가 심해지고 있다(김현철, 황수진, 박혜랑, 2019). 이런 현
실에서 교육의 사각지대에 놓인 아동은 선행학습은커녕 학교에
입학하기 전에 갖추어야 할 기본적인 학습태도나 소양조차도 익
히지 못한 채 초등학교에 입학하게 된다. 한 교실 공간에 이미
몇 학년 분량을 앞서 공부한 학생과 교육과정에 따른 현 단계의
수업내용을 이해하기 위한 기초능력조차 제대로 갖추지 못한 학
생이 함께 공부하고 있는 것이다.

천차만별인 학습수준의 차이를 보이는 학생들을 한꺼번에
가르쳐야 하는 교사에게 있어 이러한 상황이 얼마나 답답할지
는 직접 이들을 가르쳐 본 사람이 아니면 상상하기 어렵다. 어느
수준을 기준으로 수업목표를 설정해야 하는지 도무지 판단하기

어렵다. 교사는 대부분 자신이 생각하는 가상의 중간 수준에 맞추어 수업을 진행한다. 그런데 이 중간 수준은 기초도 갖추지 못한 학생에게는 너무 높은 수준이어서 이들은 수업 내용을 알아들을 수 없고 결국 배움 자체를 포기하게 된다. 이에 비해 선행학습을 해 온 학생은 수업 내용을 이미 다 알고 있기 때문에 수업에 대한 흥미를 잃어버린다.

선행학습을 한 학생이야 어찌되었든 스스로 알아서 공부를 하기 때문에 그나마 다행이다. 정작 문제는 뒤처지는 학습부진아이다. 최근 교육부와 시·도교육청이 학습부진 문제에 대한 관심을 갖게 되면서 단위 학교를 중심으로 학습부진아를 진단하고 학습부진아로 선별된 학생을 지도하는 것이 주요 업무가 되고 있다(이대식, 임건순, 2018). 그렇지만 여전히 학습부진아 지도는 교사 개인이나 단위 학교에서 쏟는 관심의 정도에 의존하고 있는 실정이며, 학습부진 문제를 실질적으로 해결하기 위한 국가적 수준의 노력은 많이 부족하다. 이러한 현실에서 대부분의 학습부진아는 수업 내용을 이해하지 못하고 그저 앉아서 버텨야 한다.

초등학교에서는 담임교사가, 중·고등학교에서는 학습부진 업무 담당 교사나 담당 교과 교사가 학습부진아 지도를 주로 담당한다. 학습부진아가 다니는 학교의 교사가 학습부진아 지도에 대한 책임을 지는 것이 가장 바람직하지만 현실은 그렇게 녹록지 않다. 학습부진아 교육을 담당하는 교사조차 학습부진아 지도를 위한 전문적 식견과 기술을 갖추고 있지 않은 경우가 많다. 학습부진아 지도는 교실 수업을 설계하고 실행하는 것과는 또 다른 차원의 전문성을 요구하기 때문에 교실 수업과 동일한 방식으로 학습부진아를 지도하게 된다면 거의 대부분 실패할 수밖에 없다. 학습부진아 교육의 성패는 학습부진아 지도에 대한 전문적인 식견과 기술을 갖춘 교사에게 달려 있음에도, 이에 대한 전문적인 훈련을 받은 교사는 흔치 않다(정평강, 김예리, 김중훈, 2019).

대부분의 교사는 공부를 못해 본 경험이 별로 없기 때문에 학습부진아가 공부를 왜 못하는지를 잘 이해하지 못한다. 그러다 보니 학습부진아에게 자신이 습득한 공부 노하우를 가르쳐 주거나 동료 교사로부터 얻은 조언을 바탕으로 학습부진아를 지도한다. 그런데 교사가 알고 있는 공부방법이란 공부를 잘하는 학생에게는 적합할 수 있지만 학습부진아의 수준에는 맞지 않는 경우가 많다. 학습부진아를 지도하기 위한 별도의 방법을 알지 못할 경우 가장 일반적인 지도방법은 학습부진아로 조직된 소집단에게 정규 수업에서 가르쳤던 내용을 다시 한번 조금 더 느린 속도로 가르치는 것이다. 교사가 가르친 내용을 이해하지 못하는 학생에게 동일한 내용을 여러 번 반복하여 가르치는 게 얼마나 효과적일까? 정규 수업에서 교사가 사용하는 교수법을 사용하여 똑같은 내용을 두 번째 가르쳤을 때 마침내 이해하게 되는 학생이라면 학습부진아가 되지 않았을 가능성이 높다.

학습부진 문제 해결의 열쇠를 쥐고 있는 사람은 교사이다. 교사의 능동적 참여 없이는 학습부진 문제 해결은 요원한 과제이다. 그런데 학습부진 문제는 교사의 열성만으로 해결되지는 않으며, 학습부진아 지도에 대한 전문적인 식견과 교수능력을 필요로 한다. 대부분의 교사가 교사양성 과정에서 학습부진아 지도에 대한 별도의 교육을 받지 않는다는 현실에서 학습부진아 지도를 위한 출발점을 정확하게 설정하는 것은 매우 중요하다.

## 2. 학생의 눈높이 확인

'인간은 누구나 배우고 싶어 한다.'

이 명제에 동의하는가? 아리스토텔레스는 모든 인간은 태어나면서부터 삶에 대한 호기심을 바탕으로 끊임없이 모방하고 배우려는 노력을 통해 지적 쾌감을 느낀다고 말했다(노영덕, 2015). 배움에 대한 욕구는 인간의 본성이라고도 볼 수 있는데, 아무것도 배우려고 하지 않고 공부를 포기한 것처럼 보이는 학생이 생겨나는 이유는 도대체 무엇일까? 학생이라면 공부를 잘하길 원하며 좋은 성적을 받고 싶어 한다. 그런데 왜 공부를 완전히 포기한 학생이 되었을까? 공부를 포기하거나 공부하기를 싫어하는 학생의 학교생활은 과연 어떨까?

> 수업 종이 울리자 교사가 교실로 들어간다. "자, 다들 자리에 앉아서 오늘 수업할 곳을 펴 보자." 교사가 수업을 시작하자 처음에는 듣는 시늉을 보이던 학생은 이내 집중력을 잃어 버

리고 이리저리 몸을 움직인다. 학생의 이런 몸짓에 신경이 쓰이던 교사가 학생의 행동을 지적한다. "똑바로 앉아." 교사의 지적을 받은 학생은 몸을 추슬러 보지만 수업내용을 이해하지 못하니 금세 집중력을 잃어버리고 옆 친구에게 장난을 건다. 학생의 행동을 몇 번 지적하던 교사는 급기야 고함을 친다. "똑바로 앉지 못해!" 지적받은 학생은 교사의 고함소리에 놀라 자세를 바로 하고 앉아 책을 쳐다보지만 생각은 다른 곳에 가 있다. 수업에 집중하지 못하고 멍하니 있는 학생의 모습을 본 교사는 한숨을 내쉬고 다시 진도를 나가기 시작한다. 교사가 가르치는 내용을 잘 이해하지 못하는 학생은 그저 멍하니 칠판을 바라보며 공책에 의미 없는 낙서만 할 뿐이다.

이들이 가정에서 보여 주는 모습도 학교에서와 크게 다르지 않다.

한 아동이 거실 한구석에서 스마트폰 게임을 하고 있다. 게임을 시작한 지 꽤 시간이 지났는데도 아동은 방에 들어가 공부할 생각을 전혀 하지 않고 있다. 시험이 코앞인데 이 모습을 지켜보는 어머니는 안절부절못한다. 어머니는 아동에게 점잖게 말한다. "이제 그만 공부해야지." 아동은 어머니의 말에 별다른 반응을 보이지 않고 게임을 계속한다. 어머니의 속은 점점 끓어오른다. 한두 번 더 부드럽게 타일러 보다가 결

국 소리를 지른다. "당장 안 들어가!" 어머니가 화를 내자 아
동은 마지못해 자기 방으로 들어가 책상에 앉는다. 책을 펴긴
했는데 무엇을 어디서부터 시작해야 할지 모른다. 공책에 끼
적끼적 낙서만 한다. 방에 들어간 아동이 못미더운 어머니는
"공부하고 있는 거 맞아?"라고 묻는다. 아동은 벌컥 화를 내
며, "공부하고 있잖아요!"라고 소리를 지른다. 어머니는 깊은
한숨을 내쉬고, 화가 난 아동 역시 속상해서 책상에 엎드려
버린다.

드물지 않게 볼 수 있는 장면이지 않은가? 두 사례에서 교
사와 부모는 자신이 학생들에게 기대하는 행동만을 반복적으로
요구하고 있을 뿐 학생이 공부하도록 실질적인 도움을 제공하
고 있지는 않다. 교사와 부모는 학생이 바른 자세로 자리에 앉아
서 집중하여 공부하길 원한다. 그런데 어떻게 하면 학생이 자신
이 원하는 수준의 집중력을 유지하며 공부를 할 수 있게 도와줄
수 있는지를 잘 알지 못한다. 학생이 공부하도록 도와주기 위해
가장 먼저 확인해야 할 것은 학생의 학습수준을 파악하여 그들
의 눈높이까지 내려가는 것이다. 교사의 입장과 눈높이에서 학
습부진아의 학습문제를 바라보는 한 학습부진 문제를 해결하기
어렵다.

교실 수업의 목표는 교사가 가상으로 설정한 중간 수준의
학생에게 맞추어져 있다. 대부분의 교사는 중간 수준의 학생
이 스스로 습득하기는 약간 어려움이 있고, 교사의 적절한 지도

가 뒤따르면 습득 가능한 수준인 '근접발달영역(Zone of Proximal Development: ZPD)'에 맞춰 수업을 계획하고 실행한다(최재영, 2002). 그러나 중간 수준에 속하는 학생의 근접발달영역은 학습부진아에게는 저 너머에 있는, 교사의 도움을 받아도 배울 수 없는 수준에 해당한다. 자리에 앉아서 자세를 바로잡으라는 교사의 지시는 학습부진아가 자신의 근접발달영역을 넘어서는 수업 내용을 이해하는 데 아무런 도움이 되지 않는다. 학교에서 아무것도 배우지 않은 학생은 집에 와서도 공부할 게 없다. 혼자 공부하기 위해서는 우선 자신의 근접발달영역 내에 있는 내용을 교사의 안내를 통해 이해하는 과정을 거쳐야 한다. 안내된 학습이 이루어지지 않으면 자발적 학습은 불가능하다. 학생이 공부하도록 만들려면 공부를 잘하지 못해 힘겨워하고 있는 학생의 눈높이까지 내려가서 학습문제를 바라보아야 한다.

그렇다면 어떻게 하면 학습부진아의 눈높이로 내려갈 수 있는가? 교사에게 있어서 학습부진아의 눈높이까지 내려간다는 것은 무슨 의미인가? 학생의 눈높이까지 내려가기 위해서 먼저 점검해야 할 것은 교사의 눈높이가 현재 어디에 있느냐 하는 점이다. 학습부진아 지도에 관한 교사연수를 할 때 교사들에게 "학습부진아 지도에 있어서 가장 큰 걸림돌이 뭐라고 생각하십니까?"라는 질문을 던지곤 한다. 여러 가지 반응을 들은 후에 "학습부진아 지도가 성공하는 데 가장 큰 걸림돌은 바로 교사 여러분이 공부를 너무 잘했다는 사실입니다."라고 이야기하면 교사들은 "아하하하!" 하는 웃음과 함께 고개를 갸우뚱한다. 그런데 이

것은 단지 우스갯소리로 하는 말이 아니다.

　교사가 공부를 너무 잘하기 때문에 생기는 문제는 교사가 학생의 눈높이를 제대로 파악하지 못한다는 것이다. 예전에 EBS에서 유화를 정말 쉽고 멋지게 그리는 '밥 아저씨(Bob Ross)'라는 화가가 출연하는 방송을 본 적이 있다. 밥 아저씨가 유화 그리기를 시범 보이며 항상 하던 말이 있다. "너무 쉽지요?" 그 말에 그저 피식 웃고 말았다. 그가 그린 그림이 멋지다는 것에 대해서는 누구나 동의할 것이나, "너무 쉽지요?"라는 밥 아저씨의 말에 대해서는 "맞아요. 정말 쉽네요."라고 반응할 사람은 많지 않을 것이다. 밥 아저씨의 그림 실력은 미술을 전공하지 않은 일반인이 보기엔 까마득히 높은 수준이기 때문이다. 그런데 학교 교실에서는 또 다른 밥 아저씨가 등장하여 학생들에게 이렇게 묻는다. "이런 건 너무 쉽지요?" 공부를 무척 잘하던 한 사람이 "공부가 제일 쉬웠어요."라고 한 말이 한동안 회자된 적이 있었다. 대부분의 학생은 동의하기 어려운 말이었으나 많은 교사가 이 말에 고개를 끄덕이지 않았을까 짐작해 본다. 공부를 늘 잘해 온 교사로서는 학습부진아의 눈높이를 파악하는 일이 쉽지 않을 것이다. 학습부진아를 지도하기 위해서는 학생이 무엇을 모르는지 아는 것이 중요하다.

　교사가 공부를 너무 잘해서 생길 수 있는 또 다른 문제는 공부를 못하는 학생에 대한 공감능력이 부족하다는 점이다. 학생이 왜 공부를 어려워하는지, 공부 때문에 어떤 상처를 받는지, 공부가 학생의 자존감에 미치는 영향이 무엇인지에 대해 교사는

잘 공감하지 못한다. 학습부진아가 공부 때문에 받는 스트레스
와 공부를 못해서 갖게 되는 좌절감은 교사가 상상하는 그 이상
이다. 프랑스 대혁명의 시기에 왕비 마리 앙투아네트가 "빵이 없
으면 케이크를 먹으면 되지 않나?"라고 말했다는 소문이 퍼져 혁
명에 불을 질렀다는 이야기가 전해 내려온다(박신영, 2013). 백성
의 곤궁한 삶에 공감하지 못하고 사치를 일삼던 왕비의 이 한마
디에 그들이 느꼈을 괴리감이 어떠했을지 상상하기란 어렵지 않
다. 공부를 잘하지 못하는 학생의 입장에서 공부 잘하는 교사에
게 느끼는 괴리감은 이와 같다.

　　교사는 또한 자신이 알고 있는 공부방법이 최선이라는 편
견을 갖기 쉽다. 우리나라에서 교사가 되기 위해서는 치열한 경
쟁을 통과해야 한다. 초등 교사를 예로 든다면, 일단 교육대학교
에 입학하기 위해 고등학교 성적이나 수능시험 성적이 상위권에
속해야 하고, 초등교사 임용시험에 합격해야만 한다. 이런 과정
을 성공적으로 거쳐 교사로 임용되었다는 것은 교사 한 사람 한
사람이 공부의 달인이라는 사실을 증명한다. 교사는 공부에 관
한 한 자신만의 노하우를 가지고 있으며, 이러한 노하우는 그동
안의 성공경험을 통해 효과가 증명된 것이기 때문에 교사는 자
신의 공부방법이 최선이라고 생각하기 쉬운 것이다.

　　물론 교사가 오랜 경험을 통해 체득한 공부방법은 최선일
수 있다. 바로 교사 자신에게 말이다. 그렇지만 과연 그 교사만
의 공부방법이 학생, 특히 학습부진아에게도 효과적으로 적용될
수 있겠는가? 학생 개개인이 처한 상황은 저마다 다르기 때문에

증거기반교수evidence-based practice

교사가 자신의 경험이나 동료 교사의 조언과 같은 주관적인 경험이나 정보에 의지하여 학생을 가르치는 것은 공교육의 책무성이라는 관점에서 지양되어야 한다. 최근 들어 이러한 주관적인 경험과 정보에 기반한 지도에서 벗어나 과학적으로 효과가 입증된 교수방법을 활용하여 학생을 지도해야 한다는 접근이 새롭게 대두되고 있는데 이를 '증거기반교수'라 한다(Graham & Harris, 2017). 안타깝게도, 우리 학교현장에서는 이러한 증거기반교수가 잘 뿌리내리고 있지 못한 것이 현실이다. 이호준(2013)은 서울 · 경기 · 대구 · 충북 지역 초등학교 교사 274명을 대상으로 학습부진아 지도에 있어 교사의 증거기반교수에 대한 인식과 활용실태에 대해 조사하였다. 분석된 결과에 따르면, 교사들은 학습부진아를 위해 교수방법을 개발함에 있어 인터넷 검색과 동료 교사의 조언, 자신의 경험과 아이디어와 같은 주관적 경험과 정보를 가장 많이 활용하며, 연구 논문이나 전문 서적과 같은 객관적 자료는 잘 활용하지 않고 있는 것으로 밝혀졌다.

한 사람에게 효과적인 공부방법이 다른 사람에게도 동일한 효과를 나타내기는 어렵다. 교사 자신의 삶을 통해 효과를 확인한 공부방법이 학습부진아 지도에 실질적인 효과를 보였다면 학습부진 문제는 지금과 같이 심각한 수준에 이르지 않았을지도 모른다.

## 3. 학습부진아의 동기 향상

학습부진아를 지도하는 교사를 상담하다 보면 학생이 공부하는 것에 대해 부정적이거나 아예 무관심하여 아무것도 시도하지 않는다고 하소연하곤 한다. 어떤 교사는 학습부진아가 공부하는 것은 바라지도 않으니 수업시간에 얌전히 앉아 있게 만드는 방법이 있는지 묻기도 한다. 학습부진아가 공부에 대해 부정적이거나 무관심한 태도를 보이는 것, 수업시간에 산만한 행동을 하는 것은 모두 학습동기의 부족과 관련이 있다.

　학습부진아는 자신의 능력을 불신하는 경향이 있으며, 특히 공부에 관련해서는 그러한 불신감이 무척 크다. 질문을 던지면 곧바로 "몰라요." 또는 "전 못해요."라는 반응을 보인다. 심지어 "저는 바보예요." 또는 "저는 지능이 떨어져요."라는 자기비하 발언을 서슴지 않는다. 이들은 왜 이렇게 자신의 능력을 불신하고 심지어 자기비하하는 지경에 이르게 되었을까? 다음은 중학교 2학년 윤수(가명)의 사례이다.

　　윤수는 학업성적이 바닥인 것은 말할 것도 없고 공부와 관련해서는 아무것도 하지 않으려는 무기력증에 시달리고 있다. 중간고사, 기말고사를 볼 때는 찍는 것도 귀찮아서 시험지에 이름만 쓰고 책상 위에 엎드려 시험 시간이 끝날 때까지 잠만 잔다. 담임교사는 윤수를 가르치려고 애써 보지만 '쇠귀에 경 읽기'이다. 윤수가 왜 이렇게까지 공부를 싫어하게 되었는지 알아내기 위해 오랜 공을 들인 끝에 드디어 윤수로부터 답을 듣게 되었다. 윤수는 초등학교 1학년 때 교실에서 책을 읽다가 심하게 창피를 당한 경험이 있다고 했다. 자리에서 일어나 떠듬거리며 책을 읽고 있는데 반 친구들은 키득거리기 시작했고 그럴수록 긴장한 윤수는 더 심하게 떠듬거리게 되었던 것이다. 그 이후로 윤수는 다른 사람 앞에서 책 읽는 것을 극도로 싫어하게 되었고 공부와 담을 쌓게 되었다.

물론 조금씩 차이는 있겠지만, 학습부진아는 대체로 윤수와 비슷한 경향을 보인다. 학습부진은 초등학교에 입학하자마자 이미 시작되기 때문에 초등학교 고학년, 중학교나 고등학교에 재학 중인 학습부진아는 짧게는 5~6년, 길게는 10년 이상 동안 학업에서 반복된 실패를 경험해 온 것이다. 이렇게 오랜 기간 학업 실패를 반복하게 되면 이들은 스스로가 공부에 대해 소질이 없거나 무능하다고 생각하게 된다. 반복된 실패경험은 공부에 대한 두려움이나 공포로 이어지게 됨으로써 학습에 대한 트라우마를 형성한다.

학습에 대한 트라우마를 가지고 있는 학생이 공부에 대해 도전감과 자신감을 다시 갖게 되는 것은 여간 어려운 게 아니다. 5년이라는 기간 동안 수영을 배웠지만 영법은커녕 물에 떠 있기조차 힘든 사람이라면 수영장을 찾지 않을 것이다. 수영과 관련된 상황은 가능한 한 피하고 싶을 것이다. 학습부진아 또한 마찬가지이다. 학업에서의 누적된 실패는 이들의 자존감을 바닥으로 끌어내린다.

학습부진아가 공부에 대해 아주 기본적인 동기라도 가질 수 있게 하는 방법은 무엇일까? 동기는 사전적으로 '특정 자극이나 목표를 달성하기 위해 행동하거나 수행하도록 움직이는 욕구 또는 힘'을 의미한다(박아청, 최성열, 2007). 동기를 의미하는 영어 단어 'motivation'의 어원은 라틴어 'movere'로 '움직이다'라는 뜻을 가지고 있다. 학습동기란 다음 세 가지 측면에서의 움직임을 필요로 한다.

첫째, 학습을 시작하는 것이다. 꾸물거리거나 지연시키지 않고 학습을 시작할 수 있어야 한다. 많은 학습부진아가 공부를 할 때 이 핑계 저 핑계를 대고 공부를 시작하려 하지 않는데 이는 시작에 대한 학습동기가 부족한 것이다. 둘째, 정확한 방향으로 나아가는 것이다. 일단 시작된 학습이 의도된 방향으로 정확하게 나아가는 것이다. 학습부진아들은 공부를 시작하였다가도 금세 다른 책을 꺼내 보고 그러다 또 다른 것에 관심을 가지게 되는 경우가 많다. 셋째, 학습상태를 적절한 수준으로 유지하는 것이다. 일정 시간 동안 학습을 유지할 수 있는 능력이 필요하다. 학습부진아가 조금만 공부하면 허리가 아프다거나 화장실 가고 싶다는 등 여러 이유를 대며 공부를 하지 않으려 한다면 바로 유지에 대한 학습동기가 부족한 것이다.

이러한 학습동기는 흔히 '외적 동기'와 '내적 동기'로 구분된다(김아영, 2002). 외부에서 주어지는 보상을 받거나 벌을 피하기 위해 무엇인가를 실행할 때 외적 동기가 작용하였다고 말한다. 일정 시간 공부를 하면 부모로부터 용돈을 받을 수 있기 때문에 공부를 하거나, 시험 결과에 따른 처벌을 피하기 위해 열심히 시험공부를 하는 것은 외적 동기가 작용한 예들이다. 이에 비해 외부에서 보상이 주어지지 않더라도 활동 자체가 지닌 내적 가치가 좋아서 무언가를 할 때 내적 동기가 형성되었다고 말한다. 취미생활은 내적 동기가 드러나는 대표적인 예이다. 누가 시키지 않았는데도 산을 오르고, 자전거를 타며, 주말농장에서 땀 흘려 일한다. 앎에서 얻는 보람과 만족감 때문에 공부를 하는 것도 내적 동기가 발현된 경우이다.

학습에서 내적 동기의 중요성에 대해 이의를 제기할 사람은 아무도 없을 것이다. 모든 교사가 모든 학생에게 기대하는 것은 이들이 누가 시키지 않아도 공부 자체에 대한 흥미 때문에 스스로 알아서 공부하는 생활습관을 갖게 되는 것이다. 그런데 과연 공부를 잘하지 못하는 학생이 갑자기 공부를 좋아하게 되는 변화가 가능할 수 있을까? 공부를 잘한다고 하는 교사 중에서조차 학생 시절에 내적 동기를 가지고 공부를 한 사람은 몇이나 될까? 학습부진아가 아닌 일반 학생조차 가장 큰 내적 동기를 갖는 분야는 노는 것이지 학교 공부가 아니다.

하물며 학교생활을 통해 공부와 관련된 수많은 실패를 경험한 학습부진아가 공부에 대한 내적 동기를 스스로 형성하기란 거의 불가능하다. 따라서 학습부진아를 지도할 때 우선 외적 동기를 갖도록 하는 것에서 시작해야 한다. 학습부진아 지도 초기에 학생이 공부에 대해 관심을 가질 수 있도록 외적 동기를 자극하지 않으면 이들은 공부를 시작하지 않는다. 내적 동기를 기반으로 자기주도적 학습을 하도록 하는 것이 학습부진아 지도의 최종 목표라고 한다면 이러한 최종 목표에 도달하기 위한 출발점은 외적 동기 형성이다.

학생의 외적 동기를 자극하기 위하여 손쉽게 사용할 수 있는 수단은 바로 교사 자신이다. 학생은 자신이 좋아하는 교사가 공부를 하자고 하니까 공부는 너무 하기 싫지만 교사의 기대에 부응하기 위해 공부를 시작하는 것이 가능하다. 이때 교사는 학습동기를 유발하기 위한 강화자극으로 기능하는 것이다. 그래서 학습부진아를 성공적으로 지도하기 위한 첫걸음은 교사와 학생 사이에 라포를 형성하는 것이다. 교사와 학생 간에 긍정적 관계가 형성된 경우 교사의 인정과 칭찬, 격려는 학습동기를 지속시키는 역할을 한다. 학교에서 공부와 관련된 칭찬과 격려를 받아 본 경험이 별로 없는 학습부진아에게 칭찬과 격려가 갖는 영향력은 교사가 상상하는 것 그 이상이다.

그렇다면 적절한 외적 동기를 부여하기 위해 학습부진아를 어떻게 칭찬하고 격려해야 할까? 많은 교사가 학습부진아에게는 칭찬할 거리가 별로 없다는 반응을 보인다. 교사의 이러한 반응은 학습부진아의 행동이나 태도가 교사들의 기대 수준에 미치지 못한다는 것을 의미하기도 하지만 동시에 '무엇을' 칭찬해야 하는지에 대한 인식의 부족을 반영하기도 한다. 칭찬은 성취 결과에 대해서가 아니라 노력의 과정에 대해 주어져야 한다. 학습의 결과가 교사의 기대 수준에 도달하지 못하였어도 공부하기로 결심한 것, 자리에 앉아서 집중한 것, 모르는 것을 인정하고 교사에게 도움을 요청한 것 등 칭찬할 거리가 의외로 많다.

그런데 적절한 동기부여를 위해 학습부진아를 칭찬할 때 지나친 과장은 금물이다. 과장된 칭찬은 학생으로 하여금 교사가 진실하지 못하다는 인상을 갖게 한다. 칭찬은 반드시 '객관적' 사실에 기반을 두어야 한다. 학생은 행동을 취할 때 부지불식간에 자신이 한 행동의 긍정성이나 부정성에 대해 자기평가를 내린다. 교사나 부모의 칭찬이 학생 자신의 평가와 지나치게 다를 경우 학생은 칭찬의 진정성을 의심하며 동기부여가 되지 않는다.

가장 바람직한 칭찬은 학생의 행동이 교사가 기대하는 방향에 부합할 때 그 행동을 객관적으로 말해 주는 것이다. 평소 수업종이 울려도 자기 자리에 앉지 않고 장난을 심하게 치던 학생이 어느 날엔 수업이 시작되자 자리에 앉아 있는 경우에 "너무 멋져." "너무 잘했어."라고 칭찬하기보다는 어깨를 가볍게 두드려 주면서 "똑바로 앉아 있네." 또는 "잘 앉아 있네."라고 말해 주는 것이 더 효과적이다. 칭찬을 받을 때 타인으로부터 인정받고 있다는 느낌을 갖게 되며, 칭찬을 받는 빈도가 늘어 갈수록 조금씩 자신감이 커지게 된다. 자신을 칭찬해 주는 교사에 대해 긍정적인 태도를 갖게 되는 것은 너무도 당연하다. 학생이 교사를 좋아하고 따르게 될 때 학습동기는 자연스럽게 높아진다.

## 4. 잘 풀리지 않는 선물상자

지인으로부터 소포 상자 하나가 배달되어 왔다. 상자 안에 과연 무엇이 들어 있을지 무척 궁금해하면서 상자를 열었더니, 그 안에는 빨간 리본으로 정성스럽게 묶인 예쁜 상자 하나가 더 들어 있었다. 그런데 빨간 리본 바로 밑에 "리본을 자르지 말고 반드시 손으로 매듭을 푼 후 상자를 여시오."라는 글귀가 적힌 카드가 붙어 있었다. 도대체 어떤 선물이기에 이런 글귀가 쓰여 있는지 궁금한 나머지 서둘러 매듭 풀기를 시도하였다.

　그런데 아무리 이런저런 시도를 해 보아도 도무지 매듭을 풀 수가 없다. 선물을 보내 온 사람의 특별한 부탁도 있는데 리본을 가위로 자를 수는 없는 노릇이다. 여러 차례 매듭 풀기를 시도했지만 매듭은 쉽게 풀릴 것 같지 않았다. 여러분이 이런 상황에 놓이게 된다면 어떻게 반응하겠는가? 매듭 풀기를 포기하여 리본이 묶인 선물상자를 그냥 두고 보기만 할 것인가? 아마 매듭이 잘 풀리지 않을수록 선물에 대한 기대감은 높아질 것이다. 지금 당장은 잘 풀리지 않더라도 언젠가는 매듭을 풀고 상자 안에 든 선물을 확인할 것이란 기대감은 계속 간직할 수 있을 것이다. 선물에 대한 기대감은 매듭 풀기에 대한 동기 수준을 유지시켜 줄 것이다.

　교사가 학습부진아 지도를 선물상자를 감싸고 있는 잘 풀리지 않는 매듭을 푸는 것으로 여기면 어떨까 싶다. 쉽게 풀 수는 없지만 묶인 매듭을 풀었을 때에 느끼게 될 교육자로서의 자존감과 성취감은 결코 작지 않다. 교직의 장점은 여러 가지가 있겠지만 자신이 가르치는 학생의 변화로 인해 얻게 되는 자아성취감은 단연 최고라고 할 만하다. 자신의 가르침을 받은 학생이 새로운 것을 알게 되고 이러한 앎을 바탕으로 또 다른 것을 깨달아 가는 모습을 지켜보는 것은 교육자의 보람이다. 이제부터 학습부진아를 자신에게 주어진 부담이 아닌 선물상자로 보아 주기를 부탁하고 싶다. 분명 선물상자인데 잘 풀리지는 않는 선물상자 말이다.

학습부진아라는 잘 풀리지 않는 선물상자를 풀기 위해서는 세 명의 키플레이어(key player)가 필요하다. 바로 학생과 부모 그리고 교사이다. 학생, 부모, 교사라는 세 명의 키플레이어가 손을 잡으면 선물상자는 풀릴 수 있다. 특히 학습부진아 스스로가 협조한다면 학습부진의 문제는 극적으로 해결되는 경우가 많다. 실제로 학습부진아를 지도하다 보면 학생이 단기간에 많이 향상되는 것을 경험한다. 그러면 이를 지켜보는 교사는 어떤 특별한 비법이나 방법이 있는지 질문한다.

그러면 우리는 웃으며 이런 답변을 한다. "제게 오는 학습부진아는 자기 발로 걸어 들어오잖아요. 선생님에게 오는 학생은 어떤가요? 왜 왔냐고 물어보면, '가라고 해서 왔는데요.' 또는 '저도 모르겠는데요.'라고 대답하잖아요. 자기 발로 걸어 들어오는 학생과 등 떠밀려 오는 학생의 차이예요." 이는 바로 학습부진아의 자발적 협조에 대한 이야기이다.

교사가 적절히 지도하는 가운데 학습부진아 스스로가 적극적으로 학습에 참여하고, 이러한 학습과정을 부모가 뒷받침해 주면 거의 대부분의 경우 이들의 공부잠재력은 성공적으로 발현된다. 한마디로 선물상자가 금방 풀리는 것이다. 하지만 이렇게 적극적인 학습부진아와 협조적인 부모를 만나는 경우는 흔치 않다. 오히려 포기하거나 방관하는 경우가 훨씬 많다. 세 명의 키플레이어가 손을 잡으면 선물상자가 쉽게 열리지만, 반대로 셋 다 포기하는 순간 선물상자를 묶고 있는 매듭은 절대 풀리지 않는다.

　　세 명의 키플레이어 중 선물상자의 매듭 풀기를 가장 먼저 포기하는 사람은 대부분 학생 자신이다. 학업 실패와 그에 따른 좌절감을 가장 크게 겪는 사람이 학생이기 때문에 학생이 가장 먼저 포기하는 것은 어찌 보면 당연하다. 그다음으로 포기하는 사람이 부모이다. 처음부터 자녀의 학업 문제에 전혀 관심이 없었던 부모도 있겠으나, 대부분은 자녀의 학업에 대한 기대를 가졌으나 아동이 반복적으로 실패하면서 그 기대를 접어 버린다. 자녀의 학업 실패로 인해 부모가 갖게 된 좌절감은 자녀에게 고스란히 전달되어 부정적 자아개념을 형성하도록 만든다. 한편, 학습부진 문제를 해결하기 위해 마지막까지 버티는 사람은 교사이다. 이렇게 이야기하면 많은 교사가 의외라고 생각한다. 교사 자신이 인내심이 가장 적어 쉽게 포기할 것이라고 생각하기 때문이다. 이렇게 생각하는 교사에게 우리는 간단하게 그 이유를 설명해 준다.

　　"선생님은 한 분만 계신 게 아니고 매해 바뀌잖아요."

　　한 교사가 동일한 학생을 여러 해 지도하는 경우는 예외겠지만, 많은 경우 해마다 담임교사를 비롯하여 교과 담당 교사가 새롭게 바뀌게 되고, 이렇게 바뀐 교사는 학습부진아에 대한 실망감이 없으므로 학생을 포기하지 않고 지도한다는 의미이다. 매해 담임교사가 바뀌고 교과 담당 교사가 바뀌는 것이 학습부진아를 지도하는 연속성 측면에서는 부정적 영향을 미칠지라도, 역설적이게도 교사가 포기하지 않고 학습부진아에게 계속 기대를 갖도록 만드는 데에는 유리하다. 물론 교사가 해마다 바뀌는

것이 학습부진아 지도의 연속성 측면에서 미치는 부정적인 영
향도 가볍게 볼 것은 아니다. 올해 학습부진아 지도에 열정적인
교사를 만나 소기의 학업 향상을 보인 학생이 이듬해에도 동일
한 정도의 열정과 전문성을 가진 교사를 만나리라는 보장이 없
기 때문이다. 그래서 교사는 현재 자신이 지도하고 있는 학습부
진아의 학업 문제를 도와줄 수 있는 마지막 보루가 곧 자신일 수
있다는 생각을 가질 필요가 있다.

　학습부진아를 지도하는 교사를 상담하다 보면, 학생을 가
르치는 교수법은 매우 뛰어나지만 학생의 학업 성취에는 전혀
변화가 나타나지 않는 경우를 경험하기도 하고, 이와 반대로 교
수법이 부족함에도 학생의 학업이 조금씩 향상되는 경우를 보
게 되기도 한다. 학습부진아를 지도할 때 교수법은 그다지 중요
한 요인이 아니라고 말하려는 것이 아니다. 모든 형태의 교육 장
면에서 교수법은 분명 매우 중요한 요인임에 틀림없지만 학생을
바라보는 교사의 시선과 태도 또한 그에 못지않게 중요하다. 학
습부진아 지도를 선물상자 풀기로 생각하는 교사의 태도와 시
선은 마지못해 떠안아야 하는 짐이라고 생각하는 교사가 학생을
대하는 그것과 무척 다를 것이다. 학습부진아 지도에서 학생의
변화를 이끌어 내는 것은 교수법이 아니라 어쩌면 학생을 바라
보는 교사의 '눈빛'인지도 모른다.

　최근의 인지심리학 연구들은 인간은 우리가 생각하는 것
보다 훨씬 더 정서적이며 감정적인 존재라는 것을 밝히고 있다
(Lerner, Li, Valdesolo, & Kassam, 2015). 신생아는 사람의 얼굴을 다

른 사물의 모양보다 더 선호하며, 엄마와 낯선 사람의 얼굴을 구분할 수 있다(Bushnell, 2001). 세상에 태어난 인간은 엄마의 얼굴, 특히 엄마의 눈빛을 통해 정서를 학습한다(Trevarthen, 2017). 엄마의 부드럽고 따뜻한 눈빛은 아기로 하여금 긍정적인 반응을 유도하며, 아기의 긍정적인 반응은 엄마로 하여금 애정이 가득한 눈빛을 이끌어 낸다. 엄마와 아기의 이러한 긍정적인 상호작용을 통해 엄마의 돌봄은 더 적극적으로 변하며, 돌봄을 받은 아기는 세상에 대한 신뢰감을 갖게 된다. 이처럼 인간은 아주 어릴 때부터 눈빛을 통해 세상과 소통하는 법을 배운다.

학습부진아는 교사가 자기를 '선물상자(기대)'로 바라보는지 '짐'으로 여기는지를 교사의 눈빛을 통해 본능적으로 감지한다. 교사가 자신을 짐으로 여긴다는 사실을 깨닫는 순간 교사를 향한 마음의 문을 닫아 버린다. 학습부진아를 변화시키기 원한다면 우선 교사가 학생을 대하는 태도를 바꾸어야만 한다. 당장 학생에게서 큰 변화가 나타나진 않지만 학생 안에 간직된 잠재력이라는 보석을 간파할 수 있어야 한다.

우리가 '학습부진' 대신 '공부잠재력'이라는 용어를 사용했으면 하는 것은 지금 현재 공부를 잘하는 학생이건 그렇지 않은 학생이건 모두에게 공부할 수 있는 역량이 잠재해 있다고 믿기 때문이다. 학습부진아는 아직 잠재된 역량을 발휘하지 못한 것일 뿐 결코 아무것도 배울 수 없는 무능한 존재가 아니라는 사실을 교사 여러분이 기억해 주었으면 한다.

## 5. 잘하려면 연습이 필요하다

잘하고 싶으면 연습해야 한다는 것은 너무 당연하다. 무언가 하나를 탁월한 수준으로 잘하려면 최소한 1만 시간을 투자해야 한다는 것은 인지심리학 분야의 연구를 통해 밝혀진 사실이다(오현석, 성은모, 배진현, 성문주, 2009). 이러한 연구 결과가 아니더라도, 대부분의 사람은 경험을 통하여 연습하면 잘하게 된다는 사실을 깨닫는다. 그런데 학습부진아는 이러한 사실을 잘 알지 못한다. 잘할 때까지 무언가를 연습해 본 경험이 별로 없기 때문이다.

공부 자체는 싫지만 교사가 좋아서 공부를 시작하게 되었다면 그 자체만으로도 학습부진아에게는 엄청난 변화가 시작된 것이다. 일단 이렇게라도 공부를 시작하게 되었다면 교사는 학습내용을 선정함에 있어서 매우 신중해야 한다. 학습부진아를 지도할 때 교사가 흔히 범하는 실수 중 하나는 학생이 무엇을 못하는지를 찾아내어 그것을 학습내용으로 정한다는 것이다. 학생이 못하는 것을 가르치면서 그들이 하게 하는 것이 무슨 문제가 될까 싶겠지만, 학습부진아 지도에서 학생이 못하는 것에서 출발하는 것은 실패로 가는 지름길이다. 학습부진아 지도의 초기에는 학생이 잘하는 것, 좋아하는 것을 중심으로 학습내용을 구성하는 것이 좋다. 학생이 잘하는 것을 통해 성공경험을 하게 하는 것이 중요하다.

어제 전혀 풀지 못했던 문제를 오늘은 절반이나 풀었다면 이러한 변화에 대해 마땅히 칭찬해야 한다. 자리에 앉아서 5분을 버티지 못하던 학생이 6분 동안 가만히 앉아서 공부를 했다면 놀라운 변화이다. 학생의 성취경험이 누적될수록 점차 자신에 대한 불신과 공부에 대한 거부감에서 벗어날 수 있게 된다. 자신이 좋아하는 교사를 실망시키지 말아야 한다는 외적 동기에서 학습을 시작하였지만 공부를 하면서 성취감을 경험하게 되면 이제는 재미있어서 공부를 하게 되는 내적 동기의 상태로 발전해 가게 된다.

그러나 외적 동기가 내적 동기로 변화하는 과정은 상당한 시간을 필요로 한다. 학습부진아가 공부를 시작했다고 해서 노력에 비례하는 가시적인 성과가 당장 나타나지는 않는다. 학습할 때 뇌에서 벌어지는 현상을 이해하면 즉각적인 변화가 나타나지 않더라도 교사와 학생 모두 실망하지 않게 된다.

신경생물학적 관점에서, 학습이란 뇌 속에 새로운 신경회로가 형성되거나 기존에 형성되었던 신경회로가 공고화되는 현상이다(Bergen & Woodin, 2017). 학습이 시작되면 뇌 신경세포들 간에 시냅스 형성이 활발해지는데 반복학습을 하게 되면 이미 형성된 시냅스가 더욱 공고화된다. 시냅스가 공고화된다는 것은 신경통로가 더욱더 커지고 단단해진다는 것을 의미한다. 이렇게 신경통로가 커지면 이를 통과하는 신경정보(학습정보)의 양도 많아지고 빨라지게 된다.

그리고 각 부위별로 공고화되기 시작한 신경망들이 계속 커짐에 따라 서로 연결되고 어느 단계에 이르면 망 전체가 활성화되어 뇌신경 간 처리 속도가 극적으로 빨라지게 된다(Jensen, 2008). 이러한 뇌의 변화는 순환고속도로 건설과 비슷하다. 도시를 한 바퀴 도는 순환고속도로가 부분 개통되었을 때에는 자동차가 빠른 속도로 달릴 수 없지만 최종적으로 모두 연결되면 속도가 극적으로 향상되듯이, 학습과 관련된 두뇌 연결망 또한 학습이 반복되면 어느 단계에 이르러 그 속도가 극적으로 향상되는 순간을 경험하게 된다. 이를 학습부진아 지도에 빗대 보면, 처음에는 학생이 노력한다고 해도 한동안은 별다른 학습적 성과가 나타나지 않을 수도 있다는 것을 의미한다.

학습부진아는 자기의 노력에 상응하는 결과가 나타나지 않을 때 이를 실패로 간주하고 좌절하는 경향이 있다. 교사 또한 자신이 기대한 속도대로 학생의 변화가 뒤따르지 않을 때 실망감을 느끼게 되는데, 이러한 실망감이 학생에게 전달되면 학생은 더 크게 좌절하게 된다. 교사는 학생에게서 가시적 성과가 금방 나타나지 않을 것이라는 것을 인식하고 있어야 하며, 학생에게도 이러한 사실에 대해 분명히 말해 주어야 한다. 새로운 변화에는 뿌리 내림의 시간이 필요하다. 학습부진아의 변화는 대략 [그림 1-1]과 같은 형태로 나타난다.

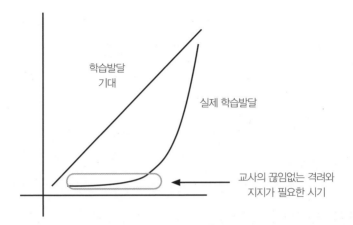

•••• **그림 1-1** ● **학습부진아의 실제 학습발달 곡선**

## 나무 심기와 학습부진아 지도

필자의 아이들이 어릴 때 집 근처의 작은 땅을 빌려 주말농장을 하던 적이 있다. 과수원 근처의 10여 평 정도의 작은 땅에 가족이 바로 먹을 수 있는 토마토, 상추 등 이것저것을 키웠다. 그런데 주말농장으로 걸어가던 어느 날 과수원 한켠에 묘목들이 새롭게 심겨 있는 것을 보게 되었다. 잎도 달리지 않은 가느다란 작대기 같이 생긴 묘목들이 일렬로 심겨 있었다. 봄이 지나고 어느덧 여름이 되었는데도 묘목에서는 아무런 변화가 일어나지 않았고, 가을이 되자 잎사귀 몇 장이 보일 뿐 그 외에 별다른 변화가 없었다. 그 이듬해 봄이 되자 잎사귀가 좀 더 많이 달리긴 했지만 열매는 찾아볼 수도 없었다. 속으로 '과일 농사가 망했구나.' 하는 생각마저 들었다. 그런데 3년째가 되자 잎이 갑자기 무성해지더니 열매가 주렁주렁 맺히기 시작했다. 그제야 처음 두 해 동안은 흙 속의 물과 양분을 흡수할 만큼 뿌리가 튼튼해지는 시기였고 뿌리가 튼실해지자 열매가 맺게 되었다는 사실을 깨달았다.

학습부진아 지도는 이처럼 나무를 심고 가꾸는 것과 비슷하다. 학습을 할 때 새로운 신경회로가 형성되는 것은 마치 새로 심은 묘목에서 뿌리가 자라는 것과 같다. 나무뿌리가 흙 속에서 충분히 뻗어 나가지 않으면 열매를 맺을 수 없는 것처럼, 신경회로가 충분히 형성되고 공고해지지 않는다면 학습의 결과는 기대할 수 없다. 교사는 당장 원하는 성과가 나타나지 않아 학생이 힘들어할 때 신경회로가 공고해지는 시간을 버틸 수 있도록 격려해 주어야 한다.

등산을 했던 경험을 떠올려 보자. 산을 오른 지 한참이 지났는데도 산의 정상이 자꾸만 멀어지는 것처럼 느껴져서 더욱 힘들어질 때쯤이면 산마루에서 내려오는 사람을 붙잡고 정상까지 얼마나 남았는지 물어보게 된다. 정상 쪽에서 가벼운 발걸음으로 내려오는 사람의 대답은 한결같다. "거의 다 왔습니다. 조금만 더 가면 정상이에요." 조금만 더 가면 된다는 말에 기운을 내어 한 발짝씩 내딛다 보면 어느새 정상에 도달하게 된다.

마찬가지로 교사는 학습부진아에게 조금만 힘을 내라고 끊임없이 격려하고 지지하는 것이 중요하다. 이렇게 격려와 지지가 이어지면 어느 순간 학생은 본격적으로 변화의 순간을 맞이하게 된다. 선물상자가 열리기 시작하는 것이다.

'잘하고 싶으면 연습하라.'는 말은 교사에게도 그대로 적용된다. 교사도 잘하고 싶으면 연습해야 한다. 이 말을 학습부진아에 대한 기대로 조금 더 확장하면, 학생에게 긍정적 기대를 갖고 싶으면 '긍정적 기대를 갖는 것을 연습하라'는 말이기도 하다. 교사가 학습부진아에게 기대를 갖기 위해 연습할 수 있는 유용한 방법으로 '자기대화(self talk)'가 있다. 자기대화란 어떠한 생각과 신념을 자신에게 반복적으로 이야기함으로써 그러한 생각과 신념을 고착화하는 기법이다(Hatzigeorgiadis, Zourbanos, Mpoumpaki, & Theodorakis, 2009). 실제 이러한 자기대화 기법은 저절로 발생하기 힘든 생각이나 신념을 형성하는 데 효과적이다. 특히 중요한 시험이나 경기를 앞두고 스스로에게 자신감을 불어넣는 자기대화는 지금도 많은 사람이 활용하고 있다.

# 1. 학습부진의 원인

학습부진아의 공부잠재력을 발현하기 위해서는 학습부진의 원인을 정확하게 파악한 후 개별 원인에 맞게 지도해야 한다. 학습부진아 지도는 일면 의사가 환자를 진단하고 처방하는 것과 비슷하다. 의사는 환자가 통증을 호소할 때 겉으로 드러난 증상에 대해서만 처방을 내리지 않는다. 통증을 유발할 수 있는 다양한 원인을 점검한 후 가장 타당한 원인을 추정하여 처방을 내린다. 좋은 의사일수록 통증의 원인을 더 광범위하고 정확하게 진단하고 그에 따른 맞춤형 처방을 내린다.

학습부진의 원인을 진단하는 것도 마찬가지이다. 학습부진 문제가 발생하는 원인은 매우 다양하고 광범위하지만 학교에서 이루어지는 학습부진아 지도는 이러한 원인에 대한 진단 없이 학습부진이 드러나는 교과 또는 특정 영역을 확인하는 데서부터 시작하는 경우가 많다. 학습부진아를 성공적으로 지도하기 위해서는 학습이 제대로 이루어지지 않는 원인을 정확하게 파악하고 그 원인에 상응하는 맞춤형 처방이 필요하다. 학습부진을 유발하는 중요한 원인들로는 환경적 결핍, 생리적 기능 제한, 선행학습 능력의 결손, 비효율적 교수 – 학습 방법, 정서적 문제, 관계적 문제, 학습 트라우마 및 학습된 무기력 등이 있다.

## 2. 환경적 결핍

환경적 결핍에 의한 학습부진이란 공부를 할 만한 물리적 환경이 갖추어지지 않아서 학습부진이 발생하는 경우를 말한다. 최근 경제적 양극화가 점점 심해짐에 따라 환경적 결핍이 학업에 미치는 영향은 갈수록 커지고 있다(이인원, 윤정혜, 2008). 가장 일반적인 형태의 환경적 결핍은 경제적 결손이다. 경제적인 어려움이 학업에 직접적인 영향을 미치는 대표적인 예가 바로 소년소녀 가장이다. 소년소녀 가장은 일반적인 가정에서는 부모가 담당하는 가정 경제를 본인이 책임져야 하기 때문에 학습에 투자할 수 있는 절대적인 시간이 부족하거나 일로 인한 피로도로 인해 공부에 집중하는 데 어려움을 겪는다. 부양을 받아야 할 나이의 학생이 누군가를 부양해야 할 책임을 지게 될 경우 그에 따른 심리적 스트레스 또한 만만치 않다. 다음은 소녀가장 성희(가명)의 사례이다.

초등학교 5학년인 성희는 ADHD 성향 때문에 상담이 의뢰되었다. 성희는 또래에 비해 학습능력이 현저히 뒤처져 있긴 했으나, 무엇보다도 심각한 문제는 자기조절이 되지 않아 시도 때도 없이 폭발하는 것이다. 친구들과 잘 놀다가도 조금만 수틀리거나 자기가 불이익을 당한다고 판단하면 감정을 폭발시키고 행동을 통제하지 못했다. 심지어 담임교사가 만류해도 소용없을 정도로 감정이 격해지는 경우도 많았다. 결국 성희는 수업시간에도 감정을 조절하지 못하고 폭발하는 지경에까지 이르게 되었다. 성희의 행동문제가 극단으로 치달을수록 친구들은 성희를 멀리하였고, 그 결과 성희의 상태는 갈수록 심각해지는 악순환이 반복되었다.

성희와 얘기를 나누거나 성희의 행동을 관찰하면서 필자는 성희가 ADHD로 진단받아서는 안 되는 학생이라고 결론지었다. 성희의 아버지는 이혼 후 아이들을 남겨 두고 혼자 타지로 돈 벌러 떠나 버렸고, 성희는 자신과 함께 남겨진 두 동생을 돌보아야 했다. 다행히 아버지가 보내 주는 돈으로 생활비를 충당하는 데는 문제가 없었으나 성희는 집안 살림을 비롯해 어린 동생들의 뒷바라지를 홀로 감당해야 했다. 이제 유치원과 갓 초등학교에 입학한 두 동생을 돌보며 부모의 역

할까지 감당해야 하는 상황은 겨우 초등학교 5학년인 성희
가 감당할 수 있는 수준을 훨씬 뛰어넘은 것이었다. 자신이
감당할 수 있는 한계를 넘어서자 그동안 참아 왔던 스트레스
가 결국 폭발해 버린 것이다. 이런 상황을 견뎌 가며 학업에
충실하기란 쉽지 않은 일이다.

보호자의 교육적 무관심이나 방임 때문에 학습부진이 발생
하는 경우도 흔하다. 학습부진아의 출현 비율을 지역적으로 비
교해 보면 농어촌 지역일수록 학습부진 문제가 더 심각하다(이유
정, 오성배, 2016). 농어촌 지역 학습부진 문제를 좀 더 구체적으로
파고 들어가다 보면 농어촌 지역의 가족 구성이 일반적인 가족
구성과는 약간 다르다는 것을 확인할 수 있다. 농어촌 지역 학생
은 다른 지역에 비해 유달리 조손가정에 속해 있는 경우가 많다.
보호자로서 조부모는 학생의 주거와 음식 문제를 책임질 수는
있으나 이들의 교육에 개입할 정도의 교육수준에는 못미치는 경
우가 많아 의도치 않은 교육적 방임이 발생하게 된다.

다음은 한 농어촌 지역 조손가정 학생의 사례이다.

김 할아버지는 초등학교 6학년, 중학교 2학년인 손자 두 명
을 홀로 키우고 있다. 건설노동자인 김 할아버지의 아들은 이
혼 후 아이들을 데리고 고향 마을로 돌아왔다. 공사 현장을
따라서 돌아다녀야 하는 직업의 특성상 이들의 아버지는 한
두 달에 한 번 정도 집에 들를 뿐, 자녀를 양육하는 것은 대

부분 김 할아버지의 몫이었다. 김 할아버지는 손주들의 의식주와 관련해서 최선을 다해 돌보았다. 하지만 초등학교 졸업 후 평생 동안 농사를 지으며 살아 온 할아버지가 손주의 학업 문제까지 돌보기란 불가능하였다. 다행스럽게도 할아버지의 보살핌 속에 아이들은 화목하게 지냈으며, 학교에서도 별다른 문제를 보이지 않았다.

그런데 교육복지사업의 일환으로 김 할아버지 집에 컴퓨터가 무상으로 지급되면서부터 문제가 발생하였다. 집에 돌아와도 별로 할 것이 없던 아이들은 인터넷 게임에 빠져들게 되었고, 처음엔 한두 시간이던 게임 시간이 점차 길어져서 게임 중독 수준에까지 이르게 되었다. 컴퓨터를 전혀 다룰 줄 모르는 김 할아버지는 인터넷 게임에 빠져 있는 손주들을 그저 방치할 뿐이었다.

한편, 부모가 서로 다른 언어적·문화적 배경을 가짐으로써 학습부진이 발생하기도 한다. 대표적인 예가 다문화가정 학생이 보이는 학습부진이다. 최근 심각한 저출산으로 인해 전체 학생 수는 줄어들고 있는 반면, 다문화가정 학생 수는 매년 10% 이상 증가하고 있다. 교육부(2019)가 발표한 통계 자료에 따르면, 2019년 기준 초·중·고등학교 다문화가정 학생 수는 전체 학생의 2.5%인 137,225명으로 전년 대비 12.3% 증가하였다. 다문화가정 학생 수를 처음 조사하기 시작한 2012년 이후로 지금까지 지속적으로 증가 추세이다.

　　우리나라의 다문화가정은 대개 한국인 아버지와 외국인 어머니, 자녀로 이루어져 있다(통계청, 2019). 한국어를 능숙하게 구사하지 못하는 외국인 어머니는 한국어를 사용하여 자녀와 충분한 의사소통을 하지 못하기 때문에 아동이 아버지나 다른 가족 구성원과 충분한 의사소통을 하지 않을 경우 또래에 비해 언어발달이 심각하게 지체될 수 있다. 영유아기의 언어 발달은 문해력 형성의 기반이 되기 때문에 이 시기에 언어 발달이 지체되면 초등학교 입학 이후부터 심각한 학습부진을 겪게 된다(강금화, 황보명, 2010).

　　다문화가정 학생의 학습에 영향을 미치는 또 다른 중요한 요인 중 하나는 문화적 배경의 차이이다. 이들이 학교에서 배우는 교과 내용과 비교과 활동은 대체로 한국 문화에 기반을 두고 있기 때문에 한국 문화에 대한 이해 부족으로 학습에 어려움을 겪을 가능성이 있다. 많은 다문화가정 학생이 사회와 한국사를 매우 어려워한다는 사실은 문화에 대한 이해도의 차이가 학습부진을 유발할 수 있다는 실제 사례에 해당한다.

　　환경적 결핍이 학습부진아의 학업 문제에 미치는 영향을 파악하는 과정은 매우 민감한 정보를 포함하기 때문에 교사의 각별한 주의가 필요하다. 보호자의 사회경제적 수준과 관련된 정보를 수집할 경우 자칫 학생이나 보호자에게 거부감을 줄 수 있기 때문에 학습부진아 지도를 위해 꼭 필요한 경우가 아니라면 민감한 정보를 수집하는 것은 지양해야 한다. 가족 구성에 대한 정보(예: 한부모가정, 다문화가정 등) 또한 학생이나 부모가 노출하기 꺼리는 정보이다. 학생이나 보호자에게 민감한 정보를 수집해야 할 경우는 개별 면담 방식을 사용하도록 하며, 수집된 정보는 절대 외부로 유출되지 않도록 주의해야 한다. 이러한 정보가 외부로 유출될 경우 학생이나 보호자가 상처를 입는 것은 물론이거니와 자칫 교사와 학생 간의 신뢰관계를 깨뜨려 학습지도를 어렵게 만들 수 있다.

또한 교사는 학생의 환경에 관한 정보를 얻는 과정에서 학생에 대한 편견을 갖지 않아야 한다. 예를 들어, 한부모가정의 학생이 행동문제를 보일 경우 '가정교육을 제대로 받지 못해서 그렇다'고 생각하거나 '다문화가정의 학생은 당연히 언어능력이 낮을 것'이라는 생각은 편견에 불과하다. 행동문제의 원인은 무척 다양하며, 다문화가정 학생 중에서도 뛰어난 언어능력을 보이는 경우도 많다. 교사는 자신이 객관적으로 입증되지 않은 편견을 갖고 있지는 않는지를 점검해야 하며, 이러한 편견이 학습부진아 지도 과정에 부정적인 영향을 미치지 않도록 주의해야 한다.

환경적 결핍에 의해 학습부진을 겪는 학생을 지도하다 보면 안타까운 마음에 학생의 환경을 바꿔 주고 싶은 열정을 느낄 수도 있다. 교직 경력이 긴 교사는 이러한 상황에서도 담담함을 유지하며 학생을 지도하는 데 익숙하지만, 교직에 발을 들인 지 오래되지 않은 교사 중에는 간혹 교육적 열정이 넘쳐 학생의 결손된 환경을 자신이 보완해 주려고 노력하기도 한다. 그렇지만 교사 개인의 역량으로 학생의 환경적 결핍을 해결하는 것은 교사의 역할 한계를 벗어날 뿐만 아니라 현실적으로도 매우 어렵다. 오히려 환경적 결핍 문제는 관련 전문기관이나 지방자치단체 등을 통해 해결할 수 있도록 유도하는 것이 바람직하다.

# 3. 생리적 기능 제한

생리적 기능 제한에 의한 학습부진이란 뇌의 기능이 제한됨으로써 발생하는 학습문제를 말한다.[1] 학습장애, 주의력결핍 과잉행동장애(Attention Deficit Hyperactivity Disorder: ADHD), 지적장애 및 경계선 지능은 생리적 기능 제한이 학습의 문제로 이어지는 대표적인 경우에 해당한다.

## 1) 학습장애

학습장애는 학습과 관련된 중추신경계의 기능이 손상되어서 학습에 어려움을 겪는 것을 의미한다(김동일, 이대식, 신종호, 2016). 학습을 직접 주관하는 뇌 부위의 기능이 경미하게 손상되었기 때문에 작을 미(微), 작을 소(小) 자를 써서 미소뇌기능장애라고도 한다. 학습장애아가 학습에서 겪게 되는 어려움은 자동

---

1 생리적 기능 제한 여부를 점검하는 체크리스트는 '5장 학습부진아 지도의 실제'의 <표 5-1>~<표 5-4> 참조

차에 빗대어 설명하면 이해하기 쉽다. 학습장애란 겉으로 멀쩡해 보이는 자동차가 특정 부위의 손상으로 인해 정상적으로 작동하지 못하는 것과 흡사하다. 자동차의 사이드 미러가 손상되었다고 가정해 보자. 직진만 할 경우에는 별문제가 없다. 그런데 차선을 변경하거나 끼어들기를 해야 할 경우 심각한 어려움을 초래할 수 있다. 헤드라이트가 작동하지 않는 자동차를 운전하는 것도 마찬가지인데, 이런 자동차를 낮 시간에 운전하는 것은 아무런 어려움이 없는 반면, 야간 운전을 해야 할 경우 자칫 치명적인 사고를 유발할 수 있다.

이러한 학습장애는 '학습'이라는 용어가 갖는 특성상 정규 교육이 시작된 이후에 진단이 가능하다. 미국정신의학회(American Psychiatric Association: APA)에서는 학습장애로 진단받기 위한 조건으로 다음 4가지를 제시하고 있다(APA, 2018).

① 집중 지원에도 불구하고 6개월 이상 다음 영역 중 하나 이상에서 어려움을 나타낼 경우
  • 글자 해독의 어려움
  • 읽기 이해(읽은 내용의 의미 파악)의 어려움
  • 철자(spelling) 습득의 어려움
  • 쓰기의 어려움(예: 문법, 문장 부호 또는 구성 문제 등)
  • 수 개념, 수 관련 지식 습득 또는 연산의 어려움
  • 수학적 추론의 어려움(예: 수학 개념 적용 또는 수학 문제 해결 등)
② 학업능력과 학습기술이 나이대에 예상되는 수준보다 현

저하게 낮아 학교나 가정 또는 일상 활동에서 문제가 나
타날 경우
③ 학습과 관련된 문제가 학령기에 시작됨
④ 지적장애, 시각적 또는 청각적 문제, 신경적 문제(예: 소아
뇌졸중), 경제적 또는 환경적 결핍과 같은 불리한 여건, 교
육 부족, 말하기와 듣기 이해의 어려움 등으로 인한 것은
포함되지 않음

학습장애의 세부 유형으로는 난독증(dyslexia), 난서증
(dysgraphia), 난수증(dyscalculia) 등이 있다. 난독증은 신경기능
의 문제로 읽기에 어려움을 나타내는 경우를 말한다(Snowling,
2000). 난독증을 가지고 있는 학생은 각각의 글자와 글자가 나타
내는 소리를 연결시키는 데 어려움을 겪기 때문에 단어 해독과
읽기 유창성에 어려움을 나타내고, 결과적으로 읽기 이해에도
심각한 문제가 발생한다. 이러한 난독 증상은 읽기를 배우기 이
전부터 나타나는 경우가 많다. 예를 들어, 어린이집이나 유치원
때부터 소리의 음절 구분을 제대로 하지 못하거나 동음이 반복
되는 단어들(예: 강아지, 강물, 강산 등)을 제대로 인지하지 못하는
경우 등이다.
난서증은 신경기능의 문제로 자신의 생각이나 의사를 문자
로 기록하거나 표현하는 데 어려움을 나타내는 경우를 말한다
(Berninger & Wolf, 2016). 쓰기 문제에는 철자, 문법, 문장 부호 및
필기 문제가 포함된다. 난서증은 글의 소리를 담당하는 뇌기제

의 문제나 철자를 담당하는 뇌기제 간의 문제 또는 둘 간의 협응이 제대로 이루어지지 않을 때 유발된다. 난서증이 있는 학생의 경우 글자를 쓰는 자체에 어려움을 겪기 때문에 스스로도 알아보지 못할 정도의 악필로 쓰는 경우도 많고, 글자를 쓰는 데 집중하는 나머지 자신이 쓰고자 하는 것이 무엇인지 자주 맥락을 잊어버린다.

난수증은 신경기능의 문제로 수의 개념이나 수 관련 지식, 수학연산을 수행하기 위해 기호 및 절차 등을 따르는 데 어려움을 겪는 경우를 말한다(Price & Ansari, 2013). 보다 구체적으로, 난수증을 보이는 학생은 숫자가 나타내는 의미(수 인식)를 파악하는 것을 힘들어하고, 각각의 숫자들 간의 관계나 상호작용에 대한 개념을 이해하는 데 어려움을 겪으며, 이러한 개념들을 활용한 문제 해결이나 수학적 절차를 따르는 데 심각한 어려움을 나타낸다. 예를 들어, '5+6=11'이라는 수식이 주어졌을 때 난수증 학생은 '5'라는 숫자와 '다섯'이라는 의미를 연결시키는 데 어려움을 나타낼 뿐만 아니라, '+'라는 기호가 '합친다'라는 의미를 갖는 것을 이해하는 데 어려움을 겪을 수 있다. 또한 이러한 수식을 따라 이와 유사한 문제(예: 5+8=13)를 해결하는 데도 어려움을 나타낸다.

이러한 학습장애는 뇌의 기능 손상에 의해 발생하기 때문에 환경적·문화적·경제적 실조에 의해 발생한 학습부진과 개념상으로는 구분하고 있으나 뇌 영상 촬영 기법을 사용하지 않는 한 뇌의 기능 장애를 특정하기가 어렵기 때문에 학교현장에서 학습장애와 학습부진을 실질적으로 명확하게 구분하는 것은 쉽지 않다. 실제 우리나라에서 학습장애로 진단받은 학생의 비율은 전체 특수교육대상자의 2% 이하로 전체 특수교육대상자의 35% 가까이가 학습장애아인 미국과 비교할 때 매우 낮다(이대식, 2019; Fletcher, Lyon, Fuchs, & Barnes, 2018). 이러한 사실로 미루어 짐작할 때 학습부진을 겪고 있는 학생 중 일부는 학습장애를 갖고 있을 가능성이 매우 높다.

### 2) 주의력결핍 과잉행동장애(ADHD)

생리적 기능 제한으로 인해 학습문제를 갖게 되는 또 다른 경우는 ADHD이다. ADHD는 주의력결핍, 과잉행동, 충동성을 3대 핵심 증상으로 나타내는 내표적인 성서행동장애이다(최진오, 2008). ADHD의 발병률은, 학자마다 다른 견해를 나타내는데, 진단과 치료가 필요한 경우를 3~7% 정도로 추정하고 있다(양수진, 정성심, 홍성도, 2006). ADHD의 평정척도로 가장 광범위하게 쓰이는 『정신질환의 진단 및 통계 편람(DSM-5)』에서는 ADHD의 특성을 크게 인지적·행동적으로 구분하고, 이를 ADHD를 가진 아동들에 대한 평가척도로 활용하고 있다. 그러나 모든 ADHD 아동이 이와 같은 인지적·행동적 특성을 한꺼번에 나타내는 것은 아니다. ADHD 증상의 정도에 따라 일부만 나타나거나 혹은 몇몇 특성들이 조합된 형태도 나타난다고 보는 것이 더 타당하다.

●●●● 표 2-1 ● DSM-5의 ADHD 진단 특성

| 영역 | 진단 특성 |
|---|---|
| 인지적 특성 | 1. 학업 수행, 학교 업무나 활동 중에 필요한 정보들을 흘려 보거나, 부주의하여 실수를 자주 범함<br>2. 학교 과제나 놀이 활동 시 지속적으로 집중하는 데 어려움을 겪음(예: 수업이나 대화, 읽기활동 등에 지속적으로 주의를 기울이지 못함)<br>3. 직접 대놓고 이야기를 할 때도 듣지 않는 것처럼 보이는 일들이 잦음(예: 마음이 딴 데 가 있거나 명확히 다른 곳에 주의가 가 있음)<br>4. 지시를 잘 따르지 못하고, 학교 과제를 끝내지 못하는 일이 잦음(예: 과제를 시작하고 쉽게 주의를 잃어버리고 딴 데 관심이 가 있음)<br>5. 과제나 활동들을 정리하는 데 자주 어려움을 겪음(예: 일을 순서에 맞춰 처리하지 못하거나 주변 물건들을 어질러 놓거나 정리를 못함)<br>6. 학교 과제나 숙제와 같이 지속적으로 머리를 써야 하는 일을 싫어하고, 피하려는 경우가 잦음<br>7. 과제나 활동에 필요한 물건들을 자주 분실함(예: 장난감, 준비물, 연필, 책 등)<br>8. 외부로부터 오는 자극에 자주 주의를 잃음<br>9. 매일 해야 하는 활동을 자주 잊어버림 |
| 행동적 특성 | 1. 의자에 가만히 앉아 있지를 못하고, 안절부절못하여 자주 손발을 움직이고 몸을 꿈틀댐<br>2. 자리에 가만히 앉아 있어야 할 상황에서 자리를 자주 떠남<br>3. 그러지 말아야 할 상황에서 뛰거나, 기어오르는 행동을 자주 함<br>4. 조용히 놀거나 쉬지를 못함<br>5. 계속해서 바쁘고, 부산하며, 꼭 모터를 달아 놓은 것 같이 행동함<br>6. 지나치게 말이 많음<br>7. 질문이 끝나기 전에 불쑥불쑥 끼어들어 대답함<br>8. 순서를 제대로 기다리지 못함<br>9. 다른 사람의 행동, 대화, 활동에 자주 끼어들고 방해함 |

출처: APA (2013).

우선, ADHD의 인지적 특성을 살펴보면, 그 정의에서 알 수 있듯이, 주로 주의집중과 관련된 증상들이 나타난다. 우리나라의 경우 각 교과 지도를 함에 있어 교사가 전체 학급을 일차적으로 한꺼번에 지도한 후 각각의 학생이 교사의 특별한 도움 없이 개별학습을 하는 것이 일반적이다. 그러나 ADHD 학생은 독립적으로 과제를 수행하거나 반복훈련 시 주의력결핍으로 인해 학습활동을 정상적으로 수행하는 데 많은 어려움을 겪는다.

ADHD의 행동적 특성은 과잉행동 및 충동성과 관련된 것이다. 특별한 중재가 이루어지지 않으면 이러한 행동적 특성은 ADHD 학생이 성장해 갈수록 다른 형태의 정서-행동적 장애로 변화되어 나타나기도 한다. 실제로 ADHD를 가진 아동·청소년의 약 40%가 적대적 반항장애를 나타내며, 20~30% 정도는 품행장애 진단기준을 충족시킨다(Silverman, Iseman, & Jeweler, 2009).

주의할 것은 대상 학생에게서 앞서 제시한 인지적·행동적 특성이 다수 나타난다고 해서 무조건 ADHD로 진단해서는 안 된다는 점이다. ADHD로 분류되기 위해서는 대상 학생이 그 발달단계에 비춰 이와 같은 인지적·행동적 특성들을 약 6개월 이상, 두 군데 이상의 장소(예: 학교, 집)에서 매우 심하게 보여야 한다. 또한 이러한 특성이 학생의 학업적, 사회적 기능을 현저하게 떨어뜨리고 있다는 분명한 임상적 증거가 존재할 경우에만 ADHD 진단을 내려야 한다(APA, 2013).

ADHD가 뇌의 기능 문제로 인해 발생한 장애인지 아니면 장애에 대한 사회적 인식의 변화로 인해 새롭게 출현한 장애 범주일 뿐인지에 대해 논란이 있는 것은 사실이다. 그렇지만 ADHD로 진단된 대다수의 학생이 학습에 문제를 보인다는 것은 부인할 수 없다(Arnold, Hodgkins, Kahle, Madhoo, & Kewley, 2020). ADHD 학생의 70~80%가 학습에 어려움을 보이며, 20~30%는 학습장애의 진단기준을 충족시킨다(위영만, 강형원, 2009).

### 3) 지적장애와 경계선 지능

지적장애나 경계선 지능 또한 생리적 기능 제한으로 학습부진을 겪게 되는 경우에 해당한다. 지적장애와 경계선 지능을 제대로 구분하기 위해서는 표준화된 지능검사에 따른 지능지수의 분포에 대해 이해할 필요가 있다. 현재 장애진단에 가장 폭넓게 쓰이는 웩슬러 지능검사(Wechsler Scale of Intelligence)에서는 지능검사를 받는 모집단의 지능지수가 [그림 2-1]에서 보듯이 평균이 100, 표준편차가 15인 정규분포를 이룬다고 가정한다(박찬선, 장세희, 2015). 지능검사의 오차는 대략 5점으로 만약 지능검사 결과 지능지수가 90이라면 이는 지능지수가 정확히 90이라기보다는 85~95의 범위에 속한다는 것을 의미한다.

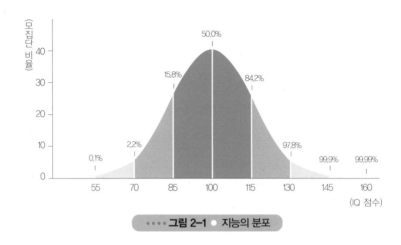

●●●● **그림 2-1 ●** **지능의 분포**

현재 우리나라 「장애인 등에 대한 특수교육법」에서는 지적
장애를 '지적 기능과 적응행동상의 어려움이 함께 존재하여 교
육적 성취에 어려움이 있는 사람'으로 정의하고 있다. 여기서 지
적 기능의 어려움은 표준화된 지능검사를 통한 지능지수가 70
이하(오차 범위를 포함하면 65~75)를 의미하며, 적응행동상의 어려
움이란 살아가기 위해 필요한 다양한 적응기술(예: 대인관계 기술,
언어기술, 수개념, 문해기술 등)에 어려움이 있는 것을 말한다(강영심
외, 2019).

지적장애로 진단받기 위해서는 다음 두 가지 조건이 충족
되어야 한다(신진숙, 2017).

• IQ 70 이하의 지적 기능
• 두 가지 이상의 현저한 적응능력 결함

이러한 기준에 따라 대상 학생이 지적장애로 진단되고 절차에 따라 특수교육대상자로 분류되면, 특수학급이나 학습지원실에서 국어나 수학 교과에 대한 개별화교육을 받을 수 있다. 그런데 자녀의 지적 능력이 또래에 비해 두드러지게 낮고 이로 인한 학습문제가 심각하다는 사실을 알고 있는 부모 중 상당수는 자녀가 지적장애아로 낙인 찍힐 것이란 염려 때문에 특수교육대상자 진단과정 자체를 거부한다. 우리나라에서는 부모의 동의 없이 특수교육대상자 진단을 실시하거나 특수교육대상자로 선정하는 것을 금지하고 있다(교육부, 2019d). 지적 결함이 심각함에도 불구하고 부모가 진단과정에 동의하지 않아서 아무런 외부 지원 없이 일반 학급에 방치되는 사례도 종종 발생한다. 이렇게 방치된 학생은 자기 수준에 맞는 개별화된 교육을 받을 수 없기 때문에 심각한 학습부진에 직면하게 된다.

지적장애와 마찬가지로 경계선 지능 또한 학습능력을 제한시키는 생리적 요인으로 볼 수 있다. 경계선 지능은 지적장애 수준보다는 높지만 평균보다는 낮은 수준의 지능을 가리킨다(강옥려, 2016). 지능지수 70 이하인 경우 지적장애로 판별하기 때문에 경계선 지능은 대략 지능지수 71~84 정도에 해당하는 지능을 가진 경우라고 볼 수 있는데, 전체 학생 수의 약 13.6%가 이에 해당된다([그림 2-1] 참조). 경계선 지능을 가진 학생은 지적장애를 가진 학생들에 비해 학습능력이 뛰어나지만 평균 지능을 가진 학생만큼의 학업성취를 보이지는 못한다. 평균 지능을 가진 학생과 비교할 때 학습 속도가 느리기 때문에 시간이 제한된 교실 수업 상황에서 학습 과제를 해결하지 못하는 경우가 많이 발생할 수 있다.

생리적 기능제한이 있을 경우 학습부진아 지도 전반의 방향이 재설정될 수 있다는 점에서, 교사는 다른 어떤 원인보다 우선 생리적 기능에 제한이 있는지 여부와 만약 생리적 기능제한이 있다면 어떠한 유형의 기능제한인지를 파악하는 것이 중요하다. 생리적 기능제한은 자연적으로 치료되기 매우 어렵기 때문에 만약 생리적 기능제한이 있는 것으로 진단된다면 그 자체를 바꾸려고 하기보다는 그러한 특성들을 반영하여 지도계획을 수립하는 것이 좋다. 나아가, 학습부진아 스스로가 자신이 가지고 있는 생리적 특성에 맞춰 자신에게 맞는 최적의 학습방법을 찾을 수 있도록 지도하는 것이 중요하다.[2]

# 4. 선행학습 능력의 결손

선행학습 능력의 결손은 거의 모든 학습부진아에게서 관찰된다. 대부분의 교과에서 학년이 높아질수록 학습할 내용의 범위가 점점 넓어지고 내용의 수준 또한 심화되기 때문에 특정 시기에 학습결손이 발생할 경우 이후의 학습에서 상당한 어려움을 겪게 된다. 선행학습 능력의 결손으로 인한 피해가 가장 심각한

---

2 학습부진아의 학습특성 진단과 학습전략 지도는 3장과 4장 참조

교과는 흔히 수학이라고 알려져 있지만, 사실 그 피해가 가장 광범위하게 나타날 수 있는 교과는 국어이다. 국어는 모든 교과 학습의 기본이 되는 도구 교과이며, 특히 읽기는 국어 교과에서 습득해야 할 핵심적인 능력이다. 학습결손이 누적되어 어디서부터 손을 써야 할지 막막한 경우 가장 먼저 점검해 보아야 할 부분이 바로 읽기이다. 그런데 안타깝게도 학습부진아를 지도하는 많은 교사가 학생의 읽기능력에 대한 점검에는 매우 소홀한 편으로, 글자를 읽을 수 있으면 읽기에 아무런 문제가 없는 것으로 생각하는 경향이 있다. 그러나 실제로 학습부진아를 관찰해 보면 읽기에 아무런 문제를 보이지 않는다는 교사의 말과는 달리 많은 읽기 문제를 노정하는 경우가 많다. 이러한 현상이 발생하는 주된 이유 중 하나는 읽기에 대한 교사의 이해가 부족하기 때문이다.

학생의 읽기능력을 점검할 때는 크게 세 가지 영역을 살펴보아야 한다. 첫째, 해독능력이다. 해독이란 글자를 구성하는 문자소를 이들이 표상하는 음소에 대응하여 소릿값을 구현해 내는 것을 의미한다. 예를 들어, '강'이라는 글자에서 초성자 'ㄱ'은 /그/로, 중성자 'ㅏ'는 /아/, 종성자 'ㅇ'은 /응/으로 발음된다는 사실을 알고 세 개의 소리를 합쳐서 /강/으로 발음할 줄 아는 것이다(김영숙, 2016).

해독은 문자언어를 처리하는 능력에 속하지만 구어능력의 일부인 음운인식과 매우 밀접한 관련이 있다. 음운인식이란 말소리가 음절이나 음소와 같은 요소들로 이루어져 있다는 사실을 인식하고 음절과 음소를 조작하여 원하는 소리를 구현해 내는 능력까지를 포함한다(김정림, 강은희, 이지윤, 2018). 대부분의 아동은 초등학교에 입학하기 전이나 그 직후에 적정 수준의 음운인식 능력을 습득하지만, 해독능력이 부족한 읽기부진 아동은 음운인식에서도 매우 낮은 수행을 보이는 것으로 알려져 있다.

둘째, 언어이해이다. 언어이해란 말소리가 가진 의미를 파악하는 능력을 의미한다. 한글은 표음문자로 글자 자체가 의미를 담고 있지 않기 때문에 글자의 소리가 표상하는 의미를 이해하지 못할 경우 글자를 읽기는 하나 그 내용을 전혀 이해하지 못하는 상황이 발생하게 된다. 형태론적 지식, 어휘력, 문장 구성에 대한 이해 등은 언어이해를 구성하는 대표적인 요소들이다.

셋째, 읽기 유창성이다. 읽기 유창성이란 텍스트를 빠르고 정확하게 읽는 것을 의미한다(우정한, 신화성, 김종훈, 김민주, 2016). 해독이 자동화되지 않은 아동은 텍스트를 읽을 때 글자 하나하나의 소리를 구현하는 데 온 신경을 집중하기 때문에 정작 글의 의미를 파악하는 데 필요한 정신 에너지를 가지고 있지 않게 된다. 제시된 텍스트를 읽고 난 후 글의 내용을 묻는 질문에 제대로 대답하지 못하는 아동은 읽기 유창성에 문제가 있는 경우가 많다.

읽기 유창성은 읽기에 투입한 노력과 비례하여 향상된다. 읽기경험이 축적될수록 노출 빈도가 높은 단어들은 단어의 시각적 형태, 소리, 의미가 단단히 결합되어 장기기억 속에 저장됨으로써 단어를 보는 순간 빠르게 읽고 의미를 파악하게 되는데,

이러한 단어들을 일견단어(sight-word)라고 일컫는다(O'Connor, 2007). 일견단어를 많이 획득할수록 해독에 투입하는 에너지가 줄어듦으로써 읽기 유창성이 향상된다. 읽기경험이 풍부한 성인에게는 거의 대부분의 단어가 일견단어에 해당하기 때문에 이들은 텍스트를 빠르게 읽고 의미까지 정확하게 파악하게 된다. 능숙한 읽기능력을 갖춘 성인 독자라도 처음 보는 단어가 많이 등장하는 텍스트를 읽을 경우에는 읽기 속도가 현저히 떨어지며 내용에 대한 이해도도 낮아지게 되는데, 이는 텍스트가 다루는 내용에 대한 일견단어 목록이 충분치 않기 때문이다. 텍스트에 일견단어의 수가 많을수록 해독하는 데 소모되는 정신 에너지는 감소하고 내용 파악에 더 많은 정신 에너지를 투입할 수 있게 된다.

초등학교에서 학습부진아 지도의 출발점을 확인하는 과정에서 가장 먼저 점검해야 할 것이 바로 해독능력과 읽기 유창성이다. 해독능력과 읽기 유창성 향상의 파급 효과는 단지 국어 교과에만 국한되지 않으며 사회, 과학, 심지어 수학 교과에까지 미친다. 거의 모든 학습부진아가 선행학습에 결손을 보이지만 그 중에서도 가장 핵심적으로 점검해야 할 영역은 읽기라는 사실을 간과하지 말아야 한다.

# 5. 비효율적 교수-학습 방법

교수-학습 방법이란 교사가 학생을 가르치는 방법을 뜻하는 교수법, 그리고 학생이 공부하는 방법을 의미하는 학습법을 모두 포함하는 개념이다. 교수와 학습은 동전의 양면과 같아서 교수법과 학습법을 명확하게 구분 짓기는 어려우나 개념상으로는 분리될 수 있다. 학습부진의 원인을 파악할 때 꼭 확인해야 할 요인 중 하나가 교수자가 사용하는 교수방법의 적절성 여부이다. 비효율적인 교수방법으로 인해 학습부진이 발생한다는 것은 달리 말하면 잘못 가르쳐서 못 배우게 되었다는 의미이다.

미국의 경우 비효율적인 교수방법이 학습에 줄 수 있는 부정적인 영향을 없애기 위해 「아동낙오방지법(No Child Left Behind)」을 제정하여 모든 교사로 하여금 효과가 입증된 교수방법이나 교수전략을 사용하도록 강제하고 있다(Bouck, 2009). 교수방법의 적절성 여부는 학습부진과 학습장애를 구분하는 중요한 기준이기도 하다. 평균적인 지능을 가진 학생에게 적절한 교수법을 사용하였음에도 학습문제가 여전할 때 학습장애로 진단할 수 있으며, 이와 달리 비효율적인 교수법 때문에 학습에 문제가 생기는 경우는 학습부진으로 간주할 수 있다.

부적절한 학습방법 또한 학습부진의 원인이 될 수 있다. 학습부진아 지도 컨설팅이나 교사연수 때 종종 교사들에게 공부는 열심히 하는데 성적이 오르지 않는 학생을 어떻게 지도해야 하느냐는 질문을 받곤 한다. 이러한 경우는 대부분 학생의 학습

방법이 비효율적이기 때문에 발생한다. 실제 학업성취에 있어 중요한 것은 단순히 공부를 열심히 하는 것이 아니라 얼마나 효율적으로 학습하는가이기 때문이다. 다음은 한 개그맨이 방송 프로그램에 출연하여 들려준 일화이다.

> Y는 학습행동만 보면 완전 장학생이다. 영어단어 책 한 권을 다 외우고, 굳이 암기할 필요도 없는 수학 공식까지 외운다. 책을 너무 많이 봐서 책장이 너덜너덜해질 정도였고 밑줄을 너무 많이 쳐서 글씨를 알아보기도 힘들었다. 쉬는 시간에도 계속 책상에 앉아 공부하기 때문에 모르는 사람이 본다면 전교 1등 하는 친구인 줄 알 정도였다. 그런데 Y의 시험 성적은 그의 노력에 비하면 너무나 형편없었다. 영어 12점, 수학 8점. 시험 보기 전에 단 몇 시간밖에 공부하지 않은 내 성적도 Y에 비하면 더 높았다. 나는 반에서 63등, Y는 65등이었다. Y의 바로 앞 64등은 야구부원인 다른 친구의 차지였다.

이 얘기를 듣고 다른 모든 출연자들이 포복절도했다. 하지만 이와 유사한 일화는 우리 주변에서도 생각보다 흔히 볼 수 있다. 이런 문제의 원인은 대개 비효율적인 공부방법 때문인 경우가 많다. 일반적으로 학습부진아는 제대로 된 학습전략을 갖고 있지 않다. 학습부진아가 적절한 학습전략을 가지고 있지 않은 가장 큰 이유는 학습전략을 배운 적이 없기 때문이다.

현재 우리의 학교 수업은 대체로 교과 내용을 가르치는 데 초점을 두고 있지 학생의 입장에서 교과 내용을 어떻게 하면 효율적으로 학습할 수 있는지에 대해서는 상대적으로 무관심한 편이다. 교사가 학습전략을 별도로 지도하지 않는 근저에는 '교사의 역할은 가르치는 것이고 학생의 역할은 배우는 것이다.'라는 인식이 자리하고 있다. 이런 인식을 갖고 있다면 가르치는 역할을 하는 것만으로도 교사는 자기의 임무를 완수한 것으로 여긴다.

교사의 가르침이 중요하다는 것은 이론의 여지가 없다. 하지만 교사의 가르침은 그 자체가 목적이 될 수 없으며 반드시 학생의 배움을 이끌어 내야 한다. 가르침의 목적이 바로 배움이기 때문이다. 학생의 배움을 이끌어 내지 못하는 교사의 가르침은 존립 기반 자체가 흔들리게 된다. 잘 가르치는 것은 배움을 위한 필요조건이긴 하지만 그것만으로 충분하지 않다. 학습전략은 가르침과는 별도로 학생 스스로 배움을 해 나가기 위해서 꼭 필요한 요소이다. 학습부진아들은 대부분 활용 가능한 학습전략을 갖고 있지 않기 때문에 학습전략에 대한 명시적인 지도는 학습부진아 지도의 중요한 내용으로 포함되어야 한다.

학습전략의 부재와 더불어 학습문제가 발생하는 또 다른 이유는 자신의 학습특성에 맞지 않는 학습방법을 사용하기 때문이다. 사람에게는 저마다 자신에게 적합한 학습법이 있다. 공부를 잘하기 위해서는 자기의 학습특성을 파악하고 어떠한 학습방법이 가장 잘 맞는지 아는 것이 중요하다. 그러나 학습부진아는 자신에게 어떠한 공부방법이 맞는지 대개 알지 못한다. 거의 대부분의 학습부진아는 그런 것이 있는지조차 생각하지 못한다. 그래서 남들이 좋다고 하는 것을 무조건 따라 하는 경우가 대부분이다.

최근 인지심리학 분야에서는 메타인지의 중요성에 대한 연구 결과가 많이 발표됨으로 인해 메타인지가 공부능력의 핵심 요소라는 사실이 특히 주목받고 있다(Coutinho, 2007; Vrugt & Oort, 2008). 메타인지란 초인지라고도 불리며, '지금 하고 있는 것과 생각하고 있는 것에 대해 생각하는 것'이란 의미를 담고 있다. 자신이 지금 공부에 집중하고 있는지를 스스로 점검하는 것, 자신이 세운 공부 계획이 제대로 설정되었는지를 판단하고 공부한 결과가 애초에 설정한 목표에 도달하였는지를 점검하는 것은 모두 메타인지에 해당한다.

자신에게 적합한 공부방법을 찾는 활동 또한 메타인지 활동이다. 공부 계획을 세우고, 계획을 실행한 후 결과를 평가하다 보면 자신이 실행한 방법이 적합한지 그렇지 않은지를 파악하게 되고, 이러한 과정을 거치면서 자신에게 맞는 최적의 공부방법을 발견하게 된다. 학습부진아의 낮은 메타인지 능력은 이들의 비효율적인 공부방법과 무관하지 않다.

교사는 학습부진아를 진단함에 있어 적절한 학습전략을 가지고 있는지 여부와 스스로의 학습특성에 맞는 공부방법을 갖추고 있는지를 파악할 필요가 있다. 이러한 진단을 바탕으로 학습부진아에게 필요한 학습전략과 자신의 학습특성에 맞는 학습방법을 찾도록 지도해야 한다. 특히 효율적으로 학습전략을 활용하는 능력과 자신에게 맞는 최적의 공부방법을 찾는 것은 학습부진아가 교사의 지도가 끝난 이후에도 독립적으로 공부할 수 있는 학생이 되느냐, 다른 말로 자기주도적 학습을 할 수 있느냐를 결정하는 가장 중요한 요인이 된다는 점에서도 필수적이라 할 수 있다.

# 6. 정서적 문제

학생의 정서적 문제 또한 학습문제를 유발할 수 있다. 정서적 문제가 학습문제를 초래하는 경우는 크게 두 가지이다. 우선, 학습기능 자체를 저하시키는 경우로 집중력 저하가 대표적이다. 인간의 두뇌는 오감을 통해 외부 자극을 받아들이고 필요한 정보들을 선별적으로 수용하는데, 이렇게 정보를 선택적으로 선별하는 기제가 바로 주의집중이다. 정서는 이러한 주의집중의 기제가 필요한 정보와 그렇지 않은 정보를 구분하는 데 있어 중요한 단서를 제공해 준다. 정서적 문제가 유발되면 학습과정에서 주의집중의 기제가 제대로 작동하지 못해 필요한 정보와 그렇지 않은 정보를 구분하지 못할 가능성이 높아진다(이한아, 우민정, 2016). 이와 같이 정서문제는 학습부진아의 두뇌 기능을 저하시켜 학습과정 자체에 문제를 유발할 수 있다(윤희준, 오윤혜, 정유숙, 2016).

다음으로, 정서문제는 자기효능감과 학습동기를 저하시켜 학습능력을 감소시킬 수 있다. 흔히 자신감이라고도 불리는 자기효능감은 학습을 시작하고 유지하는 데 핵심적으로 관여하는 기제이다(김아영, 2004). 정서적 문제는 학생으로 하여금 학습에 대한 자신의 능력을 평가절하하도록 만듦으로써 학습에 대한 도전 의욕을 꺾어 버린다. 나아가 삶의 의욕을 저하시켜 학교생활을 비롯한 일상생활 전반에 부정적 영향을 미친다.

학습부진을 유발할 수 있는 대표적인 정서적 문제는 우울증(장애), 불안장애, 분노조절장애이다. 첫째, 우울증(장애)은 우울감이나 초조감, 의욕저하로 인해 인지적·정서적·신체적 문제가 생겨 가정생활이나 학교생활 등에 장해가 발생할 때 진단하는 정서질환이다(이병욱, 2003). 우울증(장애)은 우리나라 청소년 열 명 중 한 명이 경험한다고 할 정도로 빈번하게 발생하는 정서문제이다. 둘째, 불안장애는 현실적이고 합리적인 불안 요소가 없음에도 불구하고 다가올 위험을 염려하는 수준이 과도하여 일생상활에 문제가 유발될 때 진단하는 정서장애이다(Beck, Emery, & Greenberg, 2005). 셋째, 분노조절장애는 상황이나 시기에 맞지 않게 지나친 분노감을 표출할 때 진단된다(Hollander & Stein, 2007). 분노는 인간의 생존을 위해 필수적인 생존 기제이긴 하지만 조절되지 않을 때 문제가 될 수 있다.

**우울증(장애)**

미국정신의학회에서 발간하는 『DSM-5』에서는 다음 9가지
를 우울장애의 증상으로 제시하고 있으며, 이러한 증상 중
5가지 이상이 2주 이상 유지될 때 주요우울장애로 진단하고
있다(Uher, Payne, Pavlova, & Perlis, 2014).

- 지속되는 우울/초조한 기분
- 지속되는 흥미나 즐거움의 뚜렷한 감소
- 눈에 띄는 체중 감소/증가, 식욕 감퇴/증가
- 불면이나 수면과다
- 정신운동적 초조나 지체
- 피로감과 활력 저하
- 무가치감이나 죄책감
- 사고능력과 집중력 감소
- 죽음이나 자살에 대한 생각, 계획

**불안장애**

불안장애는 부모와 같은 대상으로부터 분리되는 것에 대한
공포가 심각한 '분리불안장애', 언어능력이 있음에도 불구하
고 특정 상황(예: 학교)에서 말을 하지 않는 '선택적 함구증',
특정 대상(예: 파충류, 벌레)이나 상황(예: 비행기)에 공포심을
심하게 느끼는 '특정공포증', 타인에게 주목받을 수 있는 상
황에 대해 공포심을 느끼는 '사회불안장애', 불안의 정도가
심해져 과호흡, 발한, 흉통, 질식할 것 같은 느낌과 같은 공

황발작 증상을 나타내는 '공황장애', 열린 공간(예: 광장)이나 밀폐된 공간(예: 영화관)에서 공포감을 느끼는 '광장공포증', 일상생활에서 나타나는 다양한 상황에 대한 걱정 정도가 심해 생활에 어려움을 느끼는 '범불안장애' 등으로 구분된다 (고영건 외, 2019). 불안장애를 가지고 있을 때 나타나는 증상은 다음과 같다.

- 초조하고 불안하여 안절부절못함
- 쉽게 피곤해지고 지침
- 집중하지 못하고 인지능력이 저하됨
- 과민하게 반응함
- 몸이 늘 긴장되어 있음
- 잠들기 어렵고 잘 때도 자주 깸

## 분노조절장애

분노조절장애의 가장 가까운 의학적 명칭은 간헐적 폭발장애로 이 둘을 큰 구분 없이 사용하기도 한다. 상황이나 시기에 맞지 않는 지나친 수준의 분노를 적절하지 않은 방법으로 표출하는 것으로 한마디로 '조절되지 않은 분노'가 문제가 된다. 병리학적으로 간헐적 폭발장애를 진단하는 기준은 다음과 같다(Martel, 2018).

- 재산이나 신체적 피해를 동반하지 않는 언어적 · 신체적 폭력이 평균 1주일에 2회 이상의 빈도로 3개월 이상

발생할 경우

- 재산이나 신체적 피해가 동반되는 감정적 폭발이 1년에
  3회 이상 보이는 경우
- 공격성과 감정폭발의 수준이 상황에 맞지 않는 경우
- 공격성과 감정폭발이 계획 없이 발생하는 경우

정서적 문제로 인해 학습부진이 발생할 경우 교사는 일단 이러한 문제가 어디에서 발생한 것인지 파악하고, 교사의 노력으로 해결할 수 있는 것인지를 우선적으로 점검할 필요가 있다. 학생이 보이는 정서적 문제가 교사가 해결할 수 없는 것에서 비롯된 것이라면 교사의 역할은 제한적일 수밖에 없기 때문이다. 학습부진아를 지도하는 교사가 학생의 전반적인 정서문제까지 감당하기란 쉽지 않기 때문에 학생의 정서적 문제 해결을 위해서는 심리상담 전문가의 도움을 받을 수 있도록 안내할 필요가 있다. 학습부진아를 지도하는 교사는 오히려 학생의 학습문제 해결에 보다 집중하는 것이 좋다. 학습문제 해결은 학생으로 하여금 성취감과 같은 긍정적인 정서를 유도하고 자존감을 높여 줌으로써 정서적 문제 해결을 위한 촉진제가 되기도 한다.

학습지도를 하는 것과 더불어 학습부진아에게 정서조절 전략을 지도하는 것 또한 정서적 문제를 해결하는 데 있어 효과적이다. 의식이 있는 상황이라면 모든 인간은 어떠한 상황이나 사

건에서 희로애락과 같은 특정한 정서를 경험한다. 정서를 느끼는 것은 매우 자연스러운 현상이다. 그런데 정서의 내용이 당면한 상황과 맞지 않거나(예: 슬퍼야 할 상황에서 웃는 경우), 정서의 수준이 지나치게 높거나 낮은 것(예: 화를 낼 상황이 맞지만 지나치게 분노가 폭발하여 다른 사람에게 물건을 집어던지는 경우)은 문제가 될 수 있다. 정서조절 전략이란 자신이 경험하는 정서가 어떠한 것인지 스스로 인식하고, 문제가 생기지 않도록 상황에 맞게 정서의 내용과 수준을 조절하는 전략이다(Sutton, 2004). 학습부진아의 경우 정서조절 전략을 가지고 있지 않은 경우가 많기 때문에 이를 명시적이고 체계적으로 지도할 필요가 있다.[3]

심각한 우울장애로 자살시도를 하거나 심한 불안으로 인해 공황발작이 나타나는 경우와 같이 학생의 정서적 문제가 병리적 수준일 경우에는 교사 혼자서 감당하기 어렵다. 이런 경우에는 학교 내 상담교사의 도움을 요청하거나 Wee 클래스 또는 Wee 센터에 학생지도를 의뢰해야 한다.

# 7. 관계적 문제

학교에서 이루어지는 학습활동은 대개 또래와의 상호작용을 통해 이루어지기 때문에 또래와의 관계가 틀어지면 학교에

---

3 정서조절 전략의 지도 내용과 방법은 4장의 '6. 5) 학습불안 관리 전략' 참조

가기 싫어지고 모둠 활동 참여를 기피하게 된다. 또래와의 관계 뿐만 아니라 교사와의 관계도 학습에 지장을 초래할 수 있다. 특정 교과를 싫어하거나 특정 교사와의 관계가 좋지 않아서 그 교과목에 대한 흥미마저 잃게 되고, 교사 전반에 대한 부정적인 인상을 형성하게 되는 경우도 있다. 이와 같이 관계적 문제는 학습활동 자체에 직접 영향을 미칠 뿐만 아니라 학습동기를 약화시킴으로써 간접적으로 학습활동에 부정적인 영향을 초래하기도 한다.

아동·청소년이 형성하는 인간관계는 크게 가족관계, 또래관계, 교사와의 관계로 구분된다. 인간관계에서 비롯된 문제가 학업에 미치는 영향은 성장 과정에 따라 몇 가지 패턴으로 나타난다. 학령기 이전의 인간관계는 주로 가족을 중심으로 형성되기 때문에 가족관계가 학습에 영향을 미친다. 학교에 입학하면서부터는 또래친구 및 교사와의 인간관계가 학업에 영향을 미치며, 사춘기가 시작되는 초등학교 고학년이나 중학교부터는 또래관계가 매우 중요한 요인으로 대두된다. 각각의 관계를 구체적으로 살펴보면 다음과 같다.

첫째, 가족 구성원 간 역동은 학습에 중요한 영향을 미친다(황매향, 2006). 가족 구성원 간의 긍정적 관계는 학생의 학습능력을 촉진하는 밑거름이 되는 반면, 부정적 가족관계는 학업뿐만 아니라 학교생활 전반에 악영향을 미친다. 아동·청소년은 가족관계 형성의 주도권을 갖고 있지 않기 때문에 부정적인 가족관계는 대개 부모에 기인한다. 부모의 사이가 좋지 않고 다툼이 심할 경우 아동·청소년은 부모 간 불화가 자신으로 인한 것은 아닌지 막연한 불안감에 휩싸이고 정서적 안정을 얻지 못해 학업에 집중하지 못하게 된다.

　부모의 편애 또한 가족관계에 부정적인 영향을 끼치는 요소이다. 부모의 편애가 심할 경우 부모의 관심을 받지 못한다고 여기는 아동·청소년은 부모의 기대에 부응하지 못하는 자신에 대해 실망하게 되고, 자존감과 자신감을 상실하여 무기력에 빠지게 된다. 가정에 대한 소속감과 가족 구성원에게 사랑받고 싶은 욕구는 공부를 잘하고자 하는 학습동기보다 앞서는 기본적인 욕구이다. 소속감과 애정의 욕구가 충족되지 않는 상황에서 훨씬 더 높은 수준의 욕구인 지적 성취를 위한 학습동기를 유지하기란 쉽지 않다. 더불어, 가정에서 발생하는 학대의 문제가 조금씩 증가하는 추세에 있다. 아동·청소년 학대는 단순히 학습뿐만 아니라 그들의 삶 전반에 걸쳐 치명적인 부작용을 유발할 수 있다는 점에서 학대의 정황을 발견하게 될 경우 긴급하게 개입하여야 한다.

　둘째, 또래관계의 문제가 학습에 미치는 부정적인 영향 또한 매우 크다(이은해, 김정윤, 오원정, 2001; 정병삼, 2012). 또래관계를 형성하지 못하거나 이미 형성한 또래관계에 문제가 발생할 경우 학생에게 학교는 회피해야 할 장소로 변해 버린다. 최근 들어 교실수업에서 협동학습이나 또래학습 방식이 증가하고 있는데 만일 또래와의 관계에 문제가 있을 경우 이러한 방식의 수업에 참여하기 어렵게 된다. 학교에서 발생하는 또래관계의 문제 중 가장 심각한 것이 바로 따돌림 현상이다. 따돌림은 집단 구성원 간 힘의 불균형 상태에서 발생하는 것으로, 강한 자가 개별적으로 또는 무리를 지어 상대적으로 약한 자를 배척하는 행위를 말한다(최진오, 2019). 학업 성적에 따라 학생을 서열화하는 학교 풍토에서 공부를 잘하지 못하는 학습부진아는 교사와 또래에게 긍정적인 반응을 얻기 어렵고 심하면 따돌림을 당하기 쉽다. 학습부진아 및 그 부모들이 학교 일과시간이나 방과 후에 별도로 학습부진 지도를 받는 것에 대해 심한 거부감을 보이는 것은 학습부진아라는 낙인으로 인해 또래에게 무시당할 것에 대한 두려움 때문인 경우가 많다.

학업 성적에 따라 서열이 매겨지고 이러한 서열이 일종의 계급처럼 여겨지는 교실 환경이 조성되어 그로 인해 학습부진아가 또래관계에서 배척된다면 교사 또한 그 책임에서 자유로울 수 없다. 교사가 학습부진아를 대하는 태도는 또래 학생들이 학습부진아를 대하는 태도에 영향을 주기 때문에 교사로부터 존중받지 못하는 학생은 또래 학생에게도 존중받기 어렵다. 반대로 학습부진아가 학업 성적과 무관하게 교사로부터 전인격적인 존중을 받는 학급 분위기가 형성되어 있다면 이들이 또래관계에서 소외되지 않을 가능성이 한층 높아진다.

셋째, 교사와의 관계 형성 또한 학습에 많은 영향을 미치는 중요한 요인이다(김선숙, 고미선, 2007). 초등학교에서 담임교사와의 관계가 좋지 않을 경우 학생은 학교 내에서 설 자리를 찾기 어렵고, 중·고등학교 상황이라면 싫어하는 교사가 가르치는 교과 공부 자체를 싫어하게 될 가능성이 높다. 교사와 학습부진아 사이의 관계 형성은 어느 한쪽의 일방적인 주도로 형성되기보다는 상호적이다. 우선 교사의 입장에서 비효율적인 교수법을 사용하거나 학생을 이해하고 수용하기보다 일방적으로 지시하기만 한다면 학생으로부터 긍정적인 반응을 이끌어 내기 어렵다. 반면, 학생이 교사의 지시에 잘 따르지 않거나 거친 행동을 보인다면 교사는 이들과 긍정적인 관계를 형성하는 것이 쉽지 않다.

학습부진아의 경우 특정 교과에서 겪는 어려움이 해결되지 못하고 실패가 반복될수록 그 교과를 가르치는 담당교사에게 그러한 부정적 감정을 투사하는 경우도 발생한다. 때로는 이전 학년 담임교사와의 관계가 좋지 않아서 학교생활에 흥미를 상실하였던 경우 이러한 부정적인 경험을 과일반화(over-generalization)함으로써 현재 학년의 담임교사에게도 부정적인 태도를 유지하는 경우도 있다. 이럴 경우 교사는 자신은 과거에 학생이 경험한 교사와는 다르다는 것을 분명히 보여 줌으로써 부정적인 선행경험이 현재 학습에 미치는 영향을 차단해야 한다.

## 8. 학습 트라우마와 학습된 무기력

트라우마란 과거의 경험을 통해 형성된 심리적 상처를 의미하며, 학습 트라우마란 공부 때문에 갖게 된 심리적 상처를 가리킨다(김현수, 2015). 사실, 인과관계 측면에서 학습 트라우마로 인해 학습부진이 발생한다기보다는 학습부진이 학습 트라우마를 형성한다고 보는 것이 더 정확할 것이다. 그렇지만 일단 형성된 학습 트라우마는 학습부진 문제를 더욱 심화·증폭시키기 때문에 학습 트라우마와 학습부진 사이의 선후 관계를 따지는 것은 별로 중요하지 않다.

학습 트라우마가 형성되면 공부하기를 싫어하는 단계를 넘어서 공부 스트레스로 인해 신체적 문제가 유발되기도 한다. 필자가 만났던 한 학생은 학교 시험이 다가오면 몸이 아팠다. 처음에는 꾀병일지도 모른다는 의심이 들기도 했으나 실제로 체온이 39도까지 오르는 학생의 모습을 보면서 공부 스트레스가 신체적 문제를 유발할 수도 있다는 것을 새삼 깨닫게 되었다. 신기하게도 시험이 지나자 학생의 체온은 정상으로 회복되었다. 이러한 사례는 심리적 스트레스로 인한 신체화 증상의 전형적인 양상을 잘 보여 준다.

학습 트라우마는 학업에서의 반복되는 실패로 인해 형성되기 때문에 대체로 학년이 높아질수록 더 심화되는 경향이 있다. 초등학교 고학년 학습부진아는 이미 저학년 때부터 학업에서 수많은 실패를 경험해 왔기 때문에 이들의 학습 트라우마는 초등학교 저학년이 가진 학습 트라우마보다 더 심각할 가능성이 높다. 또한 교육과정이 나선형으로 이루어진 교과일수록 학년에 따른 학습 트라우마가 증폭되는 경향이 있는데, 대표적인 과목이 수학이다. 초등학교 저학년 때 기본 개념을 이해하지 못하였다면 이러한 개념을 기반으로 풀어야 할 문제들을 계속 풀 수 없게 되므로 고학년에서의 새로운 학습은 불가능하다. 수학 교과에서 반복적인 실패를 경험하는 학생은 수학을 싫어할 뿐만 아니라 수학에 대한 공포심마저 갖게 될 수 있다.

　학습에 전혀 의욕을 보이지 않는 무기력 증상은 반복된 실패 경험을 통해 학습된 것으로 이를 학습된 무기력이라 한다(강혜원, 김영희, 2004; 이명진, 봉미미, 2013). 학습된 무기력은 학습 트라우마로 인해 유발되거나 학습 트라우마를 동반하는 경우가 많다. 무기력한 상태로 아무런 시도를 하지 않으면 실패할 가능성이 낮아지기 때문에 실패에 따른 부정적인 감정을 회피할 수 있다. 학습 트라우마에서 벗어나기 위해 무기력 상태에 머물기를 선택하는 것이다. 학습된 무기력은 학년이 올라갈수록 더 심각해지기 때문에 초등학교 시기에 비해 중학교 시기에 학습부진아가 겪는 무력감이 훨씬 더 심각하다고 볼 수 있다. 따라서 교사는 지도 대상이 혹시 공부에 대해 어떤 트라우마를 가지고 있는지, 이로 인해 학습에 대한 무기력이 발생하고 있지는 않은지 세밀하게 관찰해야 한다.

　학습부진아 중 일부는 때때로 학습에 대한 두려움이나 상처를 전혀 갖고 있지 않은 것처럼 행동하기도 한다. 자신은 공부를 잘하지 못하는 것이 아니라 공부 이외에 다른 일에 관심이 많을 뿐이라고 합리화한다. 특히 완벽주의적 성향을 가진 학생의 경우 자신의 실패를 받아들일 수 없기 때문에 실패하지 않기 위해 공부 이외의 것으로 도피하는 경향을 보인다. 그러나 마음을 열고 이야기해 보면 공부에 대한 두려움과 상처가 작지 않으며 더 이상 공부로 인한 상처를 받고 싶지 않아서 공부와 관련된 새로운 시도를 회피하는 것임을 알 수 있다. 철수(가명)가 바로 그러한 경우였다.

초등학교 3학년인 철수는 담임교사가 포기한 학생이었다. 단순히 공부를 못하는 것을 넘어서 친구들을 괴롭히는 것이 거의 일상이 된 학생이다. 담임교사는 처음에 철수를 변화시키기 위해 의욕을 가지고 지도하였지만 시간이 지나면서 처음 가졌던 의욕은 다 잃어버리게 되었고 철수가 큰 문제만 일으키지 않기를 바랄 뿐이었다. 특히 담임교사는 철수가 난독증을 가진 건 아닌지 의심하고 있었다. 철수에게 한글을 가르치기 위해 열성적으로 노력했지만 철수는 '못 읽는다' '재미없다' '짜증난다'는 반응만 보일 뿐 한글 해득에 전혀 진전을 보이지 않았다. 철수가 난독증을 가졌을지도 모른다는 생각을 하기 시작한 담임교사는 철수를 특수교육대상자로 진단하기 위한 절차를 알아보고 있었다.

그렇다면 철수는 진짜 난독증을 가지고 있어서 특수교육을 받아야 하는 아이였을까? 철수를 지도하면서 알게 되었던 사실은 철수가 한글을 못 읽는 것이 아니라 한글 배우기를 피하고 있다는 것이었다. 과거에 한글을 공부하면서 겪었던 실패와 그로 인한 좌절감이 트라우마로 형성되었고 한글 학습에 대한 기피로 이어졌던 것이다. 철수에게 한글 지도를 시작한 지 1학기가 지나자 떠듬거리긴 하지만 분명히 글을 읽을 수 있게 되었고, 행동문제 또한 많이 개선되었다.

때때로 공부 자체에 대한 두려움보다 공부와 관련된 부정적인 경험이 학습 트라우마를 유발하기도 한다. 다음 영희(가명)의 사례를 살펴보자.

초등학교 5학년인 영희는 수학 시간만 되면 아무런 반응도 하지 않고 그저 멍하니 백일몽에 빠져들었다. 다른 과목 시간에는 발표도 곧잘 하던 영희가 수학 시간만 되면 완전히 달라지는 것이 담임교사의 입장에서는 이해되지 않았다. 담임교사는 영희에게 수업 이외의 시간에 별도로 수학을 가르쳤는데 이러한 개별지도는 도리어 영희를 얼어붙게 만들어 버렸다. 영희가 왜 이렇게까지 수학을 두려워하게 되었는지 원인을 파악해 가던 중 영희의 증상이 초등학교 3학년 때부터 시작되었다는 사실을 알게 되었다. 영희의 3학년 담임교사는 수학 교과를 특히 중요하게 생각하였기 때문에 수학을 잘하지 못하는 영희를 방과 후에 남겨서 지도했다. 부진아 지도에 강한 의욕을 가지고 있던 담임교사는 영희를 가르치며 꾸중을 하기도 하고 때로는 윽박지르기도 했다. 영희는 담임교사의 열정적인 지도에 고마운 마음이 들기보다는 꾸중과 윽박으로 인해 공포감만 갖게 되었다. 결국 영희의 마음속에는 '수학=담임교사의 꾸중과 윽박=무서움'이라는 공식이 굳어버리게 되었다. 다행히 영희는 5학년 담임교사의 따뜻한 지

도를 받으며 조금씩 마음을 열어 갔고, 1학기 말이 되자 수학
에 대한 트라우마도 상당 부분 해소되었다.

학습 트라우마는 단기간에 형성된 것이 아니기 때문에 이
문제를 해결하는 데에도 많은 시간이 필요하다. 거듭된 실패 경
험 때문에 회피하고만 싶었던 공부가 더 이상 회피의 대상으로
여겨지지 않기 위해서는 공부를 통한 성공 경험을 축적해 가야
하는 것이다. 학습부진아를 지도하는 것은 어떤 측면에서는 학
습 트라우마를 치유해 가는 과정이라고도 볼 수 있다.

## 9. 현행 학습부진아 진단방법의 문제점과 개선 방향

최근 학습부진아 지도에 대한 관심이 높아지면서 학습부진
아 진단과 지도를 위한 여러 가지 정책들이 시도되고 있으나 학
교현장에서 제대로 정착되지 못하는 것들이 많다. 시·도교육청
이나 교육지원청 차원에서 개발한 학습부진아 진단체계를 일선
학교에 홍보하고 사용을 적극 권장하고 있지만, 비효율적이며
학교에 불필요한 부담을 준다고 느끼는 교사들은 이러한 진단
체계를 잘 활용하지 않는다. 또한 시·도교육청이나 교육지원청
차원에서 제작한 진단도구들이 단위 학교 상황에 맞지 않는 경
우도 있다. 현 학습부진아 진단체계의 문제점들을 살펴보면 다

음과 같다.

　첫째, 학습부진아를 진단하는 시점의 문제이다. 현행 진단 체계에서는 초등학교 3학년 진입 수준의 읽기, 쓰기, 기초연산 능력을 갖추지 못한 상태를 기초학습부진으로 정의하기 때문에 초등학교 1, 2학년은 기초학습능력 진단에서 제외되는 경우가 많다. 초등학교 3학년 때 기초학습부진아로 진단받은 이후에 학습부진아 지도를 받게 되면 이미 2년이라는 기간 동안 학습결손이 상당히 누적된 상태일 가능성이 있다.

　골든아워란 어떤 문제가 발생하였을 경우 이에 대한 조처를 취할 수 있는 최적의 시간대를 지칭하는 말이다. 응급실 의사로 잘 알려진 이국종 교수의 말에 따르면, 중증외상환자의 골든아워는 60분 이내이다(이국종, 2018). 60분 이내에 적절한 조처를 취하느냐 마느냐가 환자의 생사와 직결된다는 것이다. 학습부진 문제 해결을 위한 골든아워는 초등학교 입학 후 1년이다. 그 이유 중 하나는 모든 학습의 근간이 되는 초기 문해력이 바로 이 기간 중에 형성되기 때문이다. 그러한 점에서 교육부와 각 시·도교육청에서 초등학교 1~2학년을 대상으로 학습부진아 진단을 시작하려는 움직임을 보이고 있다는 것은 시기상으로 바람직하다고 할 수 있다.

　둘째, 진단 결과 활용의 비효율성 문제이다. 현행 학습부진아 진단체계는 학습부진아를 선별하는 데 초점을 두기 때문에 학습부진아 진단검사의 결과가 실제 학습부진아 지도에 활용되지 못하는 문제를 보인다. 학습부진아를 진단하는 가장 큰 목적은 진단의 내용을 지도에 반영하여 효율성을 극대화하기 위함이다. 학습부진아 진단이 단지 학습부진아를 선별해 내는 데 있다면 학습부진아 진단도구는 굳이 필요하지 않을지도 모른다. 웬만큼 교육 경력을 가진 교사라면 굳이 진단도구를 사용하지 않더라도 수업 중 학생의 수행수준을 통해 어느 정도 학습부진 여부를 판단할 수 있기 때문이다. 학습부진 진단도구가 단지 학습부진아를 선별해 내는 용도로만 사용된다면 진단의 본질적인 목적에서 벗어난 것이다.

학습부진을 진단하는 가장 근본적인 목적은 학습문제 해결을 위한 성공적인 처방을 도출하는 데 있어야 한다. 좋은 의사는 환자를 진찰할 때 환자가 현재 호소하고 있는 증상뿐만 아니라 환자의 나이, 몸무게, 성별, 과거 병력, 알레르기 반응 등 환자가 가지고 있는 고유한 특성들을 종합적으로 고려하여 처방을 내린다. 학습부진아 지도의 효율성을 극대화하기 위해서는 학습부진아가 드러내는 학습문제뿐만 아니라 학생의 고유한 학습특성과 장점도 파악하여 다면적인 지도가 이루어질 수 있도록 해야 한다.

그러나 안타깝게도 현재 많은 교사가 학습부진아 진단 시 학생이 무엇을 못하는지 확인하는 데 초점을 맞춘다. 학생의 부족한 부분과 단점에만 집중하게 되면 학습부진아 지도에서 정작 중요한 학생의 현재 학습의 수행수준과 학습특성을 발견할 기회를 놓치게 된다. 학습부진아 지도의 기반은 학생의 약점이 아니라 그가 가진 장점과 잠재력이 되어야 한다. 학업에서 학생이 가진 장점을 활용하기보다는 단점을 고치려고 애쓰다 보면 학생으로 하여금 학습에 대한 흥미마저 잃게 만들고 교사와의 관계 또한 손상될 수 있다. 학생의 고유한 학습특성과 장점을 찾음으로써 학습효과를 극대화시킬 수 있을 뿐만 아니라 교사-학생 관계를 보다 긍정적으로 만들어 갈 수 있다는 점에 주목해야 한다.

셋째, 현재 학습부진 진단을 위해 사용되는 검사도구의 낮은 민감도 문제이다. 검사도구의 민감도란 피검사자의 성취도 변화를 정밀하게 감지해 내는 정도를 의미한다. 학습부진아로 진단되어 일정 기간 학습부진아 지도를 받은 후 동일한 진단검사를 실시하였을 때 여전히 기준점 이상의 점수를 받지 못하는 경우가 많다. 그런데 재검사 실시 후에 학생의 변화가 검사 결과를 통해 드러나지 않았다면 학생에게서는 긍정적인 변화가 전혀 없었다고 말할 수 있을까? 사전검사와 사후검사 사이에 수치상의 변화가 나타나지는 않지만 학습부진아 지도 과정을 통해 학생에게서 유의한 변화가 관찰되는 경우가 드물지 않다. 다음은 김 교사(가명)가 글을 전혀 읽지 못하는 초등학교 1학년 숙희(가명)를 지도한 사례이다.

> 대학원에서 필자의 수업을 들어서 친분이 있던 김 교사가 어느 날 상담을 요청해 왔다. 초등학교 1학년생인 숙희라는 학생에게 한글을 지도하는데 아무런 변화가 없어서 계속 지도해야 할지 고민이 된다는 것이다. 아무리 가르쳐도 그 다음

날이 되면 다 잊어버리고 처음부터 다시 시작해야 한다는 것
이다. 똑같은 내용을 반복해서 가르쳤음에도 불구하고 아무
런 변화가 없으니 김 교사로서도 얼마나 맥이 빠질지 짐작이
됐다.

김 교사의 고민을 다 듣고 난 후 한 가지 조언을 했다. 숙희
또래 아동의 평균적인 성취수준과 현재 숙희의 성취수준을
비교하지 말고 숙희에게 처음 한글을 가르쳤을 때와 지금 현
재 숙희의 한글 해득능력을 비교해 보라는 것이었다. 작은 변
화라도 괜찮으니 찾아보고 그러한 변화를 보인 숙희의 노력
을 인정해 주고 격려해 주라고 제안했다. 김 교사와의 상담은
그 이후로도 몇 차례 더 이루어졌다. 김 교사가 숙희를 지도
한 지 한 학기가 지났을 무렵 숙희가 어떤지 물어보았을 때
김 교사는 반색을 하면서 이렇게 말했다.

"교수님, 오늘 숙희에게 읽고 싶은 책을 가져오라고 했더니
책을 3권이나 들고 왔어요. 처음에는 책을 읽자고 하면 경기
를 일으키던 아이였는데."

숙희는 한 학기가 다 지나기까지 한글 해득을 완료하지 못
했기 때문에 진단검사를 실시한다면 학기 초와 별반 차이가 없
었을 것이다. 현행 진단체계하에서 숙희가 보인 이러한 변화는
무의미한 것이다. 하지만 김 교사의 지도를 통해 책 읽기를 좋아
하게 되었다는 것은 숙희의 입장에선 엄청난 발전이다. 하지만
현행 학습부진아 진단검사의 민감도는 높지 않기 때문에 숙희의

경우와 같이 가시화되기 어려운 변화들을 제대로 감지해 내지 못한다.

학습부진아 진단과 발전과정에 대한 평가는 결과 중심이 아닌 과정 중심으로 이루어져야 한다. 학습부진아는 학교에서 제대로 공부를 해 보지 않은 경우가 대부분이다. 그러다 보니 공부를 시작했다 하더라도 앞에 제시된 숙희의 사례와 같이 그 효과가 매우 천천히 지엽적으로 나타난다. 시험 성적 향상과 같은 가시적 성과가 나오는 것은 많은 시간과 노력이 투입된 이후이다. 따라서 학습부진아를 진단함에 있어 교사는 객관적 진단자료에 더하여 지도하는 과정에서 나타나는 학습부진아의 다양한 학습 성취와 특성, 변화를 주의 깊게 관찰하고 짚어 낼 수 있어야 한다.

넷째, 진단검사 결과를 입체적으로 분석하지 못하는 문제이다. 현행 기초학습부진의 진단은 읽기, 쓰기, 기초수학과 같은 검사의 영역별 수준만 진단된다. 하지만 이러한 영역들은 분리되어 있기보다 함께 연동되어 움직인다. 예를 들어, 읽기의 부진은 읽기의 부진으로만 끝나지 않고 쓰기와 기초 수학에도 모두 영향을 미친다. 그런데 현행 진단체계는 이에 대한 정보를 제공해 주지 못한다. 그러한 점에서 교사는 각 영역별 수준뿐만 아니라 영역 간 연관성을 파악함으로써 분석 결과를 해당 학생을 위한 교육목표를 설정하는 데 활용할 수 있어야 한다. 예를 들어, 읽기와 쓰기는 나란히 발달하기 때문에 두 영역에서 학생의 반응을 상호 비교하면서 분석하면 해당 학생의 문해력 발달 양상을 입체적으로 이해할 수 있게 된다. 기초수학 검사 결과를 검토할 경우에도 수학적인 능력과 함께 학생의 읽기능력이 기초수학 문제 해결에 영향을 미치지는 않았는지를 분석해 보아야 한다. 문제를 정확하게 읽지 못하였거나, 읽고도 이해하지 못한 경우 수학적인 능력과 무관하게 읽기 능력의 부족으로 문제를 해결하지 못할 수도 있기 때문이다.

국어, 사회, 수학, 과학, 영어 등 각 교과에 대한 진단검사를 실시할 경우에도 각 교과 간 성취 정도를 정밀하게 분석하여 국어에서의 문제가 다른 교과 성취에 영향을 미친 것은 아닌지를 파악할 필요가 있다. 또한 여러 교과에서 전반적으로 부진할 경우 우선 지도해야 할 교과 영역이 무엇인지를 파악하기 위해서는 학생의 입장에서 가장 우선적인 지도를 필요로 하는 교과가 무엇인지를 파악하여 당장 시급한 것부터 지도해야 한다. 그러한 점에서 학습부진아 진단과 지도 시 교사 간의 협업은 아무리 강조해도 지나치지 않다. 특히 중·고등학교의 경우 학습부진아를 지도하는 교과교사 간의 협력이 매우 중요하다. 학습부진아 지도 효과를 극대화시키기 위해서는 교과 교사 간의 협력이 일회적이지 않고 지속적으로 이루어질 수 있는 체계를 정착시키는 것이 필요하다.

다섯째, 교사 스스로 진단과정에서 자신의 역할을 과소평가하는 문제이다. 교사는 학생의 학업, 정서, 행동에 대한 다면적인 정보를 파악하고 있는 핵심 정보원이다. 학습부진이라는 문제 해결을 위해서는 이러한 다양한 측면에 대한 포괄적인 정

보가 필요하다. 시·도교육청이나 교육지원청에서 개발한 진단
도구를 통해 영역별 학업성취에 대한 객관적인 정보를 수집하
는 것은 학습부진아를 위한 교육목표를 설정하는 데 매우 중요
하다. 그러나 진단검사를 통해 파악할 수 있는 학생의 성취도는
단편적인 정보에 불과하며, 한 교과 또는 전 교과에 걸친 학생의
학업적 특성을 파악하기 위해서는 담임교사를 비롯한 교과 교사
들을 통한 정보 수집이 필수적이다. 학습부진아 지도의 출발점
은 학생과의 라포 형성을 통한 학습동기 유발이라는 점을 감안
할 때 대상 학생에 대한 다양한 정보를 바탕으로 학생의 문제를
입체적으로 바라보려는 자세가 필요하다. 따라서 학습부진아에
대한 다면적 정보를 수집하는 과정에서 교사의 개입은 보다 적
극적이어야 한다.

# 03

## 학습특성 파악

학습부진아의

# 공부잠재력 키우기

# 1. 학습특성 파악의 중요성

필자가 중학생이던 시절 담임선생님은 매일 아침 '빽빽이'라는 과제를 내주셨다. 선생님은 아침 조회 시간에 A4용지 크기의 종이를 두 장씩 나누어 주셨는데, 우리는 종례 시간이 되기 전까지 종이 앞뒷면을 빽빽하게 채워서 제출해야 했다. 물론 아무 내용이나 적어선 안 되며 반드시 그날 공부한 내용을 적어야 했다. 종이 두 장의 앞뒷면을 빽빽하게 채우는 것은 결코 쉬운 과제가 아니었기 때문에 과제를 제출해야 하는 종례시간이 가까워지면 모두 여백을 채우기 위해 손놀림이 바빠졌다. 어떤 친구들은 볼펜 두세 개를 겹쳐서 한번에 두세 줄씩 썼다가 선생님에게 야단을 맞기도 했다. 담임선생님은 영어 단어를 외우는 가장 좋은 방법이 종이를 빽빽하게 채울 만큼 반복해서 단어를 쓰는 것이란 말씀을 자주 하셨기 때문에 필자를 포함한 대부분이 영어 단어로 종이를 채우기 위해 애썼던 기억이 있다.

그런데 담임선생님의 의도와는 달리 우리에게 이 과제는 종이의 여백을 채우는 것 이외에 아무것도 아니었기 때문에 영어 단어의 발음이나 철자, 의미에 주의를 기울일 여력이 남아 있지 않았다. 같은 단어를 반복해서 쓰다 보면 자신이 무엇을 쓰고 있는지조차 의식하지 못한 채 종이의 여백을 채우고 있는 경우가 많았다. 담임선생님이 이 과제를 통해 의도했던 것은 분명 종이의 여백 채우기가 아니었을 테지만 우리에게 이 빽빽이 과제는 단지 손의 소근육을 강화시키는 운동이었을 뿐이다. 물론 영어 단어를 반복해서 쓰는 방식을 통해서 효과를 본 학생도 있었을 테지만, 필자를 포함한 대부분의 학생에게는 빽빽이 과제가 공부가 아닌 단순 노동에 불과했다.

이렇게 해묵은 과거사를 들추어낸 데에는 나름의 이유가 있다. 교사라면 대부분 공부에 관해서 만큼은 상당한 정도의 성공경험을 축적하고 있다. 그런데 이러한 성공경험이 때로는 학생을 지도하는 데 걸림돌로 작용하기도 한다. 바로 필자의 중학교 시절 담임선생님이 내 주셨던 빽빽이 과제처럼 말이다. 공부에서의 성공경험이 많은 교사는 자신이 체득한 공부방법을 은연중에 학생에게 권유하거나 강요하는 경향이 있다. 필자의 담임선생님 또한 영어 단어를 암기하려면 종이의 여백을 가득 메울

만큼 반복해서 쓰는 것이 최고의 방법이라는 믿음을 갖고 있었음이 분명하다. 아마도 선생님의 교직경력 내내 빽빽이 과제를 학생들에게 내 주셨을 것이라 짐작해 본다.

교사는 학업에서의 축적된 성공경험으로 인해 자신이 사용했던 공부방법의 효과에 대해 확신을 갖기 쉽다. 그런데 이러한 확신을 기반으로 교사 자신의 공부방법이 다른 학생에게도 동일한 효과를 가질 것이라는 신념을 가지는 것에 대해서는 경계할 필요가 있다. 특히 학습부진아를 지도할 때에는 더더욱 자신의 공부방법을 강요해서는 안 된다. 교사와 학생 간, 특히 교사와 학습부진아 사이에는 공부방법에 관한 한 넓은 '간극'이 존재한다. 학습부진아를 열심히 지도한 교사에게서 "아무리 열심히 가르쳐도 별로 효과가 없는 것 같아요."라는 푸념을 들을 때마다 필자는 교사와 학생 사이에 놓인 간극의 크기가 어느 정도일까 생각해 본다. 학습부진아를 가르치는 교사는 먼저 자신과 학생 사이에 이러한 간극이 존재한다는 사실을 인정하고 받아들여야 한다.

교사의 교수법 또한 학습부진아 지도에서 중요하게 고려되어야 할 요인이다. 뛰어난 교수법을 구사하여 교실 수업을 완벽하게 이끌어 가는 교사일지라도 학습부진아 지도에서는 자신의 능력을 제대로 발휘하지 못하는 경우를 흔히 본다. 학습부진아가 학습에서 보이는 특성은 분명 일반적인 학습능력을 가진 학생의 그것과는 차이가 있다. 학습부진아에게 적합한 교수방법을 찾기 위해서는 무엇보다 이들의 학습특성을 파악해야 한다.

주의집중 방식은 어떠한지, 정보처리 방식은 어떠한지, 어떤 감
각 양식을 선호하는지, 강점과 선호도는 어떠한지 등 학생이 가
지고 있는 각각의 학습특성을 파악하고 이를 바탕으로 교수법
을 재구성해야 한다.

## 2. 주의집중 특성

모든 형태의 학습에는 반드시 학습자의 주의집중이 동반되
기 때문에 학생의 주의집중 방식을 파악하는 것은 학습부진아
지도의 효율성을 높이기 위해 필수적이다. '주의집중(attention)'이
란 외부로부터 유입된 정보들 중에서 필요한 정보에만 선별적
으로 반응하는 것을 의미한다(Yogev-Seligmann, Hausdorff, & Giladi,
2008). 인간이 시각, 청각, 미각, 촉각 및 후각 기관을 통해 외부로
부터 받아들이는 정보의 수는 초당 수천에서 수만 개에 달한다
고 한다. 만약 감각기관을 통해 유입된 모든 정보가 인간의 대뇌
피질로 전달된다면 한번에 처리해야 할 정보의 폭증으로 인하여
뇌는 작동 불능 상태에 빠지게 될 것이다. 이러한 사태를 예방하
기 위해 인간의 뇌는 유입된 감각 정보들 중 중요하다고 판단되
는 정보만을 선별하여 뇌의 상위 영역으로 전달한다. 이렇게 정
보를 선택하는 과정이 바로 주의집중이다.

학습과 밀접한 관련이 있는 주의집중은 크게 세 가지이다.
첫째, 선택적 주의집중이다. 선택적 주의집중이란 감각기관으

로부터 유입된 정보들 중 일부에만 선택적으로 반응하고 그 외에 다른 불필요한 정보를 무시하는 것을 의미한다(윤선아, 김현택, 최준식, 2007). 교사가 손가락으로 칠판을 가리키며 "여기를 보세요."라고 할 때 교사의 손가락이 가리키는 곳으로 시선을 옮길 때 선택적 주의집중이 이루어졌다고 말할 수 있다. 그런데 만약 교사가 가리키는 칠판을 바라보지 않고 교사의 손가락에 주의를 기울여 "선생님, 오늘은 왜 반지를 안 끼셨어요?" "선생님, 매니큐어 색깔이 바뀌었어요."라고 반응하는 학생이 있다면 이는 선택적 주의집중을 하지 못하는 것이다. 학습부진아가 선택적 주의집중에 문제를 보일 경우 학생 주변의 간섭자극을 최소화해야 한다. 간섭자극이란 현재 주의를 기울여야 할 자극과 직접적으로 연관되지 않은 모든 주변 자극들을 가리킨다. 교실에서 뒷자리에 앉은 학생이 앞에 앉은 학생의 뒷모습에 쉽게 주의를 빼앗긴다면 간섭자극을 최소화하기 위해 앞자리로 이동시키면 된다. 교사-학생 간 일대일 지도 상황에서는 간섭자극이 되는 다른 학생이 없기 때문에 학생의 선택적 주의집중이 비교적 용이하다. 하지만 이 경우에도 학습부진아는 벽을 바라보고 앉게 함으로써 선택적 주의집중을 방해하는 요소를 차단시키는 게 좋다. 학생이 앉은 자리에서 창문 너머로 바깥 풍경이 보일 경우 간섭자극이 증가하기 때문에 가능한 한 이런 장소는 피해야 한다.

교수 자료를 사용하거나 학습과제를 제시할 경우에도 간섭자극을 최소화하기 위해 주의를 기울여야 한다. 한번에 여러 가지 교수 자료를 동시에 제시할 경우 교수 자료가 오히려 학생의 주의를 분산시키는 문제를 유발할 수 있다. 한번에 여러 가지 학습과제를 제시하기보다 순차적으로 하나씩 제시하면 여러 개의 과제가 동시에 제시되었을 경우 발생할 수 있는 간섭효과를 최소화할 수 있다.

둘째, 지속적 주의집중이다. 지속적 주의집중이란 특정 과제에 대한 주의집중을 필요한 시간 동안 유지하는 것이다(손영숙, 2000). "공부는 엉덩이로 한다."라는 말은 공부를 잘하려면 한 자리에 오랫동안 앉아 있어야 한다는 의미로 지속적 주의집중의 중요성을 가리킨다. 학습부진아는 대개 지속적 주의집중에 약점을 보인다. 하나의 과제를 마치기에 충분할 정도로 주의를 오랫동안 유지하지 못하고 과제 수행과 관련되지 않은 자극에 주의를 기울였다가 수행 중인 과제로 다시 주의를 전환하기를 반복한다. 주의를 지속하는 데 문제를 보이는 학생들은 조금만 어려운 과제가 제시되면 쉽게 포기해 버리는 경향이 있다.

주의집중을 지속하는 것은 분명 학습에 매우 이롭긴 하지만 그 상태를 계속 유지하는 것은 쉬운 일이 아니다. 학습부진아의 지속적 주의집중과 관련하여 교사가 고려해야 할 것은 다음 세 가지이다. 우선, 학습과제의 흥미도와 난이도이다. 학습과제의 흥미도와 난이도는 지속적 주의집중을 결정하는 매우 중요한 요소이다. 대체로 흥미도가 높으면 지속적 주의집중 시간이 길어진다. 난이도가 지속적 주의집중에 미치는 영향은 조금 더 복잡한 양상을 띠는데 일반적으로 학습과제가 너무 쉽거나 어려운 경우 주의집중 시간은 더 짧아진다. 따라서 난이도의 적절성을 조절하는 것이 지속적 주의집중 유지의 관건이다. 학습부진아의 지속적 주의집중 시간이 지나치게 짧다고 느껴진다면 교사는 현재 지도하고 있는 학습과제가 학생에게 흥미로운 내용인지, 또한 적절한 난이도인지를 점검해야 한다.

다음으로, 교사는 특정 과제에 주의를 집중하기 위해 투입하는 정신적 에너지를 고려해야 한다. 일반적으로 주의집중 지속시간은 투입하는 정신적 에너지의 양과 반비례한다. 투입해야 하는 정신적 에너지가 클수록 주의집중을 오랫동안 지속하기 어렵다. 우리나라의 학교교육 상황에서 학생은 하루 7~8시간 동안 5~6개 과목 이상을 공부하기 때문에 정신적 에너지를 잘 조절해야 한다. 오전 수업에서부터 정신적 에너지를 너무 많이 투입할 경우 오후가 되면 정신적 에너지가 소진되어 과제 해결에 필요한 주의집중을 지속하지 못할 수 있다. 교과 내용의 중요도에 따라 학생이 투입해야 하는 정신적 에너지를 잘 조절할 수 있도록 안내하는 것 또한 교사의 역할 중 하나이다. 특히 학습부진아의 경우 방과 후에 개별지도를 하는 경우가 많은데, 이미 수업을 통해 대부분의 정신적 에너지를 소모한 학생의 경우 제대로 집중하기 어렵다. 따라서 교사는 학습부진아를 지도할 때 많은 정신적 에너지가 요구되는 내용은 가급적 피로도가 낮은 시간에 배정하여 지도하는 것이 바람직하다.

마지막으로, 학습부진아의 지속적 주의집중 시간은 한 회기당 지도시간을 조절하는 데 중요한 기준이 된다. 초등학교와 중학교 교사들을 대상으로 학습부진아 지도에 소요하는 시간을 조사한 바에 따르면, 초등학교 교사들의 67.5%가 한 회기에 20~40분을, 중학교 교사들의 48.9%는 40~60분을, 35.9%는 20~40분을 소요한다고 반응하였다(정종성, 최진오, 김동원, 2018). 그런데 학습종합클리닉센터에 소속된 학습코치들을 대상으로 한 설문조사에서는 42%가 100분, 36.8%가 50분이라고 응답함으로써 지도시간의 차이가 컸다. 학생에 따라 주의집중 지속시간이 다르기 때문에 학습부진아 개별지도에 필요한 적정 시간을 특정하기는 곤란하다. 그보다는 동일한 학생이라도 초기 단계에서는 회기당 지도시간을 짧게 설정하며, 학습능력이 향상될수록 회기당 지도시간을 조금씩 늘려 가는 것이 좋다.

셋째, 주의전환이다. 주의전환이란 하나의 자극에서 다른 자극으로 주의를 옮기는 것을 의미한다(김진숙, 김계원, 2008). 주의를 전환시켜야 하는 상황에서도 여전히 이전의 자극에 주의를 기울이고 있다면 적절한 교수-학습이 이루어지기 어렵다. 교실 수업 상황에서 흔히 발견할 수 있는 주의전환의 문제는 모둠별 또는 개별 활동에서 전체 활동으로 전환되어야 하는 경우에 발생한다. 모둠 또는 개별적으로 수행하던 활동을 멈추고 교사의 지시에 따라 새로운 자극으로 주의를 전환해야 할 때 여전히 하던 일을 계속한다면 주의전환에 문제가 있다고 볼 수 있다. 최근 학교현장에서 강조하는 학습자주도 활동중심 수업에서 주의전환은 학습과제 수행을 방해하는 중요한 문제가 될 수 있다.

주의전환에 어려움을 보이는 학습부진아를 지도할 경우 루

틴(routine)을 정착시키는 것이 도움이 된다. "A를 마친 후에는 B를, 그다음에는 C, D의 순서로 활동이 이루어진다."와 같이 활동 순서에 대한 루틴이 정착되면 각각의 활동이 끝난 후 다음 활동으로 전환하는 과정에서 주의가 분산되는 것을 방지할 수 있다. 학습부진아를 지도할 때에는 활동 순서를 루틴으로 정착시킬 뿐만 아니라 루틴을 구성하는 각 단계들 사이에 전환이 자연스럽게 이루어질 수 있도록 '전환과정'이라는 새로운 단계를 추가하는 것도 도움이 된다. 전환과정은 '자리에 앉아서 다음 활동 생각하기' '자리에 앉아서 준비물 꺼내기'와 같이 이전 단계의 활동을 마무리하고 다음 단계를 준비하기 위한 활동으로 이루어진다. 예를 들어, 일반 학생에게 '전체활동→모둠활동→개별활동'이라는 순서로 수업을 진행한다면, 주의전환에 문제를 보이는 학습부진아에게는 '전체활동→자리에 앉아 준비물 정리하기→모둠활동→자리에 앉아 준비물 정리하기→개별활동'과 같이 각 단계들 사이에 전환과정을 추가함으로써 다음 단계로의 전환을 자연스럽게 할 수 있다.

　학습부진아의 주의집중 특성을 파악하기 위해서 교사는 앞서 제시한 선택적 주의집중, 지속적 주의집중, 주의전환이라는 주의집중의 세 가지 상태에서 나타내는 특성들을 세밀하게 관찰해야 한다. 선택적 주의집중에서부터 어려움을 보이는 학생이 있는가 하면, 선택적 주의집중을 하는 데에는 큰 어려움이 없으나 주의집중을 지속하기 어려워하는 학생이 있을 수 있다. 선택적 주의집중과 지속적 주의집중의 경우에 이전의 자극에 고착되어 버리는 경향을 보이는 학생도 있다. 공부를 할 때의 주의집중 특성과 놀이를 할 경우의 주의집중 특성이 다를 수 있으며, 교과에 따라서도 주의집중 특성이 달라질 수 있다. 학습부진아를 지도하는 교사는 주의집중의 세 가지 상태에서 학생이 보이는 특성과 학습내용에 따라 이러한 특성이 어떤 양상을 띠는지 면밀히 살펴보아야 한다.

주의집중 특성은 오랜 기간에 걸쳐 형성되기 때문에 단기간에 이를 변화시키려는 시도는 성공하기 어렵다. 학습부진아 지도 초기에는 이들의 주의집중 특성에 맞춰 학습환경이나 교수방법을 조정하는 것이 좋으며, 궁극적으로는 학습부진아 스스로 자신의 주의집중 특성을 이해하고 이러한 특성을 학습상황에 맞게 조정할 수 있는 능력을 기르도록 안내해야 한다.

## 3. 정보처리 방식: 디지털적 vs 아날로그적

인간의 뇌는 크게 좌뇌와 우뇌로 구분되며, 각각이 담당하는 주요 활동이 다르다(Shulman et al., 2010; Stephan et al., 2003). 좌뇌는 주로 논리적 사고, 언어 처리, 수리 기능을 담당하고, 우뇌는 공간 지각, 복잡한 시각적 패턴 처리, 말에 담긴 정서 파악 등의 기능을 담당한다. 인간의 뇌가 좌우로 나뉘어 있고 각 뇌의 작동 방식과 기능이 다르다는 사실이 밝혀지면서 한때 인간을

좌뇌형 인간과 우뇌형 인간으로 구분하고 각 유형에 맞게 교육
방법을 달리해야 한다는 좌우뇌 구분 교육이 유행하기도 했다.
우리나라의 학교교육이 좌뇌형 인간을 길러 내는 데 편중되어
있기 때문에 학생이 양쪽 뇌를 고르게 사용하도록 하기 위해서
는 우뇌 개발을 위한 교육이 강화되어야 한다는 주장이 힘을 얻
기도 했다.

그러나 최근의 뇌과학 연구에서는 일반 학생에게 좌우뇌
구분 교육을 실시하는 것은 학습에 별다른 영향을 주지 않는다
는 사실이 밝혀졌다(Lindell & Kidd, 2011). 좌우뇌 구분 교육의 효
과가 나타나지 않는 이유 중 하나는 좌뇌와 우뇌가 뇌량이라는
두꺼운 신경다발을 통해 연결됨으로써 좌뇌에서 처리된 정보가
우뇌로, 우뇌에서 처리된 정보가 좌뇌로 빠르게 전달되기 때문
이다. 양쪽 뇌는 뇌량을 통해 실시간 소통하기 때문에 좌뇌만 활
성화시키거나 우뇌만 활성화시키는 교육이라는 것은 무의미하
다(Cook, 2018). 그렇지만 좌뇌와 우뇌의 작동 방식에 대한 이해
는 학습부진아의 학습특성에 대한 중요한 통찰을 제공해 준다.

좌뇌는 순차적·논리적 방식으로 정보를 처리하는 반면, 우
뇌는 동시적·직관적인 방식으로 정보를 처리한다(Iaccino, 2014;
Melillo, 2015). 좌뇌에는 언어중추가 포함되어 있는데 언어가 처리
되는 방식을 좀 더 자세히 살펴보면 좌뇌의 정보처리 방식을 이
해하는 데 도움이 된다. 다른 사람의 말소리를 알아들으려면 말
소리의 최소 단위인 음소(phoneme)를 변별하는 능력을 가지고
있어야 하며, 자신이 의도한 메시지를 말로 전달하려면 음소들

을 조합하여 정확한 말소리를 산출할 수 있어야 한다. 한 음절을 기준으로 볼 때 말소리 산출은 거의 동시적으로 이루어진다. 그러나 두 음절 이상의 말소리 산출은 언제나 순차적으로 이루어진다. '음소'라는 두 음절로 이루어진 낱말을 동시에 발음하는 것은 불가능하다. 여러 개의 어절로 이루어진 문장 읽기를 예로 든다면 순차적 처리는 보다 명확해진다. "음소는 말소리의 최소 단위이다."라는 문장을 읽으려면 첫 번째 어절의 첫 글자인 '음'의 소리를 정확하게 산출하고 그 이후에 '소'의 소리를 산출할 수 있어야 한다. 또한 문장을 구성하는 어절은 문법이라는 규칙에 따라 논리적 순서로 배열된다. 이처럼 논리적·순차적으로 정보를 처리하는 좌뇌의 작동 방식을 '디지털식 정보처리'라고 일컫는다.

우뇌의 작동 방식은 음악이나 미술 작품 감상에서 잘 드러난다. 전문 음악인이 아닌 일반인이 음악을 들을 때에는 멜로디나 리듬과 같은 청각 자극에 대한 전체적인 인상을 형성하며, 멜로디나 리듬을 더 작은 단위로 분석하고 평가하지 않는다. 또한 전문 화가가 아닌 일반인은 미술 작품을 감상할 때 작품이 주는 전체적인 인상에 따라 한 작품을 오랫동안 바라보기도 하고 이내 다른 작품으로 시선을 옮기기도 한다. 특히 추상화를 감상할 경우에는 우뇌가 더욱 활성화된다. 많은 사람이 추상화 감상을 어려워하는 이유 중의 하나는 추상화를 우뇌가 아닌 좌뇌로 이해하려고 하기 때문이다. 추상화의 선이나 색은 그 자체가 하나의 메시지를 전달하기보다는 전체로서 의미를 구성하기 때문에 순차적·논리적 방식으로 작동하는 좌뇌로는 잘 이해가 되지 않는다. 이러한 우뇌의 작동 방식을 '아날로그식 정보처리'라고 부른다.

학습부진아의 학습방식은 때때로 뇌의 작동 방식과 상충되기도 한다. 디지털적 접근을 취해야 하는 과제에 아날로그적으로 접근하거나, 그 반대로 아날로그적 접근으로 해결해야 할 과제를 디지털적으로 처리하려고 하는 경우 문제 해결이 어렵다. 수학 문장제를 푸는 경우를 예로 들어보자. 문장제 풀이는 문제를 정확하게 이해하는 것에서 출발한다. 문장의 의미를 정확하게 이해한 후에는 가장 먼저 해결해야 할 과제를 찾아서 풀어야 한다. 첫 번째 과제 해결에서 얻은 단서는 그 다음 과제를 해결하는 데 필요한 실마리가 된다. 이러한 방식으로 문장제에서 요구하는 최종적인 해답을 찾아갈 수 있게 된다.

학습부진아 지도교사는 학생이 디지털적 방식으로 과제를 처리하는지, 아날로그적 방식으로 과제를 처리하는지를 점검할 필요가 있다. 또한 제시되는 과제에 따라 얼마나 효율적으로 디지털적 사고와 아날로그적 사고를 섞어 쓸 수 있는지 점검해야 한다. 만일 제시된 과제에 부적절한 방식으로 접근할 경우에는 학습과제를 처리하기 적절한 방식이 무엇인지를 명시적으로 가르쳐야 한다.

# 4. 두뇌 부위 간 협응과 소통

최근의 뇌과학 연구들은 학습정보 처리에 있어 인간의 뇌가 어떻게 협응하고 소통하는지를 잘 보여 주고 있는데, 두뇌 부위 간 협응과 소통 방식은 학습부진아 지도에 있어서도 중요한 의미를 갖는다. 우선 최근의 뇌과학은 인간 두뇌의 각 부위가 서로 원활히 협응할 때 과제의 처리가 효율적으로 이루어진다는 것을 보여 준다(Iaccino, 2014; Posner & Rothbart, 2007). 처리해야 할 과제의 유형에 따라 주도적으로 활성화되는 뇌 반구가 달라지긴 하지만 한쪽 뇌만 활성화되는 경우는 거의 없다. 앞서 언급했듯이, 좌뇌는 주로 논리적 사고, 언어 처리, 수리 기능을 담당하고, 우뇌는 공간 지각, 복잡한 시각적 패턴 처리, 말에 담긴 정서 파악을 담당하며, 우리가 처리하는 과제들은 이 두 가지 유형의 기능을 모두 필요로 하는 경우가 대부분이다.

이렇게 좌우뇌가 동시에 협응하여 정보를 처리하는 대표적인 예가 의사소통이다. 의사소통의 핵심 매체는 말소리이지만 얼굴 표정이나 몸짓과 같은 비언어적인 요인 또한 의사소통에 관여한다. 말소리가 전달하는 표면적인 메시지를 이해하기 위해서는 언어중추가 있는 좌뇌가 관여해야 하지만 말소리와 함께 표현되는 몸짓이나 얼굴 표정에 담긴 이면적인 메시지를 파악하기 위해서는 우뇌가 적절하게 활성화되어야 한다. 이러한 좌우뇌 간 소통이 실시간으로 이루어지는 데 핵심적인 역할을 담당하는 것이 바로 좌뇌와 우뇌를 이어 주는 정보의 통로인 뇌량이다. 효율적인 학습에 있어서 뇌량의 역할은 매우 중요한데, 이는 역으로 학습부진이 뇌량의 문제로 인해 발생할 가능성이 있다는 것을 의미하기도 한다.

우선, 뇌량에 문제가 생기면 양뇌가 유기적으로 연동하지 못하기 때문에 인지적 또는 정서적 문제가 발생할 수 있다 (Bridgman et al., 2014; Erickson, Paul, & Brown, 2014). 뇌에서 처리하는 많은 정보는 인지적·정서적 정보를 동시에 함축하는 경우가 많다. 예를 들어, "안녕하십니까?"라고 인사를 하는 언어정보라고 해도 강세를 어떻게 두느냐에 따라 또는 억양을 어떻게 하느냐에 따라 예의 바른 인사가 될 수도 있고 반대로 불손하거나 심지어 협박하는 말이 될 수도 있다. 마찬가지로, 우리가 하는 많은 정서적 행동들(예: 표정, 제스처 등) 속에는 인지적 정보가 담겨 있다. 따라서 이러한 정보들은 좌우뇌가 함께 협응하여 처리해야 하는데, 뇌량에 문제가 있을 경우 정보의 해석에 문제가 발생할 수 있다. 실제 학습장애 아동이나 ADHD 아동의 경우 뇌량을 통한 좌우뇌 간 소통에 문제가 있다는 연구 결과들이 속속 발표되고 있다(Krain & Castellanos, 2006; von Plessen et al., 2002).

다음으로, 최근의 뇌과학 연구들은 학습에 있어 뇌의 특정 영역이나 특정 부위의 활성화보다 뇌의 각 영역이나 부위들 간의 효율적인 네트워크 형성이 더 중요하다는 것을 보여 준다 (Langer et al., 2012; Stevens, Tappon, Garg, & Fair, 2012). 과거에 이루어진 많은 뇌 연구들은 뇌의 각 부위가 담당하는 고유한 기능을 발견하는 데 집중되었고, 그 결과 인간의 인지 활동과 정서 반응

및 행동과 관련된 뇌 부위에 대한 많은 사실이 밝혀졌다. 이러한 연구 결과를 바탕으로 뇌의 특정 부위를 활성화시킴으로써 그 부위가 관장하는 기능을 향상시키려는 시도들이 이루어지기도 하였다. 그러나 최근의 뇌 연구들은 뇌 속에서 이루어지는 정보 처리는 뇌의 특정 부위가 활성화됨으로써가 아니라 네트워크를 형성하고 있는 여러 부위가 연동하여 활성화될 때 가능하다는 것을 밝히고 있다(Van Den Heuvel, Stam, Kahn, & Pol, 2009).

이러한 연구 결과들은 동시에 학습에 필요한 뇌 부위 간에 효율적인 협응이 이루어지지 않아 학습부진이 발생할 가능성이 있다는 것을 보여 준다. 학생이 하는 학습활동의 거의 대부분은 신체적 활동과 정서적·인지적 정보의 처리를 포함한다. 예를 들어, 수업을 들을 때 학생은 자세를 잡고 교사에게 시선을 맞추며 필요한 경우 노트에 필기를 한다(신체적 활동). 수업내용이나 수업방식 중에는 자신이 좋아하는 것도 싫어하는 것도 있을 수 있으며, 자신감이 있는 경우도 반대로 그렇지 않은 경우도 있다(정서적 정보처리). 또한 교사가 제시하는 다양한 학습정보를 구조화하고 자신이 이미 학습한 내용과 연관 지을 수 있어야 한다(인지적 정보처리). 따라서 효율적인 학습을 위해서는 이러한 활동과 정보를 처리하는 부위들 간의 협응이 필수적인데, 학습부진아 중에는 이러한 뇌의 각 부위 간 협응능력이 떨어져 학습에 어려움을 겪는 경우가 있다.

뇌량의 기능저하로 인해 좌우뇌 소통에 문제가 있거나 뇌 영역들 간 비효율적인 협응으로 학습부진이 발생하는 경우 정확히 뇌의 어떤 부위에 이상이 있는지를 파악하는 것은 매우 어렵다. 따라서 교사는 학습부진아가 이러한 뇌의 비효율적 협응으로 인해 학습에 어려움이 있을 가능성이 있다는 점을 인지하고, 만약 그러한 의심이 되는 학습부진아를 지도할 때에는 뇌의 이상 부위를 찾아내기 위해 노력하기보다는 뇌의 각 부분 간 연결이 좀 더 쉽게 이루어질 수 있는 유형의 학습과제를 제시하거나, 필요한 경우 이에 맞는 학습전략을 함께 지도해 보고 그러한 방법들이 효과가 있는지 점검해 보는 것이 더 바람직하다.

이렇게 뇌의 각 부분 간 연결을 좀 더 원활하게 만들어 주는 것이 바로 다원적 학습(multimodal learning)이다. 다원적 학습이란 단순히 시각과 청각에 의존한 학습이 아닌 보고, 듣고, 만지고, 직접 해 보는 등 다양한 방법을 활용하여 학습하는 것을 말한다 (Kress, 2001). 다원적 학습을 하게 되면 평상시 학습에서 활용되지 않았던 다른 뇌 부위들이 활성화됨으로써 기존의 신경망이 아닌 다른 신경망을 통한 우회적 연결이 가능해지기 때문에 뇌의 어느 한 부위의 연결 상태가 좋지 않은 경우라도 좀 더 원활한 학습이 이루어질 수 있다.

학습부진아의 두뇌 부위 간 소통 및 협응 문제와 관련하여 교사가 염두에 두어야 할 것이 하나 있다. 최근 들어 학습장애나 ADHD와 같이 두뇌 부위 간 연결과 소통이 제대로 이루어지지 않아 발생하는 장애가 급증하면서 이들에 대한 치료 프로그램들이 우후죽순처럼 등장하고 있다. 특히 학습장애나 ADHD가 좌우뇌의 협응 문제로 발생한다는 점에 착안하여 좌우뇌 협응 개선 프로그램을 통해 학습장애나 ADHD를 치료할 수 있다고 주장하는 이들이 늘어나고 있다. 당장 자녀의 학습문제로 고민하는 부모의 입장에서는 이들의 주장에 혹할 수밖에 없다. 학교에서 학습장애 또는 ADHD프로그램을 실시해 달라고 요구하는 학부모들도 있다고 한다. 교사는 이러한 치료 프로그램을 실시하는 것이 학습부진아 지도에 얼마나 효과적인가에 대해 정확한 인식을 가지고 있어야 한다.

특정 프로그램이 효과가 있는지 여부를 판단하는 것은 이 책의 직접적인 관심사는 아니다. 하지만 이러한 프로그램을 학교에서 실시하기에 앞서 반드시 생각해야 할 부분이 두 가지 있다. 바로 프로그램의 '과장광고'와 '적용 및 일반화'의 문제이다. 어떤 프로그램 개발자들은 자신들의 프로그램을 수개월 간 실시하면 학습장애나 ADHD가 완치될 수 있다고 홍보한다. 현재까지 과학적으로 효과가 있다고 입증된 교육 프로그램 가운데 학습장애나 ADHD를 수개월 내에 완치시킬 수 있는 프로그램은 존재하지 않는다. 이런 경우는 대부분 과장광고이다.

교사는 학교에서 특정 프로그램을 실시하기 이전에 과연 그 프로그램이 과학적으로 효과가 입증된 것인지 반드시 검토해 볼 필요가 있다. 실제 현장에 나가 보면 학교에서 실시하고 있는 학습부진아 프로그램 중 과학적으로 효과가 입증되지 않은 것들이 포함되어 있는 경우를 종종 보게 된다. 이는 단순히 예산 낭비를 넘어 학습부진아가 가진 잠재력을 개발할 수 있는 기회를 잃게 만들 수 있다는 점에서 반드시 근절되어야 할 부분이다.

다음으로, '적용과 일반화'의 문제이다. 여기서 '적용과 일반화'란 클리닉이나 센터에서 연습한 것들이 과연 학교에서 학습하는 과정에 그대로 적용되고 일반화될 수 있는가 하는 점이다. 학습부진아는 일반적으로 적용과 일반화에 매우 취약하다. 클리닉이나 센터에서 실시하는 프로그램을 통해 ADHD 학생의 주의집중력이 향상되지만 교실 수업에서는 이러한 효과가 이어지지 못하는 경우가 매우 많다.

이 두 가지 문제점을 고려할 때 학교에 이러한 치료나 훈련 프로그램을 도입하는 것에 대해서는 매우 신중할 필요가 있다. 무엇보다 이러한 프로그램은 보조적 역할에 제한되어야지 교사의 직접적인 학습부진아 지도보다 우선되어서는 안 된다. 나아가, 교사는 부모가 이러한 프로그램에 현혹되어 학교에서의 지도를 등한시하지 않도록 안내해 주어야 한다.

## 5. 학습양식

학습양식이란 학습자의 감각적 요소, 인지적·정서적·사회문화적 요소들이 총체적으로 작용하여 만들어진 개인에게 최적화된 공부 스타일을 의미한다. 감각적인 면에서 구체물 조작을 통해 이해가 가능한 학생이 있는가 하면, 교과서에 제시된 시각자료만으로도 이해가 가능한 학생도 있다. 인지적인 측면에서 볼 때 풍부한 문해 환경에서 자라난 학생의 경우 독서를 통해 많

은 선행 지식을 형성할 가능성이 커지며 이렇게 형성된 선행 지
식은 학업발달에 긍정적인 영향을 미친다. 정서적인 측면에서
학습과 관련하여 호의적인 지지자를 많이 가지고 주변으로부터
강화를 받은 학생이라면 학습에 대해 긍정적인 정서를 갖게 되
지만, 학습부진아는 대개 그 반대의 경험을 한 경우가 많다. 사
회문화적인 측면에서 어린 시절 외국에서 생활한 경험이 있는
학생이나 다문화가정의 학생은 다른 나라의 문화를 이해하거나
외국어 습득에 보다 유리한 위치에 있을 수 있다.

이러한 학습양식적 특성은 학습에 직간접적으로 중요한 영
향을 미치기 때문에 이것을 파악하고 활용하는 것이 매우 중요
하다.[1] 가장 이상적인 것은 학생 스스로 자신이 가지고 있는 학
습양식을 파악하고 이를 학습에 적절히 활용하는 것이다. 그러
나 학습부진아의 경우 자신의 학습양식을 제대로 파악하지 못
해 학업에 투입한 노력에 비해 성과가 잘 나타나지 않는 경향
이 있다. 특히 학습부진아의 학습양식 파악과 관련하여 교사가
반드시 점검해야 할 부분은 바로 '과감각(hyper-sensitivity)' 여부
이다.

'과감각'이란 특정 감각자극에 대해 지나치게 예민한 반응
을 보이는 것을 의미한다(Bogdashina, 2016). 학습과 관련하여 과
감각 이슈는 주로 자폐성 장애나 그 성향을 가지고 있는 학생에

---

1 학습양식 점검에 활용할 수 있는 요소에 대한 내용은 '5장 학습부진아 지도의 실
  제' 참조

게서 많이 나타난다. 그러나 주목해야 할 것은 학교현장에서는 현재 많은 자폐 성향을 가진 학생이 특수교육대상자로 진단받지 못하고 일반 학급에서 일반 교사의 지도하에 있다는 점이다. 특히 아스퍼거 장애와 같이 자폐 성향이 상대적으로 약하거나 경계선 수준에 있는 학생의 부모는 더더욱 장애아로 진단받기를 꺼리게 되는데 이러한 경우 많은 학생이 학습부진아로 진단받게 된다(현진희, 안윤정, 2014).

　이렇게 자폐 성향을 가지고 있는 학생의 경우 종종 특정감각 자극에 대한 이슈로 말미암아 학습에 어려움을 겪는 경우가 종종 발생하게 된다. 소음에 지나치게 예민하여 외부에서 들리는 조금의 잡음에도 학습에 집중하지 못하거나 빛에 과민반응하여 교실 내 조명으로 인해 학습에 어려움을 겪는 경우 등이 이에 해당된다. 교사는 학습부진아가 과감각 문제를 가지고 있는지 반드시 점검해야 하는데, 특히 최근 들어서는 ADHD를 가진 학생 또한 과감각 문제가 있을 수 있다는 연구들이 속속 등장하고 있다는 점에서 ADHD나 자폐 성향이 있다고 판단되는 경우는 더욱 세심하게 살펴볼 필요가 있다(Mayes, Calhoun, Mayes, & Molitoris, 2012; Reynolds & Lane, 2009; Shochat, Tzischinsky, & Engel-Yeger, 2009).

　교사가 학습부진아의 학습양식을 파악하는 과정에서 주의해야 할 점은 다음과 같다. 첫째, 학습양식이란 학습을 어떠한 '스타일'로 규정짓고 분류하는 게 목표가 아니라는 점이다. 사실 학습 스타일이라는 개념이 처음 교육에 도입되었을 때 많은 사

람이 학생의 학습 스타일을 분류하고 그에 맞춰 지도하면 학습
효과가 높아진다는 신념하에 이를 정확히 분류하고자 무수히
많은 시도를 해 왔다. 특히 시각적 학습자, 청각적 학습자, 근운
동감각형 학습자 등 감각기관을 중심으로 학습 스타일을 분류
하려는 시도가 많았다. 하지만 최근 들어 그러한 분류에 대한 비
판이 이어지고 있는데, 무엇보다 학습 스타일의 분류가 뇌의 작
용기제와 일치하지 않을뿐더러 이를 따른 지도가 별다른 효과
를 거두지 못했기 때문이다(Riener & Willingham, 2010).

　학습 스타일에 따른 지도가 효과를 나타내기 힘들었던 중
요한 이유는 학습하는 과제나 내용, 심지어 언제, 어디서, 누구
와 학습을 하느냐에 따라서도 학습 스타일이 바뀌다 보니 일관
성 있는 결과를 도출하는 것이 불가능하기 때문이다. 무엇보다
학생을 특정 학습 스타일에 가둠으로써 학생의 학습가능성을
도리어 제한하는 문제를 유발하기도 했다. 하지만 그럼에도 불
구하고 학습 스타일은 우리에게 '학생에게 맞는 교수-학습 방
법'에 대한 생각의 전환을 가져다주었다는 점에서 의미가 있다.
그러한 점에서 학습부진아의 학습양식 파악의 가장 중요한 핵심
은 학생을 학습양식에 맞춰 종류별로 분류한 '결과'가 아니라, 학
생이 자신의 학습양식을 찾아가는 '과정'에 있다. 즉, 학생이 내
가 언제, 어떻게 학습할 때 더 효과적인지 스스로 파악하고 성찰
할 수 있도록 만드는 것이 학습양식을 파악하는 이유이자 목적
이 되어야 한다.

　둘째, 학습양식의 차이란 서로 간의 '다름'일 뿐 '우열'이 있

는 게 아니라는 점이다. 예를 들어, 어떤 학생은 보고 읽는 것으로 학습하는 것이 충분하고, 또 어떤 학생은 직접적인 조작이 필요하다. 어떤 학생은 혼자 공부할 때 공부가 더 잘되고, 어떤 학생은 친구와 같이 공부할 때 공부가 더 잘된다. 심지어 어떤 학생은 친구 중에서도 특정 대상과 함께 공부할 때 더 잘될 수 있다. 이러한 차이는 학습특성의 다름일 뿐 누가 더 우월하고 누가 더 열등한 문제가 아니다. 그러나 안타깝게도 우리 학교현장에서는 이러한 학습양식에 있어 본의 아니게 우열이 존재한다. 이러한 학습양식의 우열을 만드는 중요한 변수가 바로 교사의 선호도이다. 교사가 어떤 학습양식을 더 선호하느냐가 알게 모르게 학생의 학습양식 간에 우열을 만들어 낸다. 특히 교사의 경우 자신과 비슷한 학습양식을 나타내는 학생을 선호하는 경향이 있다. 그러다 보니 학습부진아와 같이 자신과 다른 학습양식을 나타내는 학생은 '열등한 학습양식'을 가지고 있다고 오인하기 쉽다. 채 교사(가명)의 사례를 살펴보자.

> 채 교사가 내게 학생지도에 대해 상담을 의뢰했던 원래 이유는 '차별'에 대한 것이었다. 초등학교 5학년 담임인 채 교사는 학생을 차별하거나 편애하지 않고 공평하게 대하며 나름 최선을 다했는데, 학생들 사이에서는 선생님이 특정 학생을 편애한다고 소문이 났다. 처음에는 그저 몇몇 학생의 투정이려니 하고 대수롭게 여기지 않았던 것들이 점점 눈덩이 같이 커져서 이젠 많은 학생이 자신의 말을 전혀 듣지 않는다는

것이다. 심지어 선생님에게 대놓고 반항하는 학생도 있다고
했다.

채 교사에게 불만이 많다는 학생 몇몇을 만나 이야기를 들어
보니 무엇이 문제인지 금방 파악할 수 있었다. 채 교사는 조
용한 것을 좋아하는 전형적인 모범생 스타일의 교사이다. 본
인 스스로도 조용히 앉아서 공부하는 것이 가장 좋고 잘된다
고 말하였다. 그러다 보니 공부할 때 일부 학생들이 활동적으
로 움직이는 것이 영 눈에 거슬렸다. 즉, 학생들이 활동적으
로 학습하는 것이 채 교사 입장에서는 제대로 공부하는 것이
아닌 것으로 느껴졌던 것이다. 그러다보니 채 교사가 자신도
모르게 자신의 스타일처럼 조용하고 차분히 앉아서 공부하
는 학생을 칭찬하고 활동적으로 움직이는 학생을 지적하고
심지어 꾸짖다 보니 학생들의 입장에서는 이것이 차별로 받
아들여졌던 것이다. 채 교사가 무의식적으로 학습양식에 우
열을 만들었던 것이다.

셋째, 학습양식을 파악하는 궁극적인 주체는 '학생'이 되어
야 한다는 점이다. 초기에 학습부진아의 학습양식을 파악하는
주체는 교사일 수 있다. 그러나 점차 교사는 학습부진아가 스스
로의 학습양식에 대해 성찰할 수 있는 기회를 지속적으로 부여
함으로써 종국에는 교사의 지원 없이도 스스로의 학습양식에 맞
춰 독립적으로 학습할 수 있도록 지원해야 한다. 이때에도 마찬
가지로 교사는 학생이 자신의 학습양식을 고정시키고 가두지 않

도록, 학습양식은 '결과'가 아닌 찾아가는 '과정'이 핵심이라는 것을 지속적으로 주지시켜야 한다.

　학습양식과 관련하여 교사가 유심히 살펴봐야 하는 학생이 있다. 바로 신체적 활동과 직접적 조작이 많이 필요한 학습양식을 가진 학생인데, 특히 ADHD를 가진 학생은 이러한 유형의 학습자인 경우가 많다. ADHD와 관련된 최근의 연구들은 ADHD를 가진 아동이 몸을 많이 움직이는 이유가 단순히 주의집중을 못하거나 과잉행동 때문이 아니라 '주의집중'을 하기 위함이라는 새로운 접근을 하고 있다. 실제 ADHD 아동이 몸을 움직일 때 집중력이 더 향상된다는 연구 결과가 등장하고 있는 상황이다 (Den Heijer et al., 2017; Kamp, Sperlich, & Holmberg, 2014). 교사는 지도하는 학습부진아가 신체적 활동과 직접적 조작을 필요로 하는 학습자로 생각될 경우 대상 학생이 ADHD를 가지고 있는지 잘 점검하고 이를 감안하여 지도하는 것이 효과적이다.


## 6. 학습강점 및 학습선호도

　학습강점이란 학습성취를 효율적으로 이끌어 낼 수 있는 학생이 가지고 있는 특성을 의미한다(이소희, 신춘희, 박영례, 2010). 인간은 태어날 때부터 삶을 위한 다양한 특성을 타고나는데, 이러한 특성이 학습과 결부될 때 학습강점으로 나타난다. 예를 들어, 음감이 뛰어난 부모에게서는 음악에 대한 학습강점을 가진 아동이 태어날 가능성이 높고, 순발력이나 지구력이 뛰어난 부모에게서 태어난 아동은 체육을 잘할 가능성이 높다. 이와 같이 학생은 자신의 학습강점과 밀접하게 관련된 교과와 내용을 쉽게 학습하고 그에 따른 성취 또한 높게 나타난다. 〈표 3-1〉은 학습강점을 아홉 가지로 구분한 것이며, 각 강점의 존재 유무는 강점별 주요 지표들을 통해 확인할 수 있다(윤은경, 2012; 윤형진, 2009).

●●●● 표 3-1 ● 학습강점의 의미와 지표

| 학습강점 | 의미 | 지표 |
|---|---|---|
| 언어 | 말하기, 듣기, 읽기, 쓰기 등을 통해 타인의 의사를 잘 파악하고, 자신의 의사를 정확하고 효과적으로 구사할 수 있는지 여부 | − 말하기 또는 듣기를 잘함<br>− 읽기 또는 쓰기를 잘함<br>− 유머 활용을 잘함<br>− 다양한 단어를 습득하고 사용함<br>− 외국어 습득을 잘함<br>− 문화 간 의사소통을 잘함 |
| 논리−수학 | 수에 대한 감각 또는 논리력·분석력·추리력이 있고, 대상을 범주화·구조화·일반화 등을 잘할 수 있는지 여부 | − 계산을 잘함<br>− 분석을 잘함<br>− 생각이 체계적·논리적임<br>− 과학적 추리력이 뛰어남<br>− 가설의 수립 및 검증 능력이 뛰어남 |
| 공간 감각 | 공간과 방향을 정확히 파악하고, 이차원적 과제를 삼차원적으로, 반대로 삼차원적 과제를 이차적으로 재구성할 수 있는지 여부 | − 시간 감각이 뛰어남<br>− 공간 감각이 뛰어남<br>− 방향 감각이 우수함<br>− 입체적 구성을 잘함 |
| 신체−운동 | 운동을 포함하여 손발을 포함한 신체활동을 잘하거나, 신체를 활용하여 사물을 효과적으로 조작·변형·재구성할 수 있는지 여부 | − 만들기를 잘함<br>− 고장난 물건을 잘 고침<br>− 신체로 자기표현을 잘함<br>− 운동능력이 뛰어남<br>− 새로운 운동을 쉽게 배움 |

| 학습강점 | 의미 | 지표 |
|---|---|---|
| 음악 | 다양한 음악적 요소들을 효과적으로 지각·변별·변형·표현할 수 있는지 여부 | – 음감이 뛰어남<br>– 리듬감이 좋음<br>– 악기를 쉽게 배움<br>– 음악에 대한 이해력이 뛰어남<br>– 음악적 표현력이 우수함 |
| 미술 | 다양한 미술적 요소들을 효과적으로 지각·변별·변형·표현할 수 있는지 여부 | – 색감이 뛰어남<br>– 그림 표현력이 좋음<br>– 미술적 창의성이 뛰어남<br>– 그림 감상능력이 우수함 |
| 대인 관계 | 타인의 말·행동·감정을 잘 이해하고 수용하며, 효과적으로 상호작용할 수 있는지 여부 | – 또래집단을 잘 형성함<br>– 협력학습을 잘함<br>– 타인들의 이야기를 잘 들어줌<br>– 타인의 감정에 잘 공감함<br>– 자신의 의사표현을 적절하게 잘함 |
| 자기 인식 | 자신에 대해 객관적으로 인식하고 이해하며, 이를 통해 효율적으로 행동할 수 있는지 여부 | – 자신의 장점·단점에 대해 잘 인식함<br>– 자신의 욕구·동기에 대해 잘 인식함<br>– 자신의 기질, 성향에 대해 잘 인식함<br>– 자기통제, 자기관리 능력이 우수함<br>– 자아존중감을 유지하는 능력이 우수함 |
| 환경 교감 | 주위의 동식물을 포함한 자연과 사물에 대한 정확하게 관찰하고 분석할 수 있으며, 이를 수용할 수 있는지 여부 | – 동물을 좋아하고 잘 관리함<br>– 식물을 좋아하고 잘 관리함<br>– 주위 환경에 대한 관찰력이 우수함<br>– 주위 환경에 대한 분석력이 우수함<br>– 주위 환경을 수용하는 능력이 우수함 |

학습선호도란 학습과 관련하여 특정 과제나 활동을 좋아하는 정도를 말한다. 학습선호도는 학습강점과 달리 다양한 경험을 통해 형성되는 경우가 많은데, 특히 특정 과제나 활동에서의 성공경험과 밀접한 관련이 있다. 학생이 특정 과제나 활동에서 성공경험을 하게 되면 성취감과 자신감을 갖게 되며, 해당 과

제나 활동에 대한 호감을 형성하게 된다. 예를 들어, 학습부진아 중에는 의외로 말하거나 대화하는 것을 좋아하는 경우가 많다. 단순히 공부하는 것을 피하기 위한 수준이 아니라 실제 대화하는 것 자체를 즐기는 경우를 자주 발견한다. 이러한 경우 학습에 있어서도 서로 대화하거나 토론식으로 학습하는 경우 학습에 대한 거부감이 많이 줄어드는 것을 발견한다.

　　모든 학생은 저마다 잠재력을 가지고 있고, 학습부진아 또한 예외는 아니다. 그렇지만 학습부진아의 경우 학업에서 그들의 학습강점이 잘 드러나지 않을 뿐만 아니라 학습선호도가 전반적으로 낮다. 국어, 수학, 사회, 과학, 영어와 같은 주지 교과가 강조되고 그 외 교과들은 상대적으로 소홀히 여기지는 학교 풍토 속에서 이러한 주지 교과 이외에서의 학습강점은 강점으로 인정되지 않는다. 이러한 사실은 주지 교과 이외의 교과에서는 학습부진이 존재하지 않는 것으로도 확인할 수 있다. 미술 부진, 음악 부진 또는 체육 부진이라는 표현을 들어본 적이 없을 것이다.

　　학습부진아가 주지 교과에서 낮은 성취를 보인다는 사실을 바탕으로 이들이 언어적 강점이나 논리-수학적 강점을 전혀 갖고 있지 않다고 단정 지어서는 곤란하다. 언어적 또는 논리-수학적 강점을 가지고 있지만 환경적 제약에 의해 자신의 강점이 개발되고 발현될 기회를 전혀 갖지 못한 학습부진아가 있다는 사실을 잊지 말아야 한다. 뿐만 아니라 공간감각적 강점, 신체-운동적 강점, 미술적 강점과 같이 주지 교과와 직접 관련되지 않

은 강점을 가지고 있지만 학교교육을 통해 이러한 강점이 드러
날 기회가 주어지지 않아 자신의 강점을 발견하지 못하고 학습
부진아라는 꼬리표 속에 위축된 학습부진아도 있을 것이다.

학습부진아가 가진 학습강점을 파악하기 위해 학생을 주의
깊게 관찰하여 학습강점을 발견하였다면 학생의 발전 가능성에
초점을 맞추게 됨으로써 지금 당장 가시적인 변화가 나타나지
않더라도 학생에 대한 기대를 유지할 수 있다. 학생의 변화 가능
성에 대한 희망을 가진 교사와 그렇지 않은 교사는 교수 동기에
서 큰 차이를 보일 수밖에 없다.

학습부진아 지도 초기 단계에서 교사가 당면하는 가장 큰
어려움은 학생으로부터 학습동기를 견인하는 것이다. 학습부진
아는 학업에서의 잦은 실패로 인해 학습동기가 낮은 편이므로
이들로부터 학습동기를 이끌어 내어 적정 수준으로 유지시키는
것은 성공적인 학습부진아 지도를 위한 필요조건이다. 이전에
성공경험이 있는 과제나 활동에 대한 선호도는 학습부진아 지도
의 초기 단계에서 좋은 강화자극으로 기능할 수 있다.

교사는 학습부진아의 강점과 선호도를 매우 구체적·분석
적으로 파악해야 한다. 예를 들어, 체육을 잘한다고 하면 지구력
이 좋은 것인지, 순발력이 뛰어난 것인지 또는 협응력이 좋은 것
인지 더 구체적인 강점을 파악하기 위해 노력해야 한다. 미술도
마찬가지이다. 미술을 잘한다는 것이 색감이 뛰어난 것인지, 구
도를 잘 잡는 것인지, 공간감각이 좋은 것인지 더 세부적인 파악
을 해야 한다.

교사가 학습부진아의 강점을 구체적·분석적으로 파악해
야 하는 이유는 이렇게 파악된 학생의 강점은 단순히 한 과목에
만 적용할 수 있는 것이 아니기 때문이다. 예를 들어, 공간감각
이 뛰어나다면 입체감을 살려 작품을 만들어 낼 뿐만 아니라 수
학의 입체도형의 전개도 등을 파악하는 것도 잘할 가능성이 높
다. 또한 공간감각에 대한 강점은 후에 학습부진아의 진로와도
연결될 수 있다는 점에서 그 가치가 높다.

학습부진아의 강점 및 선호도와 관련하여 많은 교사가 우
리에게 던지는 질문은 강점과 선호도가 다를 때 무엇을 중심으
로 지도해야 하는지에 대한 것이다. 이럴 때 교사는 우선 학습부
진아의 선호도와 강점이 무엇 때문에 다른지 그 이유를 명료하
게 파악할 필요가 있다. 학습부진아 중에는 자신이 정말로 좋아
하는 것이 무엇인지 잘 모르는 경우가 의외로 많다. 자신은 어떤
게 좋다고 이야기를 하지만 자세히 살펴보면 정말로 좋아하는
것이 아니라 다른 친구들이 좋다고 하는 것이나 그 당시 유행하
는 것을 자신도 막연히 좋아한다고 대답하는 경우들이 있다. 예
를 들어, 자신은 토론식으로 공부하는 것을 별로 좋아하지 않음
에도 불구하고 친한 친구가 좋다고 하면 자신도 그게 좋다고 반
응하는 식이다. 이런 경우에는 교사는 학생이 진짜로 무엇을 좋
아하는지 발견할 수 있도록 도와주어야 한다.

학습부진아의 강점과 선호도가 서로 다르게 나타나는 또
다른 원인 중 하나는 학생이 자신의 강점을 제대로 개발하거나
활용하지 못했을 경우이다. 인간은 대체로 잘하는 것을 좋아하

는 경향이 있다. 이러한 경향이 나타나는 가장 큰 이유는 잘하게
되면 그에 대한 성공경험이 많아지고 주변으로부터 긍정적인 피
드백을 자주 듣기 때문이다. 그런데 자신의 강점을 제대로 파악
하지 못한 학습부진아의 경우 이를 제대로 활용하지 못해 성공
경험이나 긍정적인 피드백을 받지 못했을 가능성이 높다. 이러
한 경우 교사는 학습부진아가 스스로의 강점을 인식하고 이를
적극적으로 활용함으로써 성공경험과 주변의 인정을 받을 수 있
도록 지원할 필요가 있다.

　교사가 학습부진아로부터 파악해야 하는 학습선호도에 대
한 대략적인 내용은 〈표 3-2〉와 같으며, 이를 바탕으로 교사가
필요한 내용을 추가해서 점검하는 것이 좋다. 만약 학습부진아
로부터 특별히 좋아하는 것을 구분해 내기 어렵다면 상대적으로
싫어하는 것을 파악하는 것도 효과적이다. 필요할 경우 3단계
(좋아함, 보통, 싫어함) 또는 5단계 정도(싫음, 약간 싫음, 보통, 약간 좋
음, 좋음)로 구분하여 체크하는 것도 효과적인 방법이다.

•••• 표 3-2 ● 학습선호도의 의미와 지표

| 학습선호도 | 의미 | 지표 |
|---|---|---|
| 교과 | 학습부진아가 어떠한 과목을 좋아하는지 구체적으로 파악함 | – 국어 계열: 말하기, 듣기, 읽기, 쓰기<br>– 수학 계열: 수, 연산, 도형, 측정<br>– 사회 계열: 국사, 세계사, 지리 등<br>– 과학 계열: 물리, 화학, 생물 등<br>– 외국어 계열: 영어, 일어, 중국어 등<br>– 예체능 계열: 체육, 음악, 미술 등 |
| 내용 | 교과별 세부 내용에 있어 어떠한 것을 좋아하는지 구체적으로 파악함 | – 읽기: 이야기글, 논설문, 설명문 등<br>– 수학: 수, 연산, 도형 등<br>– 국사: 고대사, 근대사, 현대사 등<br>– 생물: 척추동물, 무척추동물 등<br>– 영어: 말하기, 듣기, 독해 등<br>– 체육: 달리기, 구기운동 등<br>– 기타 과목별 내용 |
| 학습방법 | 어떠한 학습방법을 통해 공부하는 것을 좋아하는지 파악함 | – 강의형: 교사의 강의<br>– 토론형: 함께 토론하는 것<br>– 대화형: 일대일 대화식 수업<br>– 조작형: 만들거나 조작하는 것<br>– 기타 다른 학습방법 |
| 학습과제 | 어떠한 학습과제를 수행하는 것을 좋아하는지 파악함 | – 문제풀이형: 제시되는 문제의 해결<br>– 보고서형: 보고서 제출<br>– 프레젠테이션형: ppt, 프레지(prezi) 등 형태의 과제<br>– 게시판형: 인터넷 웹사이트의 게시판 등을 활용한 과제<br>– SNS형: 카카오톡, 페이스북 등 SNS를 통한 과제<br>– 멀티미디어형: 동영상 파일 등의 과제<br>– 기타 학습과제 |
| 학습평가 | 어떠한 평가방법을 통해 평가받기를 좋아하는지 파악함 | – 단답형 평가<br>– 서술형 평가<br>– 면접형 평가<br>– 포토폴리오형 평가<br>– 기타 학습평가 방법 |

# 04

초기 문해력과
학습전략

학습부진아의

# 공부잠재력 키우기

# 1. 무엇을 가르칠 것인가

    학습부진을 유발하는 원인과 학습부진아의 학습특성을 파악한 다음에는 '무엇을' 가르칠지 고민해야 한다. 학습부진아에게 가르쳐야 할 내용은 크게 교과 내용적인 측면과 공부방법적인 측면으로 구분해 볼 수 있다. 우선 교과 내용적인 측면에서는 학습부진아의 선행학습내용을 파악하고 이를 바탕으로 가르쳐야 할 내용을 결정해야 한다. 학습부진아의 선행학습내용은 다시 모든 교과 학습에 기초가 되는 영역과 특정 교과에만 해당되는 영역으로 구분되는데, 학습부진아 지도에서 필히 점검해야 할 것이 바로 기초 영역에 해당하는 선행학습이 얼마나 이루어져 있느냐는 점이다. 기초 영역에 해당하는 선행학습의 결여는 대부분의 교과 활동에 영향을 미치기 때문에 반드시 극복되어야 할 부분이다. 기초 영역의 선행학습 중에서도 가장 중요하다고 볼 수 있는 것이 한글에 대한 문해력 습득이다.

문해력이란 문자로 쓰인 텍스트를 이해할 뿐만 아니라 자신의 생각을 표준적인 형태의 문자로 표현할 수 있는 능력을 가리킨다(이경화, 2019). 학교에서 이루어지는 교수 – 학습 활동은 대부분 교과서를 중심으로 이루어지기 때문에 교과서에 적힌 단어, 어절, 구절, 문장, 문단, 나아가 텍스트를 정확하게 읽고 내용을 이해하는 것은 교과 학습을 위한 필요조건이다. 특히 한글을 처음 익히기 시작할 때 습득해야 하는 초기 문해력은 적절한 수준의 한글 문해력을 갖추기 위한 기초가 된다. 실제 초기 문해력 부재는 이후 국어를 비롯한 여러 교과에서 학습부진이 시작되는 결정적인 이유이다.

학습부진아에게 가르쳐야 할 또 다른 내용은 공부방법이다. 학습부진아의 비효율적인 학습전략은 이들로 하여금 학습부진을 유발시키거나 심화시키는 중요한 요인 중 하나이다(윤채영, 황두경, 김정섭, 2012). 학습부진아는 시간을 관리하는 비교적 간단한 전략뿐만 아니라 노트필기·독해 전략과 같은 보다 고차원적인 학습전략도 결여되어 있는 경우가 많다. 학습부진아를 열심히 지도해도 의도한 만큼의 가시적인 효과가 나타나지 않을 때 점검해 보아야 할 것 중의 하나가 바로 이들의 초기 문해력과 이들이 구사하는 학습전략이다. 학습부진아에게 초기 문해력과 학습전략을 지도하는 것이 학습부진 문제해결의 중요한 영역이라는 사실이 수많은 연구를 통해 입증되었다(김동일, 신을진, 황애경, 2002; 남미란, 이대식, 2011; 하정혜, 윤연기, 김판희, 2014; 황두경, 김정섭, 2014; Hatcher et al., 2006; Hay & Fielding-Barnsley, 2006; Lane et al., 2002; Ryan & Glenn, 2004; Schmitt & Gregory, 2005).

## 2. 초기 문해력의 중요성

초기 문해력은 낱자의 이름을 알고 쓸 수 있으며, 낱자소리 대응 관계를 적용하여 글자나 단어 읽기를 하며, 적절한 유창성을 유지하면서 소리 내어 책을 읽을 수 있고, 자신이 전달하고자 하는 메시지를 간단한 글로 표현할 수 있는 능력을 가리킨다(IRA & NAEYC, 1998). 현행 국어과 교육과정 구성상 초등학교 1학년은 초기 문해력을 완성해야 할 결정적 시기이다. 그동안 한글은 배우기 쉬운 문자라는 인식이 팽배해 있었기 때문에 누구도 학생이 한글 해득에 어려움을 보이리라고는 예상하지 않았다. 그로 인해 우리나라 초등학생의 한글 미해득 문제는 그다지 주목받지 못하였다가 최근에 와서야 비로소 교육당국의 관심을 받기 시작하였다. 연구자마다 약간의 차이는 있으나, 초등학교 1~2학년 아동의 10~15% 정도는 초기 문해력 형성에 어려움을 겪고 있는 것으로 추정되고 있다(정종성, 2015). 이는 학급당 학생 수가 15~20명이라고 가정할 때 한 학급에 한두 명 정도가 초기 문해력을 형성하지 못하였다는 의미로 결코 가볍게 볼 수 없는 문제이다.

초등학교 저학년 시기에 한글을 해득하지 못한 아동은 다른 교과 학습에서도 어려움을 겪기 때문에 학년이 높아질수록 학습부진의 늪에 빠지게 된다. 한글 해득은 학생에게 있어 학습부진아가 되느냐 마느냐를 결정짓는 첫 관문인 셈이다. 초등학생의 한글 미해득 문제의 심각성을 인지한 교육부는 2015 개정 교육과정에서 한글 지도시간을 대폭 늘렸으며, 각 시·도교육청 또한 초등학교 1~2학년의 한글 문해력 향상을 위해 다양한 지원을 제공하고 있다(정종성, 최진오, 김동원, 2018). 하지만 교육당국의 이러한 노력과 지원이 학교현장에서 초기 문해력의 실질적 향상으로 이어지고 있는지는 여전히 의문이다.

초기 문해력 향상을 위한 국가적인 노력이 실효를 거두기 위해서는 초기 문해교육에 대한 교사의 전문성 확보가 필수적이다. 하지만 초등교사 양성 기관인 교육대학교의 교육과정이나 초등교사 재교육 과정 속에 초기 문해교육이 중요한 과제로 다루어지지 않는 현실에서 초등교사가 자발적인 노력을 통해 초기 문해교육에 대한 전문성을 갖추기는 어려운 일이다. 학교 현장에서 한글 미해득 아동을 만나는 교사는 시행착오를 겪으며 홀로 고군분투하면서 읽기부진 문제 해결을 위한 길을 찾아 나서야 하는 상황에 놓여 있다. 읽기부진아 지도에 투입할 만한 마땅한 교수전략을 알지 못할 경우 대개는 학습자로서의 자신의 경험을 토대로 읽기지도를 하는 경우가 많다. 그런데 한글 미해득 아동 지도에서 교사 자신이 학습자로서 겪었던 경험을 활용하는 것은 별로 도움이 되지 않는다. 학습부진아 연수에 참여한 교사들에게 우리는 종종 다음과 같은 질문을 던지곤 한다.

"혹시 선생님들 중에서 한글을 제대로 못 떼서 과외를 받아 보신 분 계십니까?"

교사들의 얼굴에 퍼지는 웃음을 통해 이 질문에 대한 반응은 금방 확인할 수 있다. 대부분의 교사는 한글을 깨치는 데 어려움을 겪지 않았고 그로 인해 한글 해득은 아주 쉬운 과제라고 생각한다. 심지어 아무도 한글을 가르쳐 주지 않았는데 스스로 한글을 깨쳤다고 기억하고 있는 교사도 많다. 교사의 기억에 약간의 오류가 있을 수는 있으나 스스로 한글을 깨쳤다고 기억하는 교사는 그만큼 한글을 쉽게 깨쳤을 것으로 짐작된다. 한글을 쉽게 익힌 교사의 입장에서는 한글 미해득 학생이 한글 해득 과정의 어디에서 어려움을 겪는지, 그리고 이들을 어떻게 지도해야 하는지에 대한 해답을 찾기가 여간 어려운 일이 아니다. 초기 문해력을 형성하지 못한 학생을 만나게 될 경우 교사가 취해야 할 첫 번째 입장은 무엇이어야 할까?

## 3. 읽기 발달 단계

학급 내 읽기부진아를 지도해야겠다고 결심한 교사가 가장 먼저 던지는 질문은 '무엇'을 '어떻게' 가르쳐야 하느냐는 것이다. 교사는 거의 본능적으로 '무엇'을 '어떻게' 가르칠지를 신속하게 결정하고 자신의 결정을 실행하기 위한 교육과정을 구상하는 데 익숙하다. 하지만 교사가 지닌 이러한 교수 본능이 읽기부진아를 지도할 경우에는 큰 걸림돌로 작용할 수 있다. 읽기부진아 지도는 '무엇'을 '어떻게' 가르칠지에 대한 질문 이전에 가르침의 대상이 '누구'인지에 대한 질문에서부터 출발해야 한다. 교육내용과 교육방법을 구상하고 설계하는 것은 읽기부진아의 현재 읽기능력을 정확하게 파악하고 난 이후에 이루어져야 한다는 것이다. 읽기부진아 지도 계획을 세우기 전 상당 기간은 학생의 문해력 발달 수준을 파악하고 현재의 문해력 발달에 영향을 미친 요인들을 다방면으로 탐색하는 데 투입되어야 한다.

일반적으로 초등학교에서 저학년 학생의 읽기 수준을 파악하기 위해 사용하는 검사도구들은 시·도교육청이나 교육지원청 또는 학교 단위에서 제작된 것으로 기준선에 미달한 학생을 선별하기 위해 사용된다. 이러한 검사도구들은 읽기 수준이 현저히 낮은 학생을 선별하는 목적으로는 적합하지만, 표준화 과정을 거치지 않아 피검사자의 성취 정도를 또래집단과 비교할 수 있는 규준(norm)을 갖추고 있지 않기 때문에 피검사자의 읽기 수준을 정확하게 파악하는 데에는 적합하지 않다. 특히 부진 여부를 판단하는 기준선 선정에 대한 객관적인 근거가 부족하다는 단점이 있다.

이에 비해 상업적으로 판매되고 있는 문해력 검사도구들은 표준화 과정을 거쳐 제작되었기 때문에 또래집단에서 피검사자의 성취 정도가 차지하는 위치를 파악할 수 있는 장점이 있다. 표준화된 문해력 검사도구를 사용할 경우 소검사별로 피검사자의 세부적인 성취 정도를 또래집단과 비교할 수 있는 장점이 있는 반면, 이러한 정보가 읽기부진아 지도계획을 세우는 데에는 그다지 유용하지는 않다. 예를 들어, 단어인식 검사에서 백분위 18, 읽기 유창성 검사에서 백분위 10, 읽기이해 검사에서 백분위 15의 성취를 보인 학생이 있다고 가정해 보자. 이 학생이 읽기부진아로 선정되기에 충분할 정도로 낮은 성취를 보인다는 사실 외에 세 가지 영역에서의 백분위 점수가 이 학생을 위한 읽기지도의 목표와 내용을 선정하는 데 어떠한 정보를 줄 수 있을까? 문해력 검사를 실시하면 피검사자의 문해력에 대한 객관적인 정보를 얻을 수 있을 것이란 일반적인 기대와 달리 검사를 통해 파악할 수 있는 정보는 매우 제한적이며, 특히 읽기부진아 지도 계획을 세우는 데 활용할 만한 정보가 많지 않다. 학생의 문해력 발달 정도를 파악하기 위해서는 문해력 검사를 통해 드러난 영역별 성취 점수를 산출하는 것에 그쳐서는 안 되며, 각 영역별 결과를 세밀하게 분석할 수 있어야 한다.

읽기부진아의 읽기 수준을 파악하고 학생의 수준에 맞는 지도계획을 세우기 위해서는 읽기 발달의 보편적인 과정을 이해해야 한다. 개인 간 읽기 발달 양상에 다소 차이가 있지만 이러한 차이에도 불구하고 누구나 보편적으로 거치는 읽기 발달의 단계가 있다. 읽기 발달의 보편적인 단계에 대한 지식은 읽기부진아가 현재 읽기 발달 과정상 어느 지점에 위치하고 있는지, 그

리고 도달해야 할 다음 지점은 어디인지를 파악하게 하는 기반
이 된다. 읽기부진아 지도는 이들의 현재 읽기 발달 수준을 파악
함으로써 읽기 교육을 위한 근접발달영역을 정확하게 설정하는
것에서 출발한다. 읽기부진아를 지도하기 위해 상당한 노력과
시간을 투입했음에도 불구하고 기대한 만큼의 성과를 거두지
못하였다면 읽기 교육의 출발점이 학생의 수준에 적합한 것이었
는지부터 확인해 보아야 한다.

한글 읽기 발달에 대한 실증적인 연구가 많지 않은데, 다행
스럽게도 윤혜경(1997)은 영아·유아·초등학생을 대상으로 횡단
연구를 실시하여 한글 읽기 발달의 전반적인 양상을 제시하였
다. 윤혜경(1997)은 한글 읽기 발달이 단어 읽기, 글자 읽기, 자소
읽기, 철자 읽기 단계를 거쳐 발달하는 것으로 보았다.

## 1) 단어 읽기

첫째 단계인 단어 읽기 단계에서 나타나는 읽기 특성은 단
어를 글자 단위로 분리하여 지각하지 못하고 단어 전체를 하나
의 시각적인 패턴으로 인식하여 단어와 소리를 매칭하는 것이
다. 영어 단어 읽기 발달 단계를 제시한 대표적인 읽기 연구자
인 Ehri와 McCormick(2004)은 이를 '자모이전 단계'로 명명하였
다. 자모이전 단계에 있는 학생은 알파벳의 이름과 소릿값을 알
지 못하고 단어와 함께 제시되는 그림이나 사진과 같은 단서 정
보에 의지하여 단어를 읽는다. 이 단계의 학생은 단어가 가진 소

리에 주목하기보다는 단어와 함께 제시되는 단서 정보를 통해 단어가 전달하는 의미에 집중하기 때문에 단서가 제시되지 않을 경우 단어 읽기의 정확도가 현저히 떨어진다.

단어가 글자 단위로 분리될 수 있다는 사실을 지각하지 못하고 단어 전체를 하나의 시각적 패턴으로 기억하여 읽는 것을 흔히 '통글자' 읽기라고 일컫는다. '통글자'라는 용어는 학교 현장에서 오랫동안 통용되어 왔고 읽기 교육 분야의 저서에도 종종 등장하는데, 이 용어가 실제 가리키는 것은 통글자라는 용어를 통해 전달하고자 하는 의미와 일치하지 않는다. '통글자' 읽기란 글자를 통으로 읽는다는 의미를 담고 있다. '글자'란 음성언어의 단위인 '음절'을 표상하는 문자언어를 가리킨다. 예를 들어, '산'은 하나의 글자로 이루어진 단어이며, '사과'는 '사' '과' 두 개의 글자로 이루어진 단어이고, '코끼리'는 '코' '끼' '리' 세 개의 글자로 이루어진 단어이다. 산 그림과 함께 제시된 '산'이라는 글자를 읽는 것을 통글자 읽기라고 칭하는 것에는 별 문제가 없어 보인다. 그렇다면 사과 그림과 함께 제시된 '사과'라는 단어를 /사과/로 정확하게 읽고, 코끼리 그림과 함께 제시된 '코끼리'라는 단어를 /코끼리/라고 읽는 것을 통글자 읽기라고 일컫는 것은 어떨까? '사과'는 두 글자, '코끼리'는 세 글자로 이루어진 단어이기 때문에 이 두 단어를 통으로 읽는 것은 엄밀히 말해 '통단어' 읽기이다.

단어가 글자로 분리될 수 있다는 사실을 인식하고 있는지를 확인하기 위한 하나의 방법은 학생이 읽을 수 있는, 두 글자

이상으로 이루어진 단어를 보여 주며 손가락으로 짚어 가며 읽
어 보라고 하는 것이다. 만약 한 글자씩 짚어 가며 음절별로 정
확하게 발음한다면 음절과 글자 개념을 형성한 것으로 볼 수 있
다. 하지만 단어의 앞이나 중간 또는 뒷부분에 손가락을 고정시
켜 둔 다음 단어를 읽는다면 단어를 글자 단위로 분리하여 인식
하지 못하는 것으로 볼 수 있다. 단어를 글자 단위로 인식하는지
를 확인하는 또 다른 방법은 학생이 읽을 수 있는 단어들 중에서
같은 글자를 포함하는 단어 두 개를 제시한 다음 똑같은 부분을
찾아보라고 하는 것이다. 단어를 글자 단위로 분리하여 지각하
지 못한다면 두 단어에서 같은 글자를 찾아내기 어렵다. 물론 시
각적 변별력이 매우 뛰어난 학생일 경우에는 같은 글자를 찾아
낼 가능성도 있지만, 이 경우에도 단어가 글자 단위로 분리된다
는 사실을 인식했다기보다는 단어의 전체적인 윤곽을 비교하여
비슷한 부분을 찾아냈다고 보는 것이 타당하다.

## 2) 글자 읽기

글자 읽기 단계의 특징은 단어가 더 작은 단위인 글자로 분
리된다는 사실을 인식하는 것이다. 이 단계에 도달한 학생은 단
어를 글자 단위로 분리하여 지각할 수 있기 때문에 단어를 구성
하는 글자를 하나씩 손가락으로 짚으며 각 음절을 발음할 수 있
고 같은 글자를 포함하는 서로 다른 두 개의 단어에서 같은 글자
를 손쉽게 찾아낸다. 우리나라 아동은 만 3세부터 음절 개념을

형성하고 만 5세에 이르면 거의 완벽한 수준으로 음절을 구분할 수 있다(윤혜경, 1997). 한글은 음절을 표상하는 글자 간 구분이 시각적으로 명확하기 때문에 음절과 글자의 개념을 형성하는 데 유리하다.

글자 읽기 단계에 도달한 학생은 자신이 기억하고 있는 글자들을 새로운 단어 읽기에 활용할 수 있다. 다음과 같은 경우가 대표적인 예가 될 수 있을 것이다. '나비'와 '무'를 읽을 수 있는 학생에게 새로운 단어 '나무'를 제시하면 이미 읽을 수 있는 글자인 '나'와 '무'의 음절을 사용하여 '나무'를 읽을 수 있다. 이처럼 읽을 수 있는 단어에 포함된 글자 읽기를 통해 새로운 단어를 읽는 것을 유추를 통한 읽기라고 한다. 한글 단어 읽기에서는 유추를 통한 읽기가 음절 단위로 이루어지는 것과 달리, 영어 단어 읽기에서는 초두자음(onset)과 각운(rime) 단위로 이루어진다. 'hit'와 'bike'를 읽을 수 있는 학생이 초두자음 'h'와 각운 'ike'의 소리를 조합하여 새로운 단어인 'hike'를 읽는 것은 영어 단어 읽기에서 나타나는 유추를 통한 읽기의 예이다.

글자 읽기 단계에서 많이 관찰되는 오류 중 하나는 첫 글자가 비슷한 다른 단어로 잘못 읽는 오류이다. '사자'를 읽을 수 있는 학생이 '사과'라는 새로운 단어를 볼 때 첫 글자만 보고 자신이 알고 있는 단어인 /사자/로 읽는 것이 그 한 예이다. '사자'의 '자'와 '사과'의 '과'는 시각적으로 충분히 다름에도 불구하고 이러한 오류를 보이는 것이다. 특히 읽기부진아의 경우에는 이러한 경향이 심하다. 심지어 두 단어를 구성하는 글자의 수가 다름에도 불구하고 자신이 알고 있는 다른 단어로 잘못 읽는 경우도 드물지 않은데, '사자'를 읽을 수 있는 학생에게 '사마귀'라는 새로운 글자를 제시할 때 이를 '사자'라고 읽는 경우가 이에 해당한다. 단어를 구성하는 글자 수가 다름에도 불구하고 자신이 알고 있는 다른 단어로 읽는 오류를 보이는 학생은 아직 하나의 글자는 하나의 음절에 대응한다는 사실을 완전하게 인식하지 못한 것으로 간주될 수 있다. 글자와 음절의 일대일 대응 관계에 대한 인식이 완전해지면 이러한 오류는 사라지게 된다.

단어 읽기와 글자 읽기 단계에서는 모두 기억에 의존하여 읽기 때문에 읽을 수 있는 단어나 글자의 수는 제한적일 수밖에 없다. 반복적인 노출을 통하여 글자나 단어에 대한 기억이 공고화된 후에는 동일한 글자나 단어가 제시될 경우 아주 빠른 속도로 정확하게 읽게 되는데, 이렇게 기억 속에 공고화된 글자나 단어를 일견어휘(sight vocabulary)라고 일컫는다. 단어 읽기 단계와 글자 읽기 단계에서의 읽기는 전적으로 일견어휘의 폭에 의해 좌우된다. 일견어휘의 폭이 곧 읽기능력을 의미하는 것이므로 일견어휘의 폭을 확장시킬 수 있도록 다양한 문해 환경을 제공하는 것이 두 단계에서는 매우 중요하다. 하지만 일견어휘 폭을 확장시키는 것은 기억에 주로 의존하기 때문에 문해 환경에 대한 노출을 통해 일견어휘의 폭을 확장하는 데에는 한계가 있다. 보다 효율적인 읽기를 위해서는 기억에 대한 의존도를 낮추고 글자를 해독하는 기술을 습득하는 단계로 나아가야 한다.

## 3) 자소 읽기

자소 읽기 단계의 특징은 글자가 더 작은 단위인 초성자, 중성자, 종성자로 분리될 수 있음을 인식하고 이를 각각 초성, 중성, 종성에 대응하여 읽는 것이다. 문자소라고도 일컬어지는 자소(grapheme)는 문자 언어의 최소 단위로 음성언어의 최소 단위인 음소(phoneme)를 시각적으로 표상한 것이다. 초등학교 국어 교과서에는 자음자와 모음자를 통칭하기 위해 낱자라는 용어를 사용하였는데, 낱자는 자소와 동일한 의미이다. 한글 자소는 자음자와 모음자로 이루어져 있으며, 자음자는 글자의 초성자와 종성자로, 모음자는 중성자로만 사용된다.

자소와 음소의 대응 관계를 이용하여 글자를 해독할 수 있게 되면 기억에 의존한 읽기에서 벗어나 처음 보는 글자나 단어 읽기가 가능해지기 때문에 읽기능력이 비약적으로 발달한다. 한글은 글자 단위에서는 자소-음소 대응이 규칙적이기 때문에 자소-음소 대응 관계를 적용하면 거의 대부분의 글자 읽기가 가능하다. 하지만 읽기의 범위가 글자에서 단어나 어절로 확대되면 자소-음소 대응 규칙이 적용되지 않는 예외적인 상황이 발생함으로써 읽기 오류가 발생한다. '국물'을 /궁물/로 읽지 않고 /국물/로, '바람이'를 /바라미/로 읽지 않고 /바람이/로 읽는 것은 음운변동을 하지 않고 한 글자씩 정확하게 읽음으로써 오류가 발생하는 대표적인 예이다. 음운변동이 나타나는 단어나 어절 읽기는 주변에 위치한 낱자나 글자와의 관련성을 고려해야만 가능한데, 자소 읽기 단계에서는 주의의 폭이 글자 단위로 제한되기 때문에 음운변동 현상을 적용하지 못한다.

### 4) 철자 읽기

마지막 단계인 철자 읽기 단계의 특징은 단어의 시각적 형태, 소리, 의미의 연결이 자동적으로 이루어져서 빠른 읽기가 가능하다는 점이다. 이 단계에서는 거의 대부분의 글자나 단어가 일견어휘에 해당되기 때문에 자소와 음소의 대응 관계를 적용하지 않고 읽게 된다는 점에서 첫 번째 단계인 단어 읽기 단계와 비슷하다. 하지만 단어 읽기 단계에 비해 일견어휘의 폭이 비교할 수 없을 정도로 넓고, 자소-음소 대응 관계를 적용하여 글자를 읽는 능력을 갖고 있다는 점에서 차이를 보인다. 철자 읽기 단계에서는 해독이 자동화되기 때문에 글자나 단어 읽기에 주의를 소모하지 않아도 되고 그 결과 글의 의미를 파악하는 데 더 많은 주의를 기울일 수 있게 된다. 철자 읽기 단계에 도달하는 가장 확실한 방법은 다양한 텍스트를 많이 읽음으로써 단어의 시각적 형태, 발음, 의미의 연결이 기억 속에 공고하게 자리 잡도록 하는 것이다.

### 5) 읽기 발달 단계별 지도

교사가 한글 단어 읽기 발달 단계에 대한 정확한 지식을 갖고 있을 경우 읽기 검사에서 보인 학습부진아의 정반응과 오반응을 분석함으로써 학생이 도달해 있는 읽기 발달 단계를 정확하게 파악할 수 있게 된다. 읽기 발달 단계에 대한 이해가 부족한 경우 범하기 쉬운 가장 일반적인 오류는 학생의 읽기 발달 수준에 비해 지나치게 높은 과제를 제시함으로써 학생으로 하여금 심한 좌절감을 갖게 하는 것이다. 초등학교에 입학하기 전에 문해 환경에 노출된 경험이 지극히 부족했던 학생은 글자 읽기 단계에 도달해 있거나 심지어 단어 읽기 단계에 머물러 있기도 한다. 이들이 초등학교에 입학하여 처음 접하게 되는 초기 문해교육 내용은 대체로 자소 읽기 단계에 해당하는 수준이다. 단어가 글자로 분리되며 글자가 하나의 음절에 대응된다는 사실을 이해하지 못하는 학생이 자음자와 모음자의 이름을 익히고, 초성자, 중성자, 종성자를 결합하여 글자를 만들어 발음해야 하는 상황을 머릿속에 그려 본다면 이들이 극복해야 할 간극이 얼마나 큰 것인지를 이해할 수 있을 것이다. 학습부진아의 읽기능력 발달 단계와 그에 따른 지도 내용은 다음과 같다.

　단어 읽기 단계에 있는 학생은 단어를 통으로 인식하고 음절 구분을 하지 못한다. 즉, 학생은 단어를 그림이나 사진과 같이 하나의 덩어리로 인식하고 받아들인다. 단어 읽기 단계에 있는 학생을 지도할 경우에는 단어가 음절로 분리될 수 있다는 것을 인식할 수 있도록 가르쳐야 한다. 가장 쉬운 방법이 박수 치기이다. 예를 들어, '강아지'라는 단어를 지도할 때 강(박수), 아(박수), 지(박수)라고 읽으면서 박수를 치게 함으로써 '강아지' 3개의 음절로 이루어져 있다는 사실을 가르쳐 준다.

음절을 구분할 수 있도록 지도하는 또 다른 방법은 엘코닌 박스(Elkonin's Box)를 활용하는 것이다. 엘코닌 박스는 [그림 4-1]과 같이 단어를 음절 단위로 구분하여 표시하는 단어 상자로 단어의 음절 구분을 인식시키는 데 매우 유용하다(Joseph, 2002). '강아지'란 단어를 지도한다면 한 음절씩 발음하며 해당되는 음절에 동전을 하나씩 옮겨 놓는다(예: 강-동전 놓기, 아-동전 놓기, 지-동전 놓기).

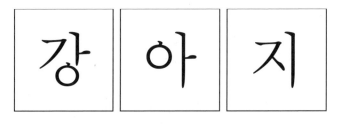

••••• **그림 4-1** ● 음절 단위 엘코닌 박스

글자 읽기 단계에서는 엘코닌 박스나 박수치며 읽기를 통해 단어가 음절로 구성되어 있다는 것을 이해하도록 하는 데 지도의 초점을 두어야 한다. 이때 단어를 구성하는 모든 글자를 정확하게 읽게 하는 데 집중할 필요는 없다. 예를 들어, 이 단계의 학생은 강아지의 '강' 자는 음절을 구분하여 읽을 수 있으나 '아' '지'는 읽지 못할 수 있다.

읽기 발달의 다음 단계는 자소 읽기 단계이다. 자소 읽기 단계에서는 글자가 자소 단위로 분리될 수 있고 각각의 자소를 음소에 대응한다는 사실을 인식하게 된다. 자소 읽기 단계에서 이루어져야 할 핵심적인 활동이 자음자와 모음자의 이름과 소리 익히기이다. 일반적으로 모음자를 먼저 가르치고 자음자를 나중에 가르치는 것이 효과적이지만, 학습부진아의 경우 이들에게 익숙한 글자 속에 포함된 자음자와 모음자를 가르치는 것이 더 효과적일 수 있다.

학습부진아에게 자음자와 모음자를 쉽고 효율적으로 가르칠 수 있는 방법은 아동의 이름을 활용하는 것이다. 자신의 이름 속에 포함된 자음자와 모음자는 눈에 익고 자신과 직접 관련되어 있기 때문에 낱자의 모양과 이름을 익히는 데 소요되는 시간이 줄어든다. 자신의 이름에 있는 자모음자를 다 습득하고 나면 학생에게 익숙한 다른 이름을 통해 새로운 자모음자를 지도한다. 그중에서도 어머니 이름과 친구 이름은 좋은 사례가 되는데, 무엇보다 성이 다른 경우가 많기 때문에 다른 자음·모음을 습득시키기 좋다.

자음자와 모음자의 이름과 그것의 소리를 가르친 이후에는 각 낱자들을 초성자, 중성자, 종성자로 합성, 분리, 대치하는 조

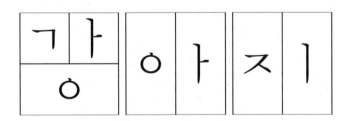

•••• **그림 4-2** ● 음소 단위 엘코닌 박스

작활동을 통해 낱자와 소리의 대응관계에 대해 지도해야 한다. 이때 음소 단위 엘코닌 박스를 사용하면 효과적이다. [그림 4-2] 와 같이 엘코닌 박스를 음소 단위까지 구분한 다음, 음소 하나에 하나의 동전을 대응시킴으로써 음절이 음소 단위로 구분될 수 있다는 것을 시각적으로 보여 줄 수 있다.

읽기 발달의 다음 단계는 자소 읽기 단계이다. 자소 읽기 단계에서 나타나는 특징은 '축자적 읽기'이다. 축자적 읽기란 음절 단위로 분리하여 읽는 것을 말한다. 음절 하나하나를 분리하여 읽다 보면 음운변동 규칙을 무시하며 읽게 된다. 예를 들어, '값을'이라는 단어를 /갑슬/이라고 읽지 못하고 /갑을/이라고 읽는다. 축자적 읽기를 하는 경우, 읽기가 자연스럽지 않고 구절이나 문장을 읽는 데 소요되는 시간이 길다. 유창한 읽기 능력을 습득하려면 글자 하나하나를 정확하게 읽는 축자적 읽기 단계를 뛰어넘어 글자와 글자 사이의 관계에 따라 음운변동이 이루어지는 단어를 정확하게 읽을 수 있어야 한다. 다양한 지문 읽기를 통해 글자 읽기에만 집중하던 시야를 넓혀 단어를 한번에 인식하고 (일견단어), 나아가 문장을 읽어 낼 수 있는 단계가 바로 철자 읽기 단계이다.

# 4. 해독과 읽기 유창성

## 1) 해독

해독(解讀)의 사전적 의미는 '기호나 암호를 풀어서 읽는 것'이며, 읽기 분야에서 해독이란 문자를 그것이 표상하는 음성언어와 연결 짓는 것을 의미한다. 해독을 단어인식(word recognition)과 동일시하는 경우도 볼 수 있으나 두 개념은 약간 다르다. 해독은 자소와 음소의 대응 관계를 적용하여 글자나 단어를 읽는 것을 가리키는 반면, 단어인식은 자소–음소 대응 관계를 이용하여 새로운 단어를 읽는 것뿐만 아니라 익숙한 단어를 일견어휘 경로를 이용하여 빠르게 읽는 것도 포함하는 개념이다. 자소–음소 대응 관계를 이용하여 글자를 읽기 위해서는 자모지식(alphabetic principle)과 음운인식(phonological awareness)이 필요하다.

먼저, 자모지식은 자음자, 모음자와 같은 낱자의 이름과 각 낱자가 표상하는 소리에 대한 지식을 의미한다. 한글은 표음문자로서 낱자와 그에 대응하는 소릿값을 정확하게 연결 지어야 읽을 수 있기 때문에 자모지식은 한글 해독을 위한 중요한 기반이다. 자모지식은 대개 낱자의 이름을 배우는 것에서 출발한다. 영어권 국가의 아동은 'ABC 노래'를 부르면서 자연스럽게 알파벳 이름을 배우게 되는데, 알파벳 이름을 아는 것은 알파벳 쓰기와 알파벳의 소릿값 학습을 촉진한다. 최근 영어 교육의 중요성이 부각되면서 우리나라 아동도 아주 어릴 때부터 ABC 노래를 부르며 영어 알파벳 이름에 익숙해진다. 한글 낱자의 이름을 쉽게 외우도록 도움을 주는 자음 노래, 모음 노래도 개발되었지만 안타깝게도 ABC 노래만큼 널리 불리지는 않는다.

　　자음자와 모음자의 이름을 아는 것은 이들이 가진 소릿값을 익히는 데 매우 유용하다. 특히 한글 모음자의 이름은 소릿값과 동일하기 때문에 이름과 소릿값을 별도로 지도할 필요가 없다. 자음자는 모음자처럼 이름과 소릿값이 일치하지는 않지만 자음자의 이름에 소릿값이 반영되어 있기 때문에 자음자의 이름을 소릿값 지도에 활용할 수 있다. 자음자의 이름은 '기역, 니은, 디귿, 리을, … 히읗'과 같이 두 음절로 이루어져 있으며, 첫 번째 음절은 초성으로 사용될 때의 소릿값을 반영하고 두 번째 음절은 종성으로 사용될 때의 소릿값을 반영한다. 여기서 '반영한다'는 것은 낱자 이름의 첫 번째 음절과 두 번째 음절이 초성, 종성과 똑같이 발음되지는 않지만 비슷한 소릿값을 포함하고 있다는 것을 의미한다. 예를 들어, 초성 'ㄱ'의 소리는 '기역'의 첫 음절 /기/를 발음할 때 처음으로 들리는 소리와 동일하며, 종성 'ㄱ'은 '기역'의 두 번째 음절인 /역/과 비슷한 소리를 낸다.

　　다음으로, 음운인식은 음절인식과 음소인식을 포함하는 개념이다. 음절인식(syllable awareness)은 음절의 합성·대치·탈락·분해하는 활동을 통해서, 음소인식(phoneme awareness)은 음절을 구성하는 더 작은 소리의 단위인 음소의 합성·대치·탈락·분해하는 활동을 통해서 표출된다. 음절인식은 만 3세부터 본격적으로 발달하기 시작하여 만 5세에 이르면 거의 완성된다(윤혜경, 1997). 이에 비해 음소인식은 문자 교육이 이루어지는 시기와 맞물려 서서히 형성되는 특성을 보인다. 음소인식은 말소리를 음소라는 분절적 단위로 인식하는 것을 의미한다는 점에서 구어 활동으로 이해하기 쉽다. 하지만 음소는 말소리의 가장 작은 단위로 그것을 표상하는 자소를 인식하기 전까지는 그 존재를 파악하기 어려운 추상적인 개념이기 때문에 음소인식은 문자언어인 자소에 대한 인식과 별개로 형성되기 어렵다. 자음자와 모음자는 시각화된 형상이므로 합성·대치·탈락·분해와 같은 조작이 용이하다. 이에 비해 음소는 시각적인 형상을 가지지 않는 추상적 개념이기 때문에 자소에 대한 인식이 형성되기 전에 음소의 조작은 제한될 수밖에 없다. 구어능력이 정상적인 성인 문맹자와 성인 문해자의 음소인식 능력을 비교하였을 때 성인 문맹자의 음소인식이 성인 문해자에 비해 현저히 떨어지는 것은 음소인식이 문자 언어에 대한 이해를 기반으로 한다는 것을 입증한다(Dehaene, 2017; Stuart, 1990). 물론 음소인식이 자모지식과 독립적으로 형성될 수 있는지에 대해서는 아직까지 합의된 결론에 도달하지 못하였지만, 음소인식이 자모지식과 상보적으로 발달한다는 연구 결과들이 꾸준히 보고되고 있다(Cabell, Justice, Logan, & Konold, 2013; Roth, Speece, & Cooper, 2002; Speece, Roth, Cooper, & De La Paz, 1999).

　　해독은 읽기의 궁극적인 목적인 독해를 위한 필요조건이므로 모든 학습자가 반드시 숙달해야 하는 기술이다. 대부분의 읽기부진아가 읽기에서 보이는 문제의 근원은 바로 해독 기술의 부재에 있다고 해도 과언이 아니다. 이처럼 중요한 해독 기술을 가르치는 방법에 대해서는 크게 두 가지로 의견이 나뉜다. 가장 대표적인 방법이 발음중심 접근법(phonics approach)이다. 발음중심 접근법이란 글자의 최소 단위인 자소와 자소가 표상하는 말소리의 최소 단위인 음소의 대응 관계를 가르치고, 자소를 합성·대치·탈락·분해함으로써 음소의 합성·대치·탈락·분해에 의해 변화하는 글자의 소리를 구현해 내도록 지도하는 것이다 (Francis, 2017). 발음중심 접근법은 읽기 문제로 어려움을 겪는 다양한 대상에게 효과적인 교수방법임에 틀림없다. 그런데 실제로 읽기부진아에게 발음중심 접근법을 사용하다 보면 학생의 학습동기가 점점 저하되면서 급기야 읽기 수업을 거부하는 지경에까지 이르는 상황이 전개되곤 한다. 분명히 효과적인 교수방법으로 입증되었는데 이런 문제가 발생하는 이유는 무엇인가?

발음중심 접근법을 적용할 경우 해독 지도는 대체로 반복훈련(drill)에 치우친다. 해독은 자소-음소 대응 관계를 적용하여 새로운 글자를 읽는 것이기 때문에 글자를 구성하는 자소를 조작함으로써 다양한 말소리를 산출해 보는 것은 분명 유용한 활동이다. 하지만 해독 지도를 받는 학생의 입장에서는 자신이 이해하지 못하는 글자 또는 단어를 반복하여 읽고 쓰는 활동이 무의미한 활동으로 여겨질 수 있다. 모든 학습은 이미 형성된 의미망(semantic network)에 새로운 내용을 추가함으로써 의미망을 확장하는 의미 추구 활동이다. 학생이 학습동기를 상실하였다는 것은 새롭게 배워야 할 내용을 자신이 이미 형성하고 있는 의미망에 연결 짓는 데 실패하였다는 것을 의미한다. 따라서 발음중심 접근법을 적용할 때에는 반복훈련이 학생에게 무의미한 활동이 되지 않도록 주의해야 한다.

발음중심 접근법과 대척점에 서 있는 읽기 지도 방법은 총체적 언어접근법(whole language approach)이다. 총체적 언어접근법에서는 글자 또는 단어를 자소 단위로 조작하는 활동을 명시적으로 지도하지 않으며, 텍스트 읽기를 통해 문자에 반복적으로 노출시킴으로써 해독 기술을 암묵적으로 터득하도록 지도한다(이대균, 서윤정, 2005). 발음중심 접근법이 무의미한 반복 훈련을 통해 지엽적인 기술 습득에 초점을 맞춤으로써 읽기를 통한 의미 추구에 소홀하다는 비판을 받는 데 비해, 총체적 언어접근은 학습자의 배경지식, 어휘력, 문해 환경, 텍스트 맥락 등을 중요시한다. 하지만 발음중심 접근법에서 볼 때 총체적 언어접근법은 해독 지도를 명시적으로 하지 않음으로써 빠른 시일 내에 해독 기술을 습득하여 읽기능력을 향상시켜 갈 수 있는 기회를 제한한다는 문제를 노정한다.

최근 들어서는 이러한 발음중심 접근과 총체적 언어접근을 합친 통합적 교수가 학습부진아의 읽기 지도에 효과적이라는 연구 결과들이 제시되고 있다. 통합적 교수는 '글'의 맥락 속에서 내용을 이해함과 동시에 낱글자 읽기(자음·모음을 분해하고 조합하는 원리와 방법)를 가르치는 것이다. 통합적 교수에서는 낱글자 읽기에 있어 정해진 순서나 체계를 따르지 않으며 글에 포함된 단어를 중심으로 낱글자 읽기를 가르친다.

사실 지적 능력이 우수하거나 학습능력이 뛰어난 학생은 발음중심 접근으로 지도하든 총체적 언어접근으로 지도하든 한글을 습득하는 데 어려움을 보이지 않는다. 하지만 학습부진아와 같이 스스로 한글의 조합 원리를 체득하기 어려운 학생에게 총체적 언어접근은 바람직한 방법이라 하기 어렵다. 특히 우리나라의 경우 1990년대 말과 2000년대 초반에 총체적 언어접근에 의한 한글지도가 유행한 적이 있다. 이때 한글을 공부했던 교사는 자신이 한글을 배웠던 방법(총체적 언어접근)으로 한글을 지도하다 보니 학습부진아가 제대로 된 한글 문해 능력을 습득하지 못하게 된 상황이 발생하기도 한다.

## 2) 읽기 유창성

해독 기술이 향상됨에 따라 읽기의 속도와 정확도는 뚜렷이 증가한다. 이처럼 글을 빠르고 정확하게 읽는 것을 읽기 유창성이라 한다. 해독이 자동화되면 글자를 읽는 데 투입하는 주의집중의 강도가 약해지기 때문에 텍스트의 의미에 더 많이 집중할 수 있게 되어 독해력이 향상된다. 대체로 초등학교 2학년은 해독의 자동화가 완성되는 시기이며, 초등학교 3학년부터는 읽기 유창성을 바탕으로 학습을 위한 읽기가 본격화되기 때문에 초등학교 2학년 말까지 읽기 유창성을 습득하지 못할 경우 모든 교과 학습에서 심각한 어려움에 직면하게 된다.

교사는 학생이 일단 해독 기술을 숙달하고 난 다음부터는 읽기와 관련하여 별다른 어려움을 겪지 않을 것이라고 예상하는 경향이 있다. 해독 기술을 습득하기만 하면 읽기를 위한 기본 조건을 다 갖추었다고 간주하는 것이다. 담임 학급이나 담당 교과 수업에서 책은 잘 읽는데 내용 이해를 못하는 학생을 어떻게 지도해야 할지 문의하는 교사를 만날 때가 종종 있다. 글자를 정확하게 읽을 수 있으면 당연히 글의 의미를 이해할 수 있을 것이라고 생각하는 교사의 입장에서는 글자를 읽고도 의미를 알지 못하는 학생이 도무지 이해되지 않는 것이다. 글자를 정확하게 읽을 수 있음에도 불구하고 글의 내용을 파악하는 데 어려움을 보이는 학생의 사례에서 가장 먼저 확인해 보아야 할 것이 바로 읽기 유창성이다. 글의 의미를 파악하려면 단순히 글자를 정확하게 읽는 수준을 넘어 유창하게 읽을 수 있어야 한다.

읽기 유창성을 향상시키는 가장 좋은 방법은 텍스트를 많이 읽는 것이다. 그런데 읽기부진아는 읽기를 즐거운 활동이 아닌 수고롭고 힘겨운 활동으로 여기기 때문에 가능한 한 읽기와 관련된 활동을 회피하려고 한다. 따라서 읽기부진아에게 무턱대고 텍스트를 많이 읽도록 요구하는 것은 오히려 읽기에 대한 거부감을 형성시킬 수 있다. 읽기에 대한 이들의 거부감을 낮추고 텍스트 읽기를 촉진하려면 읽기 지도에 사용할 텍스트 선정에 매우 신중해야 한다. 읽기 유창성 향상을 촉진할 수 있는 텍스트는 학생의 읽기 수준에 적합할 뿐만 아니라 학생에게 흥미로운 내용을 담고 있어야 한다. 아동은 한 번 보았던 영화를 또 보

●●●● 표 4-1 ● 반복읽기 전략과 지도방법

| 전략 | 지도방법 |
|---|---|
| 따라 읽기 | 교사가 한 문장을 읽고 난 뒤 학생은 곧바로 교사가 읽은 문장을 읽는다.<br>예를 들어, 교사가 "흥부는 놀부의 집에 쌀을 빌리러 갔습니다"라고 읽으면 뒤이어 학생이 "흥부는 놀부의 집에 쌀을 빌리러 갔습니다"라고 따라 읽는다. 한 문단이나 단락을 기준으로 따라 읽기를 연습하되, 유창하게 읽을 수 있을 때까지 반복하여 연습한다. |
| 함께 읽기 | 교사와 학생이 같은 문장을 동시에 읽는다.<br>교사가 학생의 읽기 속도를 고려하여 "흥부는 놀부의 집에 쌀을 빌리러 갔습니다"라고 읽으면, 학생은 교사가 읽는 속도에 맞추어 "흥부는 놀부의 집에 쌀을 빌리러 갔습니다"라고 읽는다. 학생이 유창한 수준으로 읽을 수 있을 때까지 반복하여 연습하며, 마지막에는 학생이 혼자서 읽도록 격려한다. |
| 오디오 활용 읽기 | 오디오로 녹음한 텍스트를 학생 혼자서 따라 읽게 하는 방법으로 교사가 학생과 함께 읽기 연습을 하기 어려울 경우에 활용할 수 있는 방법이다.<br><br>내레이터: 흥부는 놀부의 집에 쌀을 빌리러 갔습니다.<br>학생: 흥부는 놀부의 집에 쌀을 빌리러 갔습니다.<br>내레이터: 놀부는 흥부의 부탁을 거절했습니다.<br>학생: 놀부는 흥부의 부탁을 거절했습니다.<br><br>내레이터가 한 문장을 읽은 다음 약 10초 정도 침묵의 시간이 흐르는데 학생은 이 때 내레이터가 읽은 문장을 따라 읽는다. 충분히 연습한 후에는 학생이 스스로 읽는 것을 녹음해 보도록 격려한다. |
| 또래와 읽기 | 또래 친구 중 유창하게 읽는 학생이 교사의 역할을 수행하여 읽기부진아와 함께 따라 읽기와 함께 읽기를 한다. 처음에는 또래 교사 역할을 하는 학생이 먼저 읽고 읽기부진아가 따라 읽지만, 읽기부진아의 읽기 유창성이 적정 수준에 도달하게 되면 읽기부진아가 먼저 읽고 또래 친구가 따라 읽도록 유도한다. |
| 대사 읽기 | 연극이나 영화의 대본을 활용하여 문장 끊어 읽기, 감정을 실어 읽기를 연습한다. 실제로 연극을 해 보는 것도 읽기에 대한 동기를 이끌어 내는 데 도움이 된다. |

아도 처음 볼 때와 같은 재미와 감동을 유지하며, 이전에 읽었던 책도 여러 번 반복하여 읽으면서도 지겨워하지 않는 특성을 갖고 있다. 이러한 아동의 특성을 잘 활용한다면 읽기 유창성 향상이 가속화될 수 있다.

읽기 유창성을 향상시키는 데 매우 효과적인 교수-학습 전략 중 하나가 '반복읽기'이다. 반복읽기란 제한된 범위의 텍스트를 반복해서 읽는 것을 의미한다. 읽기부진아 지도 전략으로서의 반복읽기는 단순히 학생 혼자 텍스트를 반복적으로 읽도록 격려하는 것이 아니라 교사가 안내하면서 텍스트를 반복하여 읽게 하는 것이다. 반복읽기를 지도하는 방법을 좀 더 구체적으로 살펴보면 〈표 4-1〉과 같다(Pierangelo & Giuliani, 2006).

초기 문해력 형성기에는 대부분의 학생이 소리 내어 읽기를 한다. 소리 내어 읽는 데 어느 정도 익숙해지면 작은 소리로 소곤거리듯 읽는 단계로 접어들다가 어느 순간부터는 입의 움직임은 완전히 사라지고 묵독으로 전환된다. 묵독으로의 전환은 읽기 속도의 획기적인 변화를 가져온다. 소리내어 읽기는 눈, 입술, 혀와 성대가 협응하여 움직여야 하는 반면, 묵독을 할 경우에는 눈만 움직이기 때문에 읽기 속도가 현저히 빨라진다. 묵독으로의 전환은 읽기 발달 과정에서 자연스럽게 나타나는 현상인데, 읽기 유창성을 갖추지 못한 읽기부진아는 묵독으로 전환하기 전에 좀 더 오랜 기간 소리 내어 읽기 단계에 머물러 있어야 한다. 소리 내어 읽기가 읽기 유창성 향상에 도움이 되는 이유 중 하나는 학생이 소리 내어 읽어야만 부모나 교사가 듣고 오류를 교정해 줄 수 있기 때문이다. 묵독을 할 경우에는 학생의 읽기 오류를 교정하는 것이 불가능하다. 너무 일찍 묵독으로 전환할 경우에는 주변의 누군가로부터 읽기 오류를 교정받지 못하여 성인이 되어서까지 동일한 오류를 되풀이하게 된다.

## 5. 어휘력

글을 유창하게 읽는 것은 읽기부진에서 벗어나고 있다는 중요한 단서이긴 하지만 읽기 유창성 습득이 읽기부진아 지도의 최종 목표는 아니다. 읽기 유창성은 읽기의 궁극적인 목적인 글의 의미 이해의 필수요건이긴 하지만 글의 의미를 파악하는 것은 글을 빠르고 정확하게 읽는 수준을 넘어서는 고차원적인 지적 활동으로 여러 요인이 복합적으로 작용한 결과이다. 글의 의미를 파악하는 데 관여하는 대표적인 두 가지 요인은 어휘력과 배경지식이다. 일반적으로 배경지식이 많을수록 어휘력이 높기 때문에 둘 사이의 상관관계는 매우 높다고 볼 수 있다. 어휘력은 독해능력을 예측하는 가장 강력한 변인으로 알려져 있다. 책을 읽기 전 책에 나오는 핵심 단어들의 의미를 학생이 알고 있는지 확인해 보면 글을 읽고 난 후 학생이 무엇을 이해할 수 있을지를 상당 부분 예측할 수 있다.

정확하고 빠르게 글자를 해독했다 하더라도 문장을 구성하는 단어의 뜻을 모른다면 문장의 의미를 정확하게 이해하기란 쉽지 않다. 학습부진아의 어휘력은 교사가 짐작하는 것보다 훨씬 낮은 수준인 경우가 많다. 소희(가명)의 사례는 어휘력이 문장의 의미 파악에 어떠한 영향을 끼치는지 확실하게 보여 준다.

소희는 수학에 어려움을 보이는 초등학교 2학년 학생이다. 소희의 담임인 정 교사(가명)는 처음 담임을 맡은 새내기 교사로 의욕이 넘쳐 소희가 수학에 문제를 보인다는 사실을 알고부터 소희를 따로 남겨 열심히 가르쳤다. 내성적이었던 소희도 정 교사의 열성적인 지도에 부응하기 위해 최선을 다했다. 그런데 정 교사와 소희의 이러한 노력에도 불구하고 소희의 수학능력은 생각처럼 향상되지 않았다. 개별지도를 하는데도 소희의 수학능력에 진전이 없자 정 교사는 자신도 모르게 소희를 향해 목소리를 높이게 되었고, 소희는 더 위축되어 멍하니 있는 경우가 많아졌다.

어느 날 필자는 정 교사가 소희에게 수학을 가르치는 모습을 옆에서 조용히 지켜보고 있었다. 간단한 연산만으로도 풀 수 있는 간단한 문장제였고 소희의 연산능력으로 충분히 해결이 가능한 문제였음에도 불구하고 소희는 결국 그 문제를 풀지 못했다. 소희에게 문제를 소리 내어 읽게 하자 문제 속에 있는 모든 글자를 정확하게 읽을 수 있었다. 필자는 문장제에 등장하는 단어의 뜻을 소희가 알고 있는지 확인하던 중에 '철사'라는 단어의 뜻을 소희가 모른다는 사실을 알게 되었다. 철사의 뜻을 알려 주고 다시 문제를 풀게 하자 소희는 너무도 쉽게 문제를 해결하였다. 조금 전까지만 해도 문제를 풀지 못해 끙끙대던 소희의 모습을 기억하고 있던 정 교사는 소희의 변화에 다소 놀라는 듯했다. 그제야 정 교사는 연산 능력이 아니라 문장제를 이해하는 데 필요한 어휘력의 부재가 소희에게 더 큰 문제라는 사실을 깨닫게 되었다.

학교에는 소희와 같은 이유로 학습부진을 겪고 있는 학생이 의외로 많다. 각 교과의 학습부진 원인을 추적해 나가다 보면 읽기부진이 학습부진의 근본적인 이유인 경우가 적지 않다. 학습부진아를 지도하는 교사라면 기본적으로 이들의 어휘 수준을 먼저 꼼꼼하게 점검할 필요가 있다. 학생의 읽기능력과 읽기경험에 따라서 이들이 습득하고 있는 어휘의 폭은 상당한 차이를 보인다. 일반적으로 읽기경험이 풍부할수록 어휘의 폭이 확장됨으로써 텍스트 이해에 유리한 고지를 점하게 되며, 읽기경험이 부족한 학생은 텍스트에 등장하는 단어의 의미를 파악하지 못해 글 전체의 의미를 이해하는 데 제약을 받게 된다.

학습부진아의 어휘력을 높여 주기 위해 필수 어휘집을 만드는 것을 종종 볼 수 있다. 이는 마치 영어 필수 어휘집에 나오는 단어를 외워서 영어 독해력을 높이려고 하는 방법과 동일하다. 하지만 학습부진아를 위한 필수 어휘집을 만들어서 여기에 포함된 단어의 의미를 암기하게 할 경우에는 다음과 같은 문제가 발생한다.

첫째, 암기한 단어의 활용도가 낮다. 어휘 지도의 궁극적인 목적은 단어의 의미를 아는 수준을 넘어 여러 단어가 모여서 구성된 문장과 문단, 나아가 텍스트 전체를 이해하는 것이다. 같은 단어일지라도 글의 맥락에 따라 의미가 조금씩 달라질 수 있기 때문에 단어의 의미는 글의 전체적인 맥락 속에서 이해되어야만 한다. 맥락과 별개로 단어의 뜻을 암기할 경우 작문에도 제약을 받게 된다. 개별 영어 단어의 의미는 알지만, 막상 그 단어를 사용하여 영어 문장을 만들어 내지 못하는 것은 맥락과 별개로 단어의 의미를 암기할 경우 발생할 수 있는 부작용이다.

둘째, 단어의 의미를 오래 기억하기 어렵다. 어떤 것을 오랫동안 기억하려면 기억하고자 하는 정보 간에 연관성이 있어야 하며, 새로운 정보가 학생이 이미 형성하고 있는 인지체계와 연결될 수 있어야 한다. 필수 어휘집에 포함된 단어들의 경우 '글'이라는 맥락이 없기 때문에 서로 간에 연관성이 떨어지고 기억 속에 오래 유지되지 못한다. 그러한 점에서 학습부진아에게 어휘 지도를 할 때에는 이들이 읽고 있는 텍스트 속에서 어휘를 선택하고 지도하는 것이 바람직하다. 또한 한번에 학습해야 할 단어의 수를 3~4개로 제한함으로써 기억에 수반되는 인지적 부담이 과도하지 않도록 하는 게 좋다.

단어의 시각적 형태와 의미, 발음에 대한 기억이 공고화되면 해당 단어가 새로운 텍스트 속에 등장할 때 빠른 속도로 읽게 된다. 즉, 기억 속에 공고화되어 형태, 의미, 발음이 자동적으로 인출되는 단어들인 일견단어가 된다. 일견어휘의 폭이 클수록 읽기 유창성과 독해력은 향상된다. 일견단어의 폭을 확장하려면 이미 학습한 단어에 대한 반복연습이 필요하다. 습득한 단어의 반복연습에 효과적인 방법 중 하나가 '일정시간 지연(constant time delay)전략'이다(Hughes & Fredrick, 2006).

---

### 일정시간 지연전략을 통한 어휘 지도 방법

◆ 준비물: 연습해야 할 단어가 적힌 명함 크기(9×5cm)의 카드 묶음
◆ 준비 상태: 단어카드 묶음을 가진 교사와 학생이 마주보고 앉음

1. 교사가 카드 한 장을 제시하면, 학생은 단어카드에 적힌 단어를 소리 내어 읽는다. 이때 학생의 반응에 따라 적절한 피드백을 제시한다.
   - 학생이 잘 읽어내면, "잘했어."라고 격려하고 다음 카드로 넘어간다.
   - 학생이 천천히 더듬대며 읽으면, "잘했어."라고 격려하고, 교사가 한 차례 시범을 보인 후 학생이 따라 읽게 한다.
   - 만약 읽지 못하면 3~5초 정도 기다렸다가 학생에게 읽어 주고 따라 읽게 한다.
2. 다음 카드로 넘어가고 이와 같이 피드백을 제공한다.
3. 필요할 경우, 학생의 발달 정도를 기록한다.

학생이 단어를 잘 읽을 수 있으면 일정 시간 지연전략을 활용하여 단어의 뜻을 습득하도록 지도한다. 이때 단어카드의 앞면에는 단어를, 뒷면에는 단어의 뜻을 간단히 적는다. 학생에게 제시된 단어를 소리 내어 읽은 후 뜻을 간단히 말하게 한다. 정반응을 보이면 칭찬해 주고 다음 카드로 넘어가고, 오반응을 보일 경우 3∼5초 정도 기다렸다가 단어의 뜻을 말해 준 후 다음 단어로 넘어간다.

학생이 일정 시간 지연전략에 익숙해지면 교사의 도움 없이 혼자서도 연습할 수 있도록 지도한다. 단어가 쓰인 부분이 위로 가게 단어카드를 쌓아 둔다. 학생은 단어의 뜻을 알면 자신에게 말로 설명한 후 카드를 뒤집어 자신의 설명이 맞는지를 확인하고, 단어의 뜻을 모를 경우에는 3∼5초 후 카드를 뒤집어서 단어의 뜻을 재학습한다. 이때 교사는 학생이 몇 회 정도 연습했는지를 점검한 후 칭찬한다.

일정 시간 지연전략의 가장 큰 장점은 한 회 실시하는 시간이 매우 짧다는 것이다. 대체로 5분 내외면 1회 실행이 가능하기 때문에 아침 자습시간, 쉬는 시간, 점심시간과 같은 자투리 시간에도 활용 가능하다. 특히 학생 혼자서 수행할 수 있다면 가정으로 돌아간 후에도 수시로 연습할 수 있도록 격려하고 지도하면 효과를 극대화할 수 있다.

이러한 개별지도를 통해서도 어휘력을 확장할 수 있으나,

사실 어휘력을 확장하는 가장 확실한 방법은 책을 많이 읽는 것이다. 초기 문해력을 형성하지 못한 학생은 책 읽기에 어려움을 보이기 때문에 읽기경험이 적으며, 결과적으로 어휘력이 낮아지는 악순환의 고리에 빠진다. 학년의 변화에 비례하여 교과서에 등장하는 어휘의 수준이 높아지는데, 읽기부진아는 어휘력이 낮아서 텍스트 이해에 어려움을 보이게 된다. 초등학교 저학년 시기의 읽기부진 문제를 해결하는 것이 중요한 이유가 바로 여기에 있다.

## 6. 학습전략 지도

학습부진아를 직접 지도하거나 학습부진아를 지도하는 교사를 상담하며 깨닫게 된 사실 하나는 거의 대부분의 학습부진아가 학습전략을 갖고 있지 않거나, 갖고 있다고 해도 잘못 사용한다는 것이다. 학습부진아는 교사가 예상하는 것보다 훨씬 심각한 정도로 활용 가능한 학습전략을 갖고 있지 않기 때문에 학습전략 가르치기는 학습부진아 지도의 핵심 영역으로 다루어져야 한다(Klingner, Vaughn, & Boardman, 2015; Montague & Jitendra, 2018).

다음은 학습전략 가르치기를 통해 학습부진아의 수학 성적이 향상된 실제 사례이다.

중학교 2학년인 철수(가명)는 공부와 담을 쌓은 전형적인 학습부진아였다. 철수의 담임인 김 교사(가명)는 평소 학습부진아 지도에 대해 사명감을 갖고 있었다. 철수의 학습부진 문제를 해결하기 위해선 무엇보다 관계 형성이 중요하다고 판단한 김 교사는 철수에게 진심으로 다가섰으며, 마침내 철수의 마음을 여는 데 성공했다. 철수는 다른 과목은 몰라도 김 교사가 가르치는 수학만큼은 열심히 공부했고 그 결과 바닥 수준이었던 수학 실력이 조금씩 향상되기 시작했다. 2학기에 접어들었을 때 수학의 몇몇 단원에서는 또래의 평균 수준에까지 도달하였다.

그런데 철수의 수학 시험 점수는 수업시간에 철수가 보이는 수학능력과는 달리 매우 낮았다. 김 교사는 철수가 틀린 문제를 다시 풀어 보게 하였는데, 김 교사의 도움 없이도 대부분의 문제를 스스로 해결하는 모습을 보며 철수의 저조한 수학 점수가 더 이해되지 않았다. 철수는 김 교사와 일대일로 공부할 때에는 수학 문제를 곧잘 풀지만 시험만 보면 결과가 좋지 않았다. 특히 문장제에서 실수가 잦았다. 자신의 노력에 비해 공부의 결과가 신통치 않자 철수의 학습 의욕도 서서히 저하되어 가고 있었다. 김 교사는 결국 필자에게 상담을 의뢰하였다.

필자: 학생이 문장제를 두 번씩 읽고 풀게 해 보면 어떨까요?

김 교사: 두 번이 아니라 세 번, 네 번도 읽게 했는데 그래도

안 됩니다. 실수가 줄지를 않아요.

필자: 그래요? 김 선생님의 학생이 실수한 문장제를 하나만 보여 주시겠어요?

김 교사: 여기 있습니다.

필자: 그럼 제가 두 번 읽겠습니다. (대충 두 번 읽음) 자, 두 번 다 읽었습니다.

김 교사: 아니, 그렇게 읽으면 수학 문제를 어떻게 풉니까? 더 꼼꼼하게, 필요하다면 중요한 것에 체크도 해 가면서 읽어야지요.

필자: 그렇지요? 선생님께서 철수에게 문제를 두 번 읽으라고 하셨을 때 이런 식의 읽기를 기대하시지는 않았을 거예요. 그렇다면 선생님께서 철수에게 두 번 문제를 읽으라고 하셨을 때 선생님은 철수가 문제를 읽으면서 무엇을 하기를 기대하셨는지 한번 생각해 보시고 적어 보시겠어요?

김 교사는 철수에게 기대하는 대여섯 가지를 적었다. 필자는 김 교사에게 그 대여섯 가지를 하나하나 철수에게 지도해 보라고 조언하였다. 그리고 얼마 후 김 교사로부터 철수가 몰라보게 좋아지고 있다는 연락을 받았다. 이 일을 계기로 김 교사는 자신이 얼마나 학생의 입장에서 생각하지 못하였는지를 반성하게 되었고, 아울러 학습부진아 지도에 대한 자신감 또한 갖게 되었다.

학습부진아에게 학습전략을 가르치는 것은 쉽지 않다. 학습부진아는 학습전략을 사용해 본 적이 거의 없기 때문에 학습전략의 의미와 필요성을 잘 깨닫지 못한다. 따라서 교사는 다양한 학습전략을 한꺼번에 가르치기보다는 쉽고 단순한 학습전략 한두 가지를 선정하여 학생이 이를 숙달하도록 지도하는 것이 좋다. 새로운 학습전략을 습득하고 이를 활용하여 문제를 해결하는 경험을 통해 학습부진아는 학습전략의 의미와 효과를 깨닫고 유사한 상황에서 학습전략을 활용해 봄으로써 성공경험을 쌓아 가게 된다. 이러한 성공경험은 학습부진아가 이후 다른 학습전략 습득에 대한 동기 수준을 높여 주는 역할을 하게 된다.

학습부진아에게 우선적으로 필요한 학습전략은 범교과적이어야 한다. 범교과적 학습전략이란 어느 한 교과에만 국한된 것이 아닌 교과와 상관없이 공통적으로 활용할 수 있는 학습전략을 말한다. 범교과적 학습전략은 모든 교과에서 두루 활용될 수 있기 때문에 파급효과가 크다. 대표적인 범교과적 학습전략은 학습자원 관리 전략, 독해전략, 노트필기 전략, 기억전략, 학습불안 관리 전략 등이다.

## 1) 학습자원 관리 전략

학습부진아는 자신이 가지고 있는 학습자원을 적절하게 관리하지 못하는 경우가 허다하다. 학습자원을 잘 활용하여 공부를 잘하는 또래들을 부러워하면서도 자신에게도 잘만 활용하면

자신의 삶을 근본적으로 바꿀 수 있는 소중한 학습자원이 있다
는 사실을 인식하지 못한다. 이러한 점 때문에 학습부진아에게
학습자원 관리 전략을 지도할 경우에는 우선 그들 자신이 소유
한 학습자원이 무엇인지 탐색하고 각 자원의 효용성을 인식하는
데 초점을 두어야 하며, 그 이후에 학습자원 활용방법을 가르쳐
야 한다. 시간은 모든 학생이 관리해야 할 대표적이고 핵심적인
학습자원이며, 특히 학습부진아는 시간관리에 실패하는 경우가
많기 때문에 이에 대한 명시적인 지도가 필요하다.

### (1) 시간관리 전략

오늘날 우리나라 상황에서 공부할 시간이 없어 학습부진아
가 되는 경우는 거의 없다. 주어진 시간을 잘 관리하지 못하여
학습결손이 발생하고 그로 인해 학습부진아가 되는 경우가 대
부분이다. 최근 맞벌이 가정이 늘어나면서 학교 수업을 마친 학
생을 돌봐줄 사람이 집에 없어서 여러 개의 학원을 전전하거나
학교에서 제공하는 방과 후 수업에 참여하는 학생이 많이 늘었
다. 학원이나 방과 후 수업에 참여하지 않는 학생 중에서 부모가
귀가할 때까지 집에서 혼자 시간을 보내는 경우도 드물지 않다.
이처럼 부모의 적절한 돌봄을 받지 못한 채 집에서 많은 시간을
보내야 하는 학생은 혼자서 시간을 효율적이고 가치 있게 활용
하기가 거의 불가능하다. 특히 학습부진아의 경우 스스로 공부
하는 습관이 형성되어 있지 않다 보니 대부분의 시간을 게임이
나 TV 시청 등으로 허비하게 된다. 이렇게 시간을 관리하는 습

관을 형성하지 못하고 시간 낭비 패턴이 고착화되면 학습발달에 부정적인 영향을 끼치게 된다.

　시간관리는 오랜 시간을 두고 형성되어 온 생활습관이므로 단기간의 교육을 통해서 습득하기는 어렵다. 대부분의 학습부진아는 어렸을 때부터 시간관리 습관을 제대로 형성하지 못하였기 때문에 이들에게 시간관리 전략을 명시적으로 가르쳐서 생활습관으로 공고화시켜야 한다. 시간관리 능력이 향상되면 낭비되는 시간은 자연스럽게 줄어들며 학습에 투입될 수 있는 시간이 늘어나서 학습능력이 향상될 가능성이 높아진다 (Stoeger & Ziegler, 2008). 학습부진아에 대한 시간관리 전략의 지도는 대체로 다음과 같은 과정을 거치게 된다(Zimmerman, Bonner, & Kovach,1996).

### ① 1단계: 시간관리의 실태 파악
- 시간 및 시간관리에 대한 인식 파악하기
- 시간 활용의 실태 파악하기: 현재 시간을 어떻게 사용하고 있는지를 점검한다.

### ② 2단계: 시간관리의 중요성 인식
- 시간의 개념과 공평성 이해하기: 시간의 개념을 이해하고 모든 인간은 공평하게 동일한 시간 자원을 가지고 있음을 인식시킨다.
- 시간 및 시간관리의 중요성 알기: 시간이 얼마나 소중하

고 가치 있는 자원인지 인식하고, 시간관리를 통해 얻을
수 있는 이점들을 파악하게 한다.

• 반성 및 다짐: 현재 부적절한 시간관리에 대해 반성하고
시간관리를 잘하기 위해 노력할 것을 다짐하게 한다.

### ③ 3단계: 짧은 시간계획 세우기

• 일 목록 만들기: 짧은 시간 동안(예: 방과 후 시간, 저녁시간,
하루 등)에 해야 할 일의 목록을 만든다.

• 우선순위 정하기: 목록에 작성한 일 처리의 우선순위를
정한다. 우선순위를 정하는 효과적인 방법은 아이젠하
워의 우선순위 매트릭스를 사용하는 것이다. 이 방법은
[그림 4-3]과 같이 일의 '긴급도'와 '중요도'를 중심으로
4개의 블록을 만들어 일을 배치하는 것이다. 가장 먼저
처리해야 할 일은 긴급하고 중요한 일이며, 그다음으로
는 긴급하진 않지만 중요한 일, 긴급하지만 중요하지 않
은 일, 긴급하지도 않고 중요하지도 않은 일 순서로 일처
리의 우선순위가 정해진다. 학습부진아의 경우 '긴급하
지만 중요하지 않은 일'에 시간을 낭비하느라(예: PC방에
서 친구와 모임 등) 정작 긴급하고 중요한 일, 긴급하진 않
지만 중요한 일을 하는 데 필요한 시간을 확보하지 못하
는 경향이 있다. 긴급하지만 중요하지 않은 일은 대개 학
습부진아가 즐거움을 느끼는 것들이기 때문에 이를 단번
에 없애려고 하기보다는 긴급하고 중요한 일이나 긴급하

진 않지만 중요한 일을 먼저 처리한 후에 그에 대한 보상
으로 제공하는 것이 좋다.

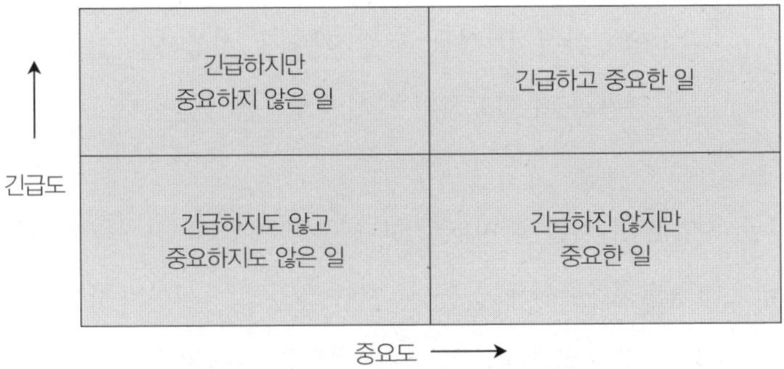

| 긴급하지만<br>중요하지 않은 일 | 긴급하고 중요한 일 |
|---|---|
| 긴급하지도 않고<br>중요하지도 않은 일 | 긴급하진 않지만<br>중요한 일 |

긴급도 ↑

중요도 →

••••• **그림 4-3** ● **아이젠하워 우선순위 매트릭스**

출처: Galda (2010).

### ④ 4단계: 시간계획 실천 및 평가

• 시간계획 실행과 결과 기록: 시간계획을 실행해 보고 그
  결과를 기록하도록 지도한다.

• 결과에 대한 평가 및 성찰: 기록한 결과에 대해 평가하고
  잘한 점과 잘못한 점에 대해 논의한다. 시간계획을 제대
  로 실행하지 못하였다면 왜 그랬는지, 시간계획을 실행
  하는 데 방해가 된 요인은 무엇인지 반성해 본다.

• 시간계획 조정하기: 성찰한 결과를 바탕으로 시간계획을
  조정한다.

### ⑤ 5단계: 중기·장기 시간계획 세우기

* 주별·월별 시간계획 세우기: 짧은 시간계획 세우기와 동일한 방법으로 시간계획을 세워 본다.
* 계획의 실천 및 성찰·조정: 계획을 실행하고 실행 결과를 성찰하고, 필요하다면 시간계획을 수정한다.

시간관리 전략을 지도할 때 처음부터 너무 긴 시간계획을 세우지 않도록 주의해야 한다. 학습부진아는 시간관리를 제대로 해 본 경험이 없기 때문에 시간 단위가 길어지게 되면 계획을 성공적으로 실천하기 어렵다. 따라서 '방과 후부터 저녁식사 때까지' '저녁식사 후 잠자리에 들 때까지' 등 중간에 끊어지지 않는 하나의 시간 단락을 활용하여 시간관리를 연습시키는 것이 효과적이다. 또한 초반에는 시간계획의 실천 정도에 상응하는 보상을 제공해 줌으로써 시간관리에 대한 동기를 지속시켜 나가는 것이 중요하다.

### (2) 학습환경 관리 전략

교사나 부모가 아무리 양질의 학습환경을 구성해 준다고 하더라도 이를 학습에 가장 유리한 형태로 재구성하는 것은 학생 자신의 과업이다. 교사는 학교라는 제한된 범위 내에서만 학습환경을 제공할 수 있고, 부모는 가정이라는 범위 내에서만 학습환경을 제공할 수 있기 때문에 학교와 가정 사이를 오가는 학생은 결국 자신에게 가장 적절한 학습환경을 스스로 구성할 수 있어야 한다. 가정에서 보호자가 제공해 주는 학습환경은 학교와는 달리 부모의 사회경제적 지위나 가정의 문화적 풍토에 영향을 많이 받기 때문에 학생이 스스로 자신에게 맞는 학습환경을 구성하고 관리하는 능력의 필요성은 갈수록 증가하고 있다.

학습부진아는 대체로 학습경험의 절대량이 적기 때문에 학습환경을 관리해 본 경험이 부족하다. 학습경험 부족으로 인해 학습환경 관리능력이 낮고 그 결과 학습능력이 떨어지기 때문에 최대한 학습을 회피하게 되는 악순환의 고리에서 좀처럼 빠져나오기 어렵다. 학습환경 관리능력을 향상시키기 위해서는 무엇보다 '어느 환경에서 가장 학습이 잘되는지'를 성찰해야 하는데, 이러한 성찰을 하기 위해서는 다양한 환경에서 공부하고 그 결과를 스스로 평가해 볼 수 있어야 한다. 학습부진아는 학습환경에 관한 성찰을 해 볼 기회가 제한적이기 때문에 교사는 학습부진아가 '다양한 환경에서 학습할 기회'와 '학습 결과에 대한 성찰의 기회'를 동시에 가질 수 있도록 안내해 주어야 한다. 학습부진아에게 학습환경 관리 전략을 지도할 때 고려해야 할 핵심 사항은 다음과 같다(이화진, 부재율, 서동엽, 송현정, 1999; Cleveland & Fisher, 2014).

① **공간**
- 소리: 외부 소음의 크기가 어느 정도일 때가 공부하기에 가장 적절한지 점검한다. 소음의 유형(예: 백색소음, 음악 등)과 수준(예: 크기, 음색 등)을 확인한다.

- 조명: 대체로 자연광과 가까운 빛일수록 눈의 피로도가 낮다. 하지만 너무 밝은 조명에서는 산만해지는 경우가 있으므로 조도, 색깔 등을 점검하여 공부하기 가장 적합한 상태를 찾아본다. 너무 어두울 경우 시력이 나빠질 수 있다는 사실도 유념해야 한다.
- 온도: 약간 서늘할수록 공부하기 좋다고 알려져 있으나 학생에 따라 적정한 온도는 다를 수 있으므로 학생에 맞는 적정 온도를 찾아낸다.

### ② 자세

학생이 공부하는 자세가 적절한지 점검하고 공부에 적합한 자세를 가르친다. 허리가 바르지 못한 상태에서 장시간 앉아 있는 경우(예: PC방 등) 허리나 골반이 뒤틀려 있는 경우도 있기 때문에 현재 학생의 자세를 잘 점검할 필요가 있다. 앉아서 공부할 때보다 서서 공부할 때 더 학습 능률이 더 높은 경우도 있기 때문에 필요하다면 서서 공부할 수 있도록 허용하는 것도 고려해야 한다. 특히 ADHD 성향을 보이는 학생은 가만히 앉아 있는 것보다 몸을 움직일 때 학습 능률이 더 높은 경우도 있기 때문에 한자리에 앉아서 공부하는 것만을 강요하지 않도록 하며, 공부하는 위치를 여러 곳에 마련해 주는 것도 고려해야 한다.

### ③ 학습도구

- 책걸상: 어떤 형태의 책상과 의자에서 공부가 잘되는지

점검한다. 특히 책상의 높이와 의자의 형태는 학생의 자세에 매우 큰 영향을 미치기 때문에 학생에게 알맞은 책상 높이와 의자 형태를 선택할 수 있도록 한다.

- 기타 학습도구(예: 독서대, 화이트보드 등): 독서대를 사용하면 바른 자세를 유지하는 데 효과적이다. 또한 ADHD 성향을 가진 학생의 경우에는 자리에서 일어나 화이트보드에 쓰면서 공부하는 것이 매우 효과적이다. 상황에 따라 적절히 활용할 수 있는 학습도구를 확보하도록 한다.

### ④ 정리정돈

- 방해 요소의 제거: 공부를 방해할 수 있는 요소들을 사전에 제거한다. 예를 들어, 공부하기 전에 휴대폰의 전원을 미리 꺼 두거나 무음으로 맞추어 두고 다른 장소에 옮겨 놓도록 한다.
- 필요한 자료 확보하기: 공부를 할 때 필요한 학습자료들을 미리 확보해 두지 않으면 이를 찾기 위해 자리를 이동하게 되어 결과적으로 공부의 흐름이 끊어지게 된다. 여벌의 필기도구, 공책, 참고서 등과 같이 학습에 필요한 자료들을 미리 점검하고 확보해 둠으로써 학습의 흐름이 끊어지지 않게 한다.
- 청결과 정리: 공부해야 할 장소를 청결하게 만들고 정리정돈하는 것을 지도한다. 이때 지나치게 깔끔하거나 보기 좋게 정리정돈하는 것이 목표가 되어서는 안 된다. 또

한 청결과 정리를 위해 투입되는 시간이 길어도 좋지 않
다. 학습부진아가 짧은 시간 동안 치우고 정리하면서 공
부하기에 방해가 되지 않는 수준의 청결과 정리 수준이
면 충분하다.

• 정리 박스 활용: 학습부진아는 정리하는 데 시간을 너무
많이 소모하여 공부를 시작하는 시간이 지체되는 경우가
많다. 이때 사용할 수 있는 유용한 도구가 '정리 박스'이
다. 정리 박스로는 적당한 크기의 빈상자면 충분하다. 책
상 위에 있는 물건들 중에서 공부에 필요한 것을 제외하
고 전부 정리 박스에 담는다. 물건을 따로 분류하지 않고
박스에 그냥 옮기면 되므로 정리 시간이 많이 줄어든다.
정리 박스에 담긴 물건의 분류와 정리는 공부를 마친 후
하도록 지도한다.

학습환경 관리 전략을 지도할 경우 학생 스스로 어떠한 환
경에서 가장 학습이 잘되는지 성찰할 수 있는 기회를 제공하는
것이 중요하다. 학습환경 관리 전략을 지도하는 초기에는 교사
가 학습부진아와 함께 공부하며, 함께 각각의 학습환경에 대해
평가하는 것이 필요하다. 이러한 과정을 통해 학습환경을 평가
하는 것에 충분히 익숙해지면 학습부진아 스스로 자신의 학습환
경을 점검할 수 있도록 지도한다. 시간관리와 마찬가지로 초반
에는 전략의 실천 정도에 따라 적절한 보상을 제공해 줌으로써
학습환경 관리에 대한 지속적인 동기를 부여해 주는 것이 좋다.

## 2) 독해전략

초기 문해력은 학습을 위한 필수 요건이긴 하나 초기 문해력을 습득하는 것만으로는 학업을 원활히 수행하기 어려우며 적정 수준의 독해력을 갖추었을 때라야 학습을 위한 충분조건이 마련되었다고 볼 수 있다. 수학이나 사회 교과 등에서의 성적 부진으로 인해 교과 학습부진으로 진단된 상당수 학생의 경우 학습부진의 근본적인 원인이 낮은 독해력에 있다고 해도 과언이 아니다. 수학을 예로 들면, 수 개념이나 연산능력을 충분히 갖추었음에도 불구하고 수학 교과의 텍스트를 이해할 수 없어서 수학 학습부진으로 판별받는 학생이 의외로 많다. 글을 읽을 수 있으면 의미 이해는 당연한 결과라는 잘못된 생각으로 인해 그동안 독해전략을 별도로 가르치는 것에 대해 소홀하였다. 하지만 독해전략에 대한 명시적인 지도는 국어뿐만 아니라 수학, 사회 교과와 같은 영역의 학업성취에 긍정적인 영향을 미친다.

학습부진아에게 지도하는 대표적인 독해전략으로 SQ3R이 있다. SQ3R은 Survey(훑어보기), Question(질문하기), Read(질문에 대한 답을 생각하며 읽기), Recite(중요 내용 암기하기), Review(재검토하기)로 구성된 독해전략이다(Baier, 2011). 그런데 학교 현장에서 직접 학습부진아에게 SQ3R을 적용해 본 교사 중에서 이 전략의 효과에 대해 부정적인 반응을 보이는 경우가 의외로 많다. 뿐만 아니라 SQ3R이 학습부진아의 독해력 향상에 효과가 있는지에 대해서 의문을 제기하는 연구자도 제법 많다(Huber, 2004).

    SQ3R의 효과에 대해 의문을 갖게 되는 가장 큰 이유는 학
습부진아가 SQ3R을 습득하는 것이 결코 쉽지 않기 때문이다. 독
해전략 자체에는 문제가 없더라도 이를 제대로 습득하고 활용
하지 못하면 전략의 효과를 기대하기 어렵다. 엄밀히 말하자면,
SQ3R은 총 5개의 독해전략이 합쳐진 다중 독해전략이다. SQ3R
을 제대로 활용하기 위해서는 훑어보기 – 질문하기 – 질문에 대
한 답을 생각하며 읽기 – 풀이과정 암기하기 – 재검토하기를 각
각 하나의 독해전략으로 완전하게 습득해야 하며, 최종적으로는
이 다섯 개의 전략을 총체적으로 활용할 수 있어야 한다.

    SQ3R의 다섯 가지 전략을 한번에 모두 지도하게 될 경우
이를 통합하여 효과적인 독해전략으로 활용할 만큼의 숙달도에
도달하기 어렵다. 특히 학습전략을 사용해 본 경험이 별로 없는
학습부진아에게 SQ3R은 매우 도전적인 과제가 될 수밖에 없다.
SQ3R에 포함된 다섯 개의 전략들은 개별적으로도 매우 효과적
인 독해전략이며 여러 가지 하위 요소를 포함하고 있다. 예를 들
어, '훑어보기' 전략은 '제목 읽기' '이미 알고 있는 것 떠올려 보기'
'예측하기'를 포함한다. 훑어보기 하나만 잘 가르쳐도 학습부진
아의 독해능력이 많이 향상된다.

    또한 SQ3R은 기본적으로 설명하는 글(expository text)의 이
해에 특화된 학습전략이다(Huber, 2004). 이야기글에 SQ3R의 모
든 전략을 적용하게 되면 오히려 혼동을 유발하여 독해에 역효
과를 초래할 수 있기 때문에 SQ3R 중 필요한 전략만을 부분적으
로 사용하는 것이 더 좋다. 학습부진아에게 SQ3R을 지도할 경

우에는 SQ3R의 각 단계에서 강조하는 핵심적인 활동만을 수행하도록 가르치는 것이 좋다. 다음은 SQ3R의 각 단계에서 이루어지는 핵심 활동들을 추출하여 학습부진아에게 맞도록 재구성한 것이다.

### (1) 훑어보기와 예측하기

'훑어보기'란 본격적으로 글을 읽기 전에 전체적인 내용을 살펴보는 것을 말한다. 글의 제목과 소제목, 목차 등을 살펴보거나, 텍스트의 중간중간에 등장하는 문장을 읽거나 그림을 보고 내용을 짐작하는 활동이다. 훑어보기는 본격적으로 글을 읽기 전에 읽어야 할 텍스트와 관련된 선행지식을 활성화함으로써 독해를 촉진하기 위한 목적을 띠고 있다.

훑어보기를 보다 적극적으로 수행하기 위한 전략으로 '예측하기'가 있다. 예측하기는 책의 일부를 훑어보고 다음에 이어질 내용이 무엇일지, 책의 전체 내용은 무엇일지를 예측해 보는 것이다. 예측의 정확성을 높이기 위해서는 관련 선행지식을 떠올리며 텍스트의 내용과 연결시켜야 하므로 읽는 내용을 더 잘 기억하게 되고 독해의 효율성이 높아진다. 예측하기는 훑어보는 단계에서뿐만 아니라 이후 텍스트를 읽어 가는 과정에서도 수시로 활용할 수 있는 효과적인 전략이다.

### (2) 질문하기

'질문하기'란 텍스트 내용과 관련하여 스스로에게 질문을 던지는 것이다. 학생은 텍스트를 읽기 전, 읽는 중, 읽은 후에 질문하기 전략을 활용할 수 있다. 질문의 수준은 읽은 내용을 단순히 기억하는 것만으로도 대답할 수 있는 사실 확인 질문에서부터 관련 배경지식을 활용하여 추론을 해야만 대답할 수 있는 심층적인 수준까지 다양할 수 있다.

질문을 만들려면 텍스트에서 무엇이 중요한 내용인지를 판단해야 하며, 자신이 던진 질문에 답하는 과정에서는 글의 내용을 파악하기 위해 다시 읽기를 시도하기 때문에 독해가 촉진된다. 나아가, 스스로 질문하고 대답하는 과정을 통해 흥미와 성취감을 느끼게 되어 읽기에 대한 동기가 향상된다.

그렇지만 질문하기는 학습부진아가 습득하기에 결코 쉽지 않은 전략이다. 스스로에게 질문을 한다는 것에 대한 이해가 부족하며, 질문을 만드는 방법을 잘 모른다. 질문하기를 지도할 때에는 학습부진아 혼자서 질문을 만들도록 내버려두는 것이 아니라 교사가 질문 만들기와 질문에 답하기를 시범 보이고, 차츰 교사의 안내를 통해 학생 스스로 질문을 만들고 질문에 답하도록 유도해야 한다.

### (3) 점검하며 읽기

'점검하며 읽기'란 현재 읽고 있는 텍스트의 내용을 잘 이해하고 있는지 스스로 점검하며 읽는 것이다. 자신이 만든 질문에 대한 답을 찾으며 읽는 것 또한 점검하며 읽기의 일종이다. 텍스트는 문장과 문장, 문단과 문단이 전체적인 맥락 속에서 서로 유기적으로 연결되어 구성되어 있다. 한 문장의 의미를 파악하기 위해서는 앞에 등장한 문장들의 의미와 관련지어 가며 읽어야 한다. 독해를 잘한다는 것은 문장 하나하나를 글의 전체 맥락과 연관시키며 끊임없는 재구성의 과정을 거친다는 것을 의미한다.

학습부진아 중에는 텍스트를 유창하게 읽고 난 다음 텍스트 내용에 대한 질문에 전혀 답을 하지 못해 교사를 혼란스럽게 만드는 경우가 종종 있다. 이러한 현상은 텍스트 속 문장의 의미나 문단의 핵심 내용을 점검하지 않고 그냥 넘어가면서 읽을 경우에 흔히 나타난다. 글의 내용을 점검하며 읽기 위해서는 읽기 속도를 조절함과 동시에 적절한 시점에 멈출 수 있어야 한다. 문장과 문장, 문단과 문단의 관련성을 파악하면서 글의 의미를 재구성하기 위해서는 사고의 과정이 필요한데 읽기 속도가 지나치게 빠를 경우 사고의 속도가 읽기 속도를 따르지 못하게 된다. 읽기능력이 완성된 성인이나 읽기능력이 뛰어난 학생도 글을 읽다가 내용이 이해되지 않으면 중간에 멈추고 이미 읽었던 부분으로 다시 돌아가 읽는 경우를 종종 볼 수 있다. 이러한 멈춤 동작은 텍스트를 읽으며 의미를 재구성하고 있다는 표식으로 적극적으로 권장되어야 한다. 학습부진아 중 일부는 자신이 잘 읽는다는 것을 보여 주기 위해 빠른 속도로 읽는 것에 집중하느라 글의 의미를 파악하는 데 소홀한 경우가 있다. 이런 경우에는 잘 읽는다는 것의 바른 의미를 일깨워 주어야 한다.

텍스트가 길 경우에는 읽는 중간중간 읽은 내용을 간단하게 메모하도록 지도하는 것이 좋다. 간단한 메모를 하면 글의 내용에 대한 전체적인 맥락을 잡는 데에도 도움이 된다. 현재 읽고 있는 내용이 잘 이해되지 않거나, 맥락을 놓쳤을 때 학습부진아가 쓸 수 있는 방법은 다음과 같다.

- 천천히 다시 읽기: 문장과 문단의 의미를 생각하며 천천히 다시 읽어 본다.
- 메모 다시 읽기: 맥락을 메모해 놓았던 메모를 다시 읽어 본다.
- 사전 찾기: 어려운 단어로 인해 지금 읽고 있는 문장이 이해되지 않으면 사전을 찾아본다.
- 도움 요청하기: 교사나 친구에게 이해가 되지 않는 부분에 대해 물어본다.

### (4) 재검토하기, 요약하기

'재검토하기'란 말 그대로 다 읽고 난 후에 읽은 내용을 다시 한번 검토하고 정리하는 전략을 의미한다. 글의 전체적인 내용을 정확하게 파악하기 위해서는 텍스트를 구성하는 구절, 문장, 문단에 대한 명료한 이해가 필수적이다. 읽기능력이 떨어지

는 학습부진아의 경우 자신이 읽은 내용 중 어떤 부분이 잘 이해
가 되고 또 어떤 부분이 그렇지 않은지에 대한 인식이 낮기 때문
에 다 읽고 난 후에도 전체 내용을 제대로 파악하지 못한다.

　재검토하기 전략은 학생이 읽은 내용을 되새김하도록 만듦
으로써 글의 각 부분을 보다 명료하게 이해하도록 도움을 준다.
학습부진아가 재검토 전략을 활용하도록 지도할 때에는 앞서
언급한 질문하기 전략과 연결 짓는 것이 효과적이다. 질문하기
전략을 통해 학생이 스스로에게 던진 질문에 대해 재검토 과정
을 통해 답을 하도록 지도하고, 그 답이 적절했는지 파악함으로
써 세부 내용을 제대로 파악하였는지 점검한다. 재검토 결과 질
문에 대한 답을 제대로 하지 못하였다거나 내용 파악이 되지 않
았다는 것이 밝혀지면 관련 부분을 다시 읽도록 지도한다. 이렇
게 충분한 재검토가 끝나면 최종적으로 읽은 내용을 자신의 말
로 정리하도록 지도한다.

　읽은 내용을 정리하는 데 있어 유용하게 활용할 수 있는 전
략이 '요약하기'이다. 요약하기란 전체 글을 주제 중심으로 간략
하게 정리하는 전략이다. 요약하기 전략은 학습부진아로 하여금
글의 어떤 내용이 중요한지 생각하도록 만들어 이해 정도를 심
화시켜 줄 뿐만 아니라, 중요 내용 간의 연결을 통해 글의 전체적
인 맥락을 파악하는 데도 도움을 준다. 또한 이렇게 요약된 내용
은 일종의 구조화 과정을 거침으로써 기억하기도 용이해진다.

　학습부진아에게 요약하기 전략을 활용하도록 지도하는 것
은 일반 학생보다 더 어렵기 때문에 체계적·명시적 지도가 필요

하다. 요약하기 전략은 대체로 다음 단계를 거쳐 지도하는 것이
바람직하다.

- 지문의 주제 또는 핵심어를 찾는 것이다. 현재 읽고 있는
  지문이 무엇에 대해 쓴 것인지, 가장 중요한 핵심어는 무
  엇인지 찾도록 지도한다.
- 주제 또는 핵심어와 직접적으로 관련된 정보를 선택한
  다. 글의 주제나 핵심어가 들어간 문장이나 구문 또는 주
  제나 핵심어와 직접적으로 관련 있는 연관어 등을 찾도록
  지도한다.
- 선택되지 않은 부가적인 문장이나 구문들은 제거하도록
  지도한다.
- 제거하고 남은 문장이나 구문들을 연결하여 정리하도록
  지도한다. 남은 문장을 자신의 언어로 재구성하도록 지
  도하고 만약 전체적인 내용 파악이 제대로 되지 않는다면
  문장이나 구문을 지나치게 많이 제거하지는 않았는지 점
  검하도록 지도한다.

요약하기는 그 자체로 '핵심어 찾기' '핵심어 관련 정보의 선
택' '중요하지 않은 정보의 제거' '자신의 언어로 재구성'과 같은
여러 하위 학습전략을 포함하고 있기 때문에 학습부진아에게 요
약하기를 가르칠 때에는 글 전체를 한꺼번에 시작하기보다는 작
은 문단 단위부터 연습하는 것이 좋다. 우선 자신이 이해하기 쉬

운 문단 단위로 지문을 짧게 끊어 중심 내용을 간단하게 요약해
보도록 지도한다. 이렇게 짧은 문단들에 대한 요약이 이루어지
면 점차 분량을 늘려 간다. 이후 요약된 내용들을 모아 전체적인
글을 정리하도록 지도하는 것이 효과적이다.

### 3) 노트필기 전략

'노트필기'는 교실 수업을 통해 학습한 내용이나 스스로 공
부한 내용을 요약하여 정리하는 것이다. 학습부진아를 지도해
본 교사는 공통적으로 이들의 노트필기가 엉망이라고 이야기한
다. 단순하게는 학생의 글씨가 엉망이라는 투덜거림부터, 노트
필기를 지도해도 잘 바뀌지 않는다는 호소까지 내용도 다양하
다. 사실 노트필기는 우리가 생각하는 것 이상으로 복잡한 과정
을 포함하기 때문에 학습부진아에게 노트필기를 가르치는 것은
쉬운 일이 아니다. 또한 교사는 자신의 학창 시절 동안 가정이나
학교에서 노트필기하는 방법을 별도로 배워 본 경험이 거의 없
기 때문에 무엇을 어떻게 가르쳐야 하는지 잘 알지 못하는 경우
가 태반이다.

학습부진아가 노트필기를 제대로 하지 못하는 데에는 다음
몇 가지 중요한 이유가 있다. 첫째, 학습내용에 대한 이해의 부
족 때문이다. 노트필기를 잘하기 위해서는 기본적으로 교실 수
업 내용이나 자습한 내용에 대한 이해가 전제되어야 한다. 노트
필기는 '이해한 내용과 학습한 내용의 정리'이기 때문이다. 학습

부진아의 경우 교실 수업 내용과 관련한 배경지식이나 어휘력이 부족하기 때문에 수업에 참여하더라도 내용을 잘 이해하지 못하고 배운 내용을 정리하는 것은 거의 불가능하다.

둘째, 노트필기에 필요한 중요한 내용이 무엇인지 구분하지 못하기 때문이다. 수업시간에 노트필기를 잘하기 위해서는 교사가 하는 말 중 필기해야 할 내용(중요한 내용)을 선별할 줄 알아야 한다. 마찬가지로, 혼자 공부할 때에도 중요한 내용을 선별적으로 기록할 수 있어야 제대로 된 필기가 가능하다. 그러나 많은 학습부진아가 현재 듣고 있는 수업과 공부하는 내용에서 무엇이 중요한 것인지, 그렇지 않은지 제대로 파악하지 못한다. 그러다 보니 교사가 칠판에 쓰는 것을 막연하게 베끼거나 자신에게 인상 깊었던 내용을 그대로 옮겨 쓰는 경우가 많다.

셋째, 학습부진아의 느린 쓰기 속도 또한 이들이 노트필기를 잘하지 못하는 이유이다. 학습부진아 중 상당수는 글씨 쓰기에 익숙하지 않다 보니 쓰는 것 자체에 너무 많은 에너지를 소모한다. 쓰기에 지나치게 많은 에너지가 소진되어 버리니 정작 내용을 파악하고 파악한 내용을 정리하는 것을 제대로 하지 못하는 것이다.

학습부진아에게 노트필기를 지도하기 위해 최근 '코넬노트(Cornell Notes)'를 활용하는 경우가 많다. 코넬노트는 공책의 한 면을 크게 4등분으로 나눈 후 맨 윗부분에는 제목을 적고 두 번째 부분에 핵심어를, 세 번째 부분에 필기를 하고, 제일 하단에 요약 및 정리를 하는 방법이다. 코넬노트 방법은 일반적인 노트

| 날짜: _____ |
| --- |

오늘 수업의 주제는? _____

오늘 수업주제에 대해 알고 있는 것 써 보기(5분 점검)

_____

_____

| 핵심어 | 수업내용 |
| --- | --- |
| 핵심어 1 | |
| 핵심어 2 | |
| 핵심어 3 | |
| 핵심어 4 | |
| 새로운 단어 | |
| 수업내용 정리 | 1.<br><br>2.<br><br>3.<br><br>4. |

•••• **그림 4-4** ● 전략적 노트필기 예시

필기 지도에 비해서는 낮지만 학습부진아에게 이 방법을 적용하였을 때 기대한 만큼의 효과가 잘 나타나지 않는다. 학습부진아의 경우 수업내용과 자신이 공부하는 내용에 대한 이해도가 낮고, 핵심어를 파악하는 능력이 부족하며, 쓰기에도 익숙하지 않기 때문에 노트필기를 지도하기가 어렵다. '전략적 노트필기'는 이러한 코넬노트를 학습부진아에게 맞도록 개량한 방법으로 [그림 4-4]는 '전략적 노트필기'의 한 양식이다(Boyle, 2012).

처음 전략적 노트필기를 지도할 때에는 학생의 수준을 고려하여 노트 내용의 일부를 교사가 미리 기록한 후 나머지 부분을 학생이 작성할 수 있도록 한다. 예를 들어, 핵심어나 새로운 단어를 미리 제시해 준다면 필기가 좀 더 용이할 수 있다. 또한 전략적 노트필기를 처음 지도할 때에는 수업내용이나 공부할 분량을 적정 수준으로 제한함으로써 필기할 내용이 너무 많지 않도록 한다. 노트필기 전략 지도의 핵심 절차는 다음과 같다.

### (1) 주제 찾기와 5분 점검

- 주제 찾기: 공부할 내용의 주제를 찾아본다. 보통 그날 공부할 내용의 주제는 교과서의 단원명 등으로 제시되는 경우가 많다. 전 수업시간에 배운 내용을 점검해 보고 오늘 배울 내용이 무엇인지 찾거나 전 수업시간의 마지막에 차시예고로 미리 고지한 내용도 주제를 찾는 데 참고한다.
- 5분 점검(사전 지식 탐색): 수업이나 공부할 주제와 관련된 사전 지식을 써 보는 연습을 한다. 학생이 관련된 사전 지

식을 갖고 있지 않을 경우 교사는 필요한 배경지식을 미리 제공해 준다. 학습에 필요한 핵심 단어의 의미를 학생이 알고 있는지 점검하고 필요할 경우 핵심 단어의 의미를 알려 주거나 의미를 찾기 위한 활동을 한다.

### (2) 수업내용 기록하기 및 핵심어 찾기

• 수업내용 기록하기: 처음에는 교사가 미리 제시한 핵심어를 중심으로 수업내용을 기록하다가 익숙해지면 학생이 수업내용을 관련된 것끼리 구분하여 정리하고 각 구획의 핵심어를 설정해 본다.

• 핵심어 찾기: 처음 노트필기를 연습할 때에는 교사가 핵심어를 미리 제시해 주는 것이 좋다. 익숙해지면 학생 스스로 수업내용을 바탕으로 핵심어를 찾도록 지도한다.

### (3) 새로운 단어 기록하기 및 수업내용 요약

• 새로운 단어 기록하기: 새롭게 배운 단어를 기록한다. 초기에는 교사가 새롭게 배울 단어를 미리 제시하는 것이 좋으며, 차츰 익숙해지면 학생이 새로운 단어를 기록하고 단어의 의미를 자신의 말로 간단하게 쓰게 한다.

• 수업내용 요약: 수업내용이나 공부한 내용을 자신의 말로 기록하도록 요구한다. 수업내용을 요약할 때에는 핵심어를 잘 활용하도록 지도한다.

　노트필기가 끝난 다음에는 잘된 점은 무엇인지, 어려운 점은 무엇인지에 대해 교사와 학생이 함께 평가의 시간을 갖도록 한다. 노트필기 전략 지도의 초기 단계에서는 교사가 미리 작성하여 학생의 부담을 줄이는 것이 좋고, 학생의 노트필기 능력이 향상됨에 따라 차츰 교사가 미리 작성하는 분량을 조금씩 줄여 나가도록 한다. 최종 단계에서는 교사의 도움 없이 학생 스스로 노트필기를 완성할 수 있도록 지도한다.

　학습부진아에게 노트필기를 지도할 때는 다음 두 가지에 대해 주의해야 한다. 첫째, 필기 지도의 목표는 '예쁘게 쓰는 것'이 아니라는 점이다. 학습부진아는 필체가 좋지 않은 경우가 많아 노트필기보다는 오히려 글씨 쓰기를 먼저 지도해야 하는 것 아니냐고 질문하는 교사가 간혹 있다. 노트필기에 필요한 글씨 쓰기 수준은 다른 사람이 학생이 쓴 글씨를 알아보는 데 문제가 없을 정도면 충분하다. 아직 글씨 쓰기가 익숙하지 않은 학습부진아에게 글씨를 잘 쓰는 것까지 주문하면 글씨 쓰기에 대한 부담으로 인해 정작 중요한 내용 파악과 정리를 소홀히 할 가능성이 있다.

　둘째, 글씨 쓰기를 할 정도로 소근육 발달이 충분히 이루어졌는지를 확인해야 한다. 글씨를 쓰기 위해서는 손의 소근육이 유기적으로 협응해야 한다. 인간의 경우 대근육이 먼저 발달하고 소근육은 나중에 발달하게 되는데, 학습부진아 중에서는 간혹 소근육 발달이 지체되는 경우가 있다. 소근육 발달이 지체된 경우 글씨 쓰기가 어렵기 때문에 노트필기에 어려움을 보일 수 있다. 글씨 쓰기를 어려워하는 학생에게는 종이접기나 작은 블록 맞추기 등 손가락 협응이 필요한 활동을 하게 하면서 소근육 발달 정도를 점검할 수 있다. 만약 손가락 협응이 필요한 활동에서도 글씨 쓰기 할 때와 같이 어려움을 보인다면 소근육 발달이 지체되고 있는 것일 수 있다. 소근육 발달의 지체로 글씨를 잘 쓰지 못한다면 글씨 쓰기의 정확도에 대해 더 관대해야 하고 인내심을 갖고 기다려 주는 것이 좋다. 연필에 끼우는 보조 도구를 사용하면 글씨 쓰기에 도움이 되는 경우도 있다.

## 4) 기억전략

'학습=기억'이라고 환원시킬 수는 없지만 학습의 상당 부분은 기억으로 설명될 수 있다. 학업성취도 평가는 기억하고 있는 지식이나 기술을 측정한다는 사실만으로도 기억이 학습에서 얼마나 중요한 부분을 차지하는지 알 수 있다. 배운 내용을 충분히 기억하지 못하면 공부를 제대로 했다고 말할 수 없기 때문에 기억전략은 매우 중요한 학습전략이다.

### (1) 기억의 원리

학습부진아에게 기억전략을 잘 지도하기 위해서는 기억에 관한 세 가지 기본원리를 잘 이해해야 한다. 첫째, 연관의 원리이다. 학습한 내용을 기억하기 위해서는 새로 학습한 내용이 기존의 지식 체계와 '연관'이 있어야 한다. 기억이란 새로운 정보의

조각을 기존 인지체계에 결합하는 것이다. 따라서 두 가지 항목
들 사이에 연관성이 높을수록 기억이 촉진된다. 새로운 내용을
기존의 지식 체계에 연결 짓기 위해서는 우선 새로운 내용들 간
의 결합 강도를 높여야 한다. 다음 숫자를 한번 살펴보자.

$$0102481632$$

만약 이 숫자 10개를 순서대로 암기해야 한다면 기억하기
도 쉽지 않을뿐더러 시간이 지난 다음 회상해 내기란 더욱 어렵
다. 하지만 이 숫자를 다음과 같이 연관시키면 어떨까?

$$010/\ 2\ 4\ 8\ 16\ 32$$

앞의 세 자리 숫자는 전화번호의 앞자리로, 뒤의 7자리 숫
자는 2에서 시작하여 두 배씩 증가하는 것으로 연관시키면 외우
기도 쉬울 뿐만 아니라 회상하기도 쉽다. 이와 같이 기억을 잘하
기 위해서는 학습한 내용을 어떻게 적절한 덩어리로 연결 지을
수 있을지 생각해야 한다.

학습부진아는 학습한 내용 간의 관련성을 찾는 것에 서툴
다. 따라서 교사는 수업내용 간에 관련성을 보여 줄 수 있는 방
법을 활용해야 하는데, 대표적인 방법이 그래픽 조직자(graphic
organizer)이다. 그래픽 조직자는 학습부진아가 학습내용을 구조
화하도록 도와줌으로써 기억을 높여 주는 역할을 한다.

새롭게 학습한 내용 간의 관련 짓기와 함께 고민해 보아야 할 것은 새로운 학습내용이 기존에 형성된 인지체계와 어떻게 관련되어 있느냐 하는 점이다. 새로 배운 내용이 기존의 지식 체계와 연결되면 더 쉽게 기억되고 회상될 수 있다. 기억해야 할 정보와 관련된 사전 지식이 풍부할수록 기억이 용이한데, 학습부진아는 새로운 정보와 연관 지을 사전 지식의 부족으로 인해 기억을 위해 더 많은 시간과 노력을 투입해야 한다. 학습부진아를 지도할 경우에는 학습할 내용과 관련하여 이들이 가지고 있는 사전 지식을 세밀하게 파악해야 하며, 사전 지식이 충분치 않다고 판단되면 필요한 배경지식을 제공해 주어야 한다. 그런데 이때 너무 많은 배경지식을 제공하게 되면 새로 학습할 내용에 교사가 제공한 지식이 추가됨으로써 오히려 기억이 저하될 수 있음을 유의해야 한다.

둘째, 반복의 원리이다. 새로운 정보를 받아들여 기억한다는 것은 결국 뇌 속에 새로운 기억을 위한 시냅스(신경세포들끼리의 연결망)가 새롭게 형성되는 것을 의미한다. 한마디로 뇌에 새로운 구조물이 추가된 것이라고 보면 된다. 뇌 신경회로망 형성과 유지는 '용불용설'의 원리를 따른다. 반복적으로 사용되는 신경회로는 강화되며, 잘 사용되지 않는 신경회로는 소멸되어 버린다(조주연, 1998; Pally, 2018). 반복학습은 한번 형성된 신경회로망을 공고화시킴으로써 학습한 내용을 장기기억 속에 오래도록 남아 있게 한다.

그렇다고 무조건적인 반복이 기억을 공고화시키는 데 효과적인 것은 아니다. 무조건적인 반복보다는 '조금씩, 자주' 하는 효율적 반복이 기억을 공고화시키는 데 훨씬 효과적이다. 예를 들어, 하루에 6시간 동안 동일한 내용을 반복하는 것보다는 매일 한 시간씩 6일 동안 반복하는 것이 훨씬 더 기억 효율을 높여준다. 5과목에 대한 시험공부를 5일 동안 한다고 할 때 하루에 한 과목씩 5시간 동안 공부하는 것보다는 매일 5과목을 한 시간씩 총 5일 동안 공부하는 것이 기억이라는 측면에서 더 효과적이다. 단기에 집중적으로 반복학습을 하는 것보다는 중장기에 걸쳐 주기적으로 반복학습을 할 때 신경회로는 더 공고화된다.

학습부진아의 경우 기억에 있어서 핵심이 되는 '반복학습'을 힘겨워한다. 학습부진아가 공부를 '지겹다' '재미없다'라고 표현하는 중요한 이유 중 하나가 바로 반복학습 때문일 때가 많다. 그러한 점에서 학습부진아가 학습내용을 잘 기억할 수 있도록 지도하기 위해서는 '단순 반복'이 아닌 다양한 방법들(예: 게임, 활동 등)을 통해 학습내용을 반복할 수 있어야 한다.

셋째, 중요성의 원리이다. 새로운 내용을 효과적으로 기억하는 데에는 '주관적 중요성'이 매우 큰 역할을 한다. 주관적 중요성이란 기억해야 하는 내용이 학생 자신에게 얼마나 주관적으로 중요한가 하는 것이다. 앞서 제시했던 10개의 숫자를 다시 한번 떠올려 보자. 대부분의 사람에게 이 숫자들은 아무런 의미가 없는 무의미 자극에 불과하다. 그런데 만약 이 숫자들이 수십 억짜리 거래와 관련된 거래처 사장의 전화번호라면 이야기가 달라질 것이다. 어쩌면 단 한번 듣고도 오랫동안 기억하게 될 것이

다. 주관적 중요도가 높은 정보에 대한 기억은 잘되는 반면, 주
관적 중요도가 낮은 정보는 잘 기억되지 않는다.

학습부진아를 지도하는 교사를 컨설팅하다 보면, 다른 것
을 할 때는 머리가 비상하게 돌아가는데 유독 공부할 때만 되면
머리가 돌아가지 않는 학생에 대한 얘기를 자주 듣는다. 인터넷
게임이나 취미활동을 할 때에는 한 번만 들어도 다 기억하는 학
생이 이상하게 수업시간만 되면 전 시간에 배운 것을 전혀 기억
하지 못하는 것이 도저히 납득이 안 된다는 것이다. 학생이 자신
을 놀리나 싶어서 화가 난 적이 있다는 교사도 있었다. 이런 일
이 벌어지는 이유는 바로 '주관적 중요성' 때문이다. 인터넷 게임
과 취미활동은 이들에게 '매우 중요한' 반면, 교사가 가르치는 내
용은 이들에게 '별로 중요하지 않은' 것이다.

### (2) 기억전략

기억의 원리에 주의하면서 다음과 같은 기억전략을 가르치
면 학습부진아의 기억능력을 향상시킬 수 있다. 여기에서 다루
는 기억전략들은 하나씩 사용하기보다 두 가지 이상을 함께 묶
어서 사용할 때 더 효과적이다(이화진 외, 1999).

### ① 첫글자 외우기

첫글자 외우기는 외워야 하는 단어나 개념의 첫 글자를 외
우는 방법이다. 예를 들어, 과거 중·고등학교 국사 수업 때 조선
시대 왕의 순서를 외우던 방법인 '태, 정, 태, 세, 문, 단, 세……'가

대표적인 첫글자 외우기 방법이다. 이 방법은 짧은 글짓기와 함께 연동하여 사용하면 더 효과적이다.

### ② 핵심단어 활용하기

핵심단어(pegword/keyword) 활용하기는 학습한 내용들 중에서 핵심단어를 뽑아 외우는 방법을 말한다. 다음에 제시한 글쓰기의 단계를 외워야 하는 경우를 예로 든다면 핵심단어로 '주인, 상황, 발생, 확대, 갈등, 해소, 정리'를 선정한 다음 핵심단어를 외움으로써 글쓰기 단계 전체를 암기하는 방법이다.

- 주인공 정하기
- 상황 설정하기
- 사건의 발생
- 사건의 전개와 확대
- 주인공과 등장인물 간 갈등 고조
- 갈등의 해소
- 상황의 정리

### ③ 짧은 글짓기

외워야 하는 중요한 개념이나 핵심단어들을 활용하여 짧은 글을 짓는 방법이다. 예를 들어, 앞서 제시한 글쓰기 단계를 외울 경우 "주인 집에 문제 상황이 발생했는데 점차 확대되고 고조돼서 해소하고 정리하기가 힘들었다."라는 문장을 만들어 외우

는 것이다. 한두 문장으로 만들어도 좋고, 외워야 할 내용이 많
은 경우 간단한 스토리를 만들 수도 있다.

### ④ 상상하기

상상하기란 자신이 오랜 경
험을 통해 충분히 숙지된 정보에
새롭게 외우고자 하는 정보를
상상 속에서 연결시킴으로써 암
기하는 방법이다. 상상하기에서
많이 사용하는 '충분히 숙지된
정보'로는 자신의 집과 같이 늘
상주하는 공간이나 자신이 집에
들어갈 때 이동하는 순서와 같
이 매일 반복되는 정보 등이 있
다. 만약 자신이 집에 들어갈 때

> **상상하기 전략의 예**
> – 암기 정보: '강아지, 돼지, 소, 고양이,
>   기린, 코끼리' 등의 단어를 순서대로
>   외워야 함
> – 상상하기: '출입문에 갔더니 강아지
>   한 마리가 나를 보며 웃고 있고, 강아
>   지를 안고 들어갔더니 현관에 돼지머
>   리가 턱하니 놓여 있다. 놀라서 거실
>   로 갔더니 고양이가 야옹 하고 울어
>   서 한 손에는 강아지, 한 손에는 고양
>   이를 안고 주방으로 갔더니 기다란
>   기린이 냉장고를 뒤지고 있었다. 놀
>   라 내 방에 뛰어 들어갔더니 아기 코
>   끼리가 있었다.'

대체로 '출입문 → 현관 → 거실 → 주방 → 자기 방'으로 이동한
다면 외워야 하는 개념인 단어나 이를 연상할 수 있는 물체를 이
공간에 두는 것을 상상함으로써 암기할 수 있다.

### ⑤ 연관 짓기와 분류하기

암기해야 할 중요한 개념이나 핵심단어들 간의 관계를 찾
아 연관 짓거나 분류함으로써 내용을 기억하는 방법이다. 연관
짓기와 분류하기는 각각의 요소들이 가지고 있는 공통점(연관 짓

기)과 차이점(분류하기)에 따라 함께 묶거나 나누는 것을 말한다.
예를 들어, '붕어, 잉어, 문어, 소, 닭, 돼지'가 있다면 붕어·잉어·
문어는 '물에 사는 동물'로 연관 지을 수 있고, 소·닭·돼지는 '땅
에 사는 동물'로 연관 지으며, 동시에 두 집단은 물에 사는 동물
과 땅에 사는 동물로 분류된다. 일단 분류되거나 연관 지어진 개
념들은 짧은 글짓기, 상상하기 등을 활용해 세부적인 내용을 기
억한다.

●●●● 표 4-2 ● 분류/연관 짓기 예시

| 한글(차이점) | 공통점 | 알파벳(차이점) |
|---|---|---|
| 24자<br>높임말 있음<br>발명됨 | 표음문자<br>자모음 구성<br>음운변화 있음 | 26자<br>높임말 없음<br>자연발생됨 |

### ⑥ 그래픽 조직자

암기해야 할 내용을 핵심단어나 핵심 개념을 중심으로 도
식으로 표현한 것이 그래픽 조직자이다. 그래픽 조직자의 중심
에 가장 중심이 되는 핵심 개념을 배치하고 연관어나 유사 개념,
대조되는 용어나 개념들을 관계망으로 연결한다. 음식을 중심
개념으로 한 그래픽 조직자를 구성한다면 [그림 4-5]와 같이 표
현될 수 있다.

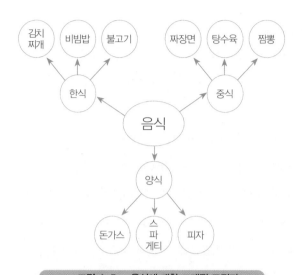

●●●● **그림 4-5** ● 음식에 대한 그래픽 조직자

## 5) 학습불안 관리 전략

학습부진아를 직접 지도하거나 상담한 경험을 떠올려 보면 의외로 많은 학생이 불안 문제로 인해 어려움을 겪는 경우가 많았다. 시험은 말할 것도 없고 수업 장면에서 조금만 과제가 어려워지거나 교사나 친구로부터 조금만 압박감을 느껴도 안절부절 못하는 경우를 흔히 볼 수 있다. 이러한 불안 증상은 과민성 대장 증상이나 두통과 같은 신체 증상으로도 많이 나타난다. 공부해야 할 상황이 되면 화장실에 자주 가야 하는 학생이나, 과제가 조금만 어려워져도 머리가 아프다고 하는 학생이 이에 해당된다.

학습부진아에게 관찰되는 불안 증상은 대개 학업 실패나 누적된 학습부진으로 인해 유발된다. 이러한 불안 증상은 학업

에서 실패할 가능성을 높이며, 그 결과 학습부진 문제가 계속해
서 누적되는 악순환이 발생한다. 다음 사례는 학습부진아에게
서 나타나는 전형적인 불안 증상이다.

> 명희(가명)는 ADHD와 학습부진 문제 때문에 의뢰되었던 학
> 생이었다. 명희 어머니에 따르면, 명희는 집중력이 낮고 시
> 험을 볼 때는 멍하게 앉아 있다가 시험을 망치는 경우가 많
> 았다. 심리검사센터에서 심리검사를 실시한 결과, 명희는
> ADHD로 강하게 의심되기 때문에 병원을 방문하여 좀 더 정
> 확한 진단을 받고 필요하다면 약물 처방을 받는 것이 좋겠다
> 는 소견을 보였다.
>
> 명희를 처음 만난 날 필자는 고개를 갸우뚱할 수밖에 없었
> 다. 명희가 필자 앞에서 보이는 행동은 전형적인 ADHD 아
> 동의 행동과 많이 달랐기 때문이다. 명희는 필자 앞에서 '그
> 저 얼어붙어 있는 상태'였다. 잠시 동안 명희를 면담한 결과
> 일단은 ADHD 여부에 대한 판단은 유보하기로 했다. 명희
> 어머니에게는 명희가 ADHD를 가지고 있지 않다는 것을 전
> 제로 원점에서부터 지도하겠다고 말했다.
>
> 명희를 지원해 줄 교사로 우리 팀에서 가장 학생의 마음을
> 잘 여는 이 교사(가명)가 나섰다. 이 교사에게는 일단 무엇을
> 가르치기보다 명희의 마음을 여는 데 집중해 달라고 부탁했
> 다. 이 교사는 명희와 금세 친해졌고, 명희는 조금씩 이 교사
> 에게 마음을 열기 시작했다. 그러자 그때부터 놀라운 변화가

일어나기 시작했다. 명희의 학습능력은 급속도로 향상되었
고, 우리가 미처 파악하지 못했던 명희의 능력이 하나둘씩 밝
혀지기 시작하였다.

명희는 불안이 매우 심한 학생이었다. 불안 수준이 높다 보니
시험과 같이 심리적 부담을 주는 상황에서는 얼어붙어 버렸
다. 심지어 ADHD로 판정되었던 이유도 불안이 심했기 때문
에 검사 과제에 집중할 수 없어서 나타난 결과였다. 이 교사
와의 수업을 통해 불안으로부터 벗어나자 명희는 자신이 가
지고 있던 역량을 100% 발휘할 수 있게 되었고, 학업 문제도
상당 부분 해소되었다.

학습부진아의 불안 문제는 학업 실패와 밀접한 관련이 있
다. 반복된 실패로 인해 심리적 상처가 생기다 보니 유사한 실패
가 예상되는 상황에서는 자신도 모르게 위축되어 버린다. 대표
적인 경우가 바로 시험 불안이다. 가뜩이나 학습량이 많지 않아
서 시험을 잘 보기 어려운 상황에서 심리적으로도 위축되다 보
니 자신이 풀 수 있는 문제임에도 불구하고 제대로 해결하지 못
한다. 결국 시험을 망치게 되고 이러한 경험이 누적될수록 시험
에 대한 불안뿐만 아니라 공부에 대한 불안은 심화된다.

학습부진아에게 학교란 결코 마음이 편한 공간이 아니다.
공부를 잘하지 못하는 학생은 주목받지 못하는 교실 분위기 속
에서 자신의 현재 학습능력으로는 도무지 이해하기 힘든 수업
내용을 조용히 듣고 있어야 하는 상황을 상상해 보자. 어찌 보면

학습부진아가 학교라는 공간 속에서 불안하지 않길 바라는 것
이 더 비현실적일 것이다. 불안을 없애기 위해 학교를 그만둘 수
는 없는 노릇이기에 학습부진아가 자신의 불안을 적절하게 관리
할 수 있도록 지도하는 것은 매우 중요하다. 학습불안을 해결하
는 가장 이상적인 방법은 학업에서의 성공경험을 쌓아 가는 것
이다. 하지만 이것은 학습부진아 지도의 궁극적인 목표이지 당
장 현실화되긴 어렵다. 그러한 점에서 당장은 학습부진아에게
불안 관리 전략을 가르치는 것이 매우 효과적이다.

불안 관리 전략을 가르치기 위해서는 우선 인간의 신체와
사고, 감정은 상호 밀접하게 연관되어 있음을 이해하는 것이 중
요하다. 인간의 사고는 감정에 영향을 미치며, 나아가 신체적 변
화도 유발한다. 물론 신체의 변화가 감정에 영향을 미치고 사고
가 바뀌기도 한다. 인간의 신체·사고·감정을 하나씩 분리하여
각각의 작동 기제를 파악할 수도 있으나, 인간을 온전히 이해하
기 위해서는 이 세 영역을 하나의 전체로 탐색할 수 있어야 한다
(Ratey, 2008).

불안이라는 감정은 사고(예: '~은 위험하다')에 의해 유발되고
이렇게 유발된 불안은 신체에 변화를 일으킨다(예: 호흡이 빨라짐,
근육 경직 등). 그런데 흥미로운 것은 신체 변화가 감정의 변화를
이끌 수도 있다는 점이다. 근육이 이완되고 호흡이 평상시 상태
로 회복되면 차츰 불안의 감정도 가라앉게 되고 사고의 변화도
일어난다(Barlow & Craske, 2006).

불안 관리 전략은 크게 신체를 이완시킴으로써 불안 감정

의 변화를 유도하는 전략, 그리고 사고를 변화시킴으로써 불안을 감소시키는 전략으로 구성된다. 신체 변화를 통해 불안을 감소시키는 전략은 즉각적이며 단기적 효과를 만들어 낼 수 있다는 점에서 불안 관리 지도에서 우선순위를 차지한다. 사고를 변화시킴으로써 불안을 조절하는 전략은 많은 연습을 필요로 한다는 단점은 있으나 장기적 효과를 도모할 수 있기 때문에 지속적으로 지도할 필요가 있다.

### (1) 신체 변화를 통한 불안 관리 전략

신체를 불안하지 않은 상태로 만드는 대표적인 방법이 '복식호흡'과 '이완훈련'이다. 복식호흡은 호흡 수를 최소한으로 줄임으로써 심박을 낮추고 몸의 긴장도를 완화시키는 대표적인 이완법이다. 복식호흡을 연습하는 과정은 다음과 같다.

① 의자에 몸을 기대고 편안한 자세로 앉는다.
② 한 손은 가슴 위에, 한 손은 배에 둔다.
③ 4~5초 동안 숨을 들이마신다. 이때 가슴은 최대한 고정시키고 배에 얹은 손을 밀어낸다는 기분으로 숨을 들이마신다.
④ 6~7초간 멈춘다.
⑤ 8~10초 동안 천천히 숨을 내쉰다. 마찬가지로 가슴의 손은 그대로 있고 배에 얹은 손이 천천히 가라앉는다는 기분으로 숨을 내쉰다.

　　처음 복식호흡을 연습할 때에는 속으로 천천히 숫자를 세면서 호흡하도록 지도한다. 숨을 들이마실 때 1부터 4까지 세고, 숨을 멈춘 상태에서 다시 1부터 6까지 세며, 숨을 내쉬면서 1부터 8까지 세면서 호흡을 하도록 지도한다. 이때 코로 숨을 들이마시고 입으로 내쉬도록 지도하면 효과적이다. 처음에는 손을 가슴과 배 위에 두지만 점차 익숙해지면 손을 무릎 위에 두고 호흡해도 좋다. 복식호흡에 있어 숨을 멈추는 시간과 내쉬는 시간을 길게 하면 더 효과적이다(예: 4 - 10 - 20초).

　　이완훈련은 불안하면 경직되는 근육을 강제로 이완시킴으로써 불안 수준을 낮추는 방법이다. 근육이 이완되는 상태를 경험해 보는 가장 쉬운 방법은 근육을 극도로 긴장시켰다가 일순간에 힘을 빼는 것이다. 처음에는 이렇게 긴장과 이완 시 근육의 경직도에 대해 감을 잡도록 지도하는 것이 좋다. 이완훈련은 대개 손의 근육을 긴장시키고 이완하는 훈련으로부터 시작한다.

- 주먹을 최대한 꽉 쥔 상태를 유지한다.
- 교사가 1에서 시작하여 5까지 세면 일순간에 주먹에서 힘을 뺀다.
- 힘을 뺄 때 근육이 느슨해지는 '느낌'에 집중하도록 지도한다. 근육을 느슨한 상태로 만드는 것이 '이완'이라는 것을 지도한다.

　　이러한 과정을 신체 각 부위에서 연습한다. 상대적으로 다

리의 종아리 근육이나 복근, 우리가 흔히 알통이라고 부르는 상
완이두근 등이 연습하기 쉬운 부위이다. 긴장과 이완에 대한 감
을 잡게 되면 몸의 각 부위 근육을 사용하여 긴장과 이완을 연습
한다(예: 얼굴 → 목 → 어깨 → 가슴 → 배 → 등 → 엉덩이 → 허벅지 → 종
아리 → 발).

불안감을 느낄 때에는 표정이 굳고 목과 어깨 부위 근육
이 자신도 모르게 경직되는 경우가 많은데, 필요에 따라 이러한
부위를 집중적으로 연습해 보는 것도 효과적이다. 뒤셴 스마일
(Duchenne smile)은 얼굴 근육을 이완시키는 데 매우 효과적인 방
법으로 배우기도 매우 쉽다. 우선 입꼬리를 한껏 추켜올려 웃는
표정을 지어 근육을 경직시킨다. 그 다음 일순간 얼굴 근육을 이
완시키면 자신도 모르게 가벼운 웃음이 나오게 된다.

### (2) 사고의 변화를 통한 불안 관리 전략

사고의 변화를 통해 불안감을 감소시키는 방법은 조금 더
복잡하다. 우선 불안에 대한 객관적인 정보를 제공하는 것에서
출발하며, 그 다음으로 사고와 불안 사이의 관계를 설명하며, 마
지막으로 불안을 유발하는 생각을 바로잡는 방법을 지도한다.

### ① 불안이 무엇인지 이해하기

이 단계에서는 불안은 해로운 것이 아니며 모두가 느끼는
감정이라는 사실을 알도록 지도한다. 학습부진아는 '불안' 그 자
체를 문제라고 생각하기 때문에 불안을 느끼는 자신을 이상하

게 생각하고 불안 자체를 없애려고 애를 쓴다. 그런데 불안을 없애는 것은 불가능할뿐더러 바람직하지도 않다. 불안 자체를 없애는 것이 목적이 될 때는 도리어 불안의 문제가 해결되지 않는다.

불안은 인간이 생존하기 위해 필수적인 감정이다. 인간은 '불안'을 느끼기 때문에 위험한 상황을 피하게 된다. 크고 사나운 개를 만나게 되면 자신도 모르게 불안감을 느끼고, 가급적 개를 피해 멀리 돌아서 가게 된다. 이와 같이 불안은 인간으로 하여금 위험한 상황을 피하게 만드는 중요한 역할을 한다. 불안을 느끼지 않는다면 오히려 위험에 처하게 될 확률이 더 높아진다.

불안 관리 지도 시 교사는 먼저 '불안'은 결코 해로운 감정이 아니며 모든 사람이 공통적으로 느끼는 정상적인 감정이라는 것을 알려 주어야 한다. 불안감이 드는 것은 너무나 당연한 것이고 나뿐만 아니라 다른 사람도 똑같이 불안감을 갖는다는 사실을 학생이 인지할 수 있도록 도와주어야 한다. 불안을 느끼는 자신을 이상하다고 여기는 것이 아니라 그러한 자신이 지극히 정상적임을 수용할 수 있도록 지도한다. 불안한 자신을 수용하는 것에는 다음과 같은 '자기대화'가 도움이 된다.

'내가 지금 불안하구나.'

'괜찮아, 나만 불안한 게 아니야. 다른 사람도 마찬가지야.'

이렇게 스스로에게 이야기하며 자신을 다독인다. 자기대화를 할 때에는 실제 자신의 가슴을 가볍게 토닥거리는 것이 도움이 된다. 불안에 대한 객관적인 시각을 바탕으로 불안을 느끼는 자신을 수용할 수 있도록 도와줌으로써 궁극적으로 불안에 대한 사고를 수정할 수 있는 기초가 형성된다.

### ② 생각과 불안의 관계 알기

우리는 흔히 불안이 어떠한 사건이나 상황 때문에 유발된다고 생각하기 쉽지만, 사실 사건이나 상황은 우리로 하여금 불안을 유발하지 못한다. 우리에게 불안을 유발하는 것은 불안을 유발하는 상황에 대한 우리의 생각과 판단이다(Barlow & Craske, 2006). 철수와 영희가 똑같은 시험을 치르고 있는 상황을 가정해 보자. 만약 '시험'이라는 상황이 불안을 만들어 낸다고 한다면 철수와 영희는 비슷한 수준의 불안을 느껴야 한다. 그런데 철수는 '이번 시험은 그저 경험 삼아 보는 것이기 때문에 못 봐도 괜찮아.'라고 생각하는 반면, 영희는 '이번 시험은 중요한 시험이기 때문에 반드시 잘 봐야 해.'라고 생각하고 있다면 아마도 영희의 불안 수준이 철수에 비해 훨씬 더 높을 것이다.

지식이 생각과 판단에 영향을 미치는 경우도 있다. 위험한 독극물이 든 용기에 위험하다는 표시가 프랑스어로 쓰여 있다고 가정해 보자. 프랑스인과 프랑스어를 모르는 한국인에게 독극물이 든 용기를 가져오라고 요구할 경우 프랑스인이 느끼는 불안감은 한국인의 그것에 비해 훨씬 클 것이다. '아는 것이 병이다'라는 말이 이 상황에 적용될 수 있을 것이다. 이와 같이 우리는 주변에서 벌어지는 사건과 상황에 대해 끊임없이 생각하고 판단하며, 이런 생각과 판단은 불안을 유발한다. 이를 간단하게

••••그림 4-6 ○ 사건과 해석, 불안, 신체적 반응의 관계

도식화하면 [그림 4-6]과 같다.

교사는 학습부진아가 사건이나 상황에 초점을 맞추는 것이 아니라 그러한 사건이나 상황 속에서 어떠한 생각이 떠오르는지를 의식하도록 도와주어야 한다. 사건이나 상황 속에서 자신이 어떤 기대를 갖고 있는지를 의식하도록 지도하면 사건이나 상황에 대한 자신의 생각을 보다 쉽게 찾을 수 있게 된다. 앞서 예로 든 시험 상황에서 철수와 영희는 동일한 상황에 대해 서로 다른 기대를 갖고 있기 때문에 다른 사고를 갖게 되었다. 철수는 시험에 대한 기대가 없기 때문에 '못봐도 괜찮다.'라는 생각을 할 수 있었던 반면, 영희는 시험에 대한 기대가 크기 때문에 '반드시 잘 봐야 한다.'라는 생각을 갖게 된다. 이렇게 기대를 파악하는 것은 사건·상황에 대해 갖는 생각과 판단을 찾을 수 있는 중요한 단서를 제공한다.

### ③ 생각과 판단 바꾸기

불안을 해소하려면 비합리적이거나 객관적이지 못한 생각과 판단을 바꾸어야 한다. 상황을 지나치게 확대 해석하는 경우, 자신과 아무런 관련이 없는 상황에 감정을 이입하는 경우, 발생

가능성이 매우 낮은 일이 실제로 일어날 것이라고 믿는 경우 등 인간은 사건이나 상황에 대해 다양한 비합리적 생각과 판단을 하게 된다. 특히 유사한 상황이나 사건에서 상처를 받거나 낭패를 경험한 적이 있을 경우 비합리적인 생각이나 판단을 하게 될 가능성이 높아진다. 오랫동안 학업 실패를 경험한 학습부진아의 경우 공부나 학교, 교사와 관련하여 비합리적 생각과 판단을 하는 경향이 강하다.

학습부진아가 자신의 생각이 합리적인지 그렇지 않은지 판단할 수 있도록 도와주는 방법으로 '불안 글쓰기'가 있다. 불안 글쓰기는 매우 단순하다. 노트의 한 면을 세 부분으로 나눈 후 제일 왼쪽 부분에는 불안을 유발하는 자신의 생각이나 판단을 쓰고, 가운데에는 이러한 생각이나 판단의 근거가 있는지를 쓰고, 제일 오른쪽에는 불안을 해소할 수 있는 방안을 쓴다. 노트에 자신의 생각을 써 보게 되면 자신의 사고 과정을 객관화할 수 있어서 자신의 생각을 보다 합리적으로 변화시키기가 쉽다. 불안 글쓰기는 시험과 같은 스트레스 상황에서 불안을 감소시키는 데 매우 효과적인 기법이다(Ramirez & Beilock, 2011).

사고의 변화를 통해 불안을 감소시키기 위해서는 사고의 유연성을 기를 수 있어야 한다. 어떤 사건이나 상황에 대한 기대 수준이 지나치게 높게 되면 유연한 사고를 하기 어렵다. '반드시' '꼭'과 같은 단서를 포함하는 생각은 매우 경직된 것으로 자신이 설정한 기대 수준에 도달하지 못하게 될 경우 스스로를 비난하게 되고 불안의 감정이 증폭된다. '반드시' '꼭'과 같이 단서를 붙이는 것을 '당위적 사고'라 한다. 당위적 사고는 예외를 인정하지 않기 때문에 생각한 것을 무조건 달성해야 한다는 강박관념에 빠지기 쉽고 불안 수준은 극도로 높아지게 된다.

'나는 반드시 이번 시험에 합격해야 해.'

'나는 꼭 오늘까지 숙제를 마쳐야 해.'

하지만 곰곰이 생각해 보면, 우리 삶에서 예외가 없는 경우란 존재할 수 없다. 아무리 열심히 공부했다고 해도 예기치 못한 사건이나 사고에 의해 시험을 아예 볼 수 없는 상황이 발생할 수 있다. 나름대로 한다고 했어도 과제량이 많아 숙제를 끝마치지 못할 수도 있다. 인간의 삶에서 발생할 수 있는 다양한 경우의 수를 전혀 고려하지 못하는 경직된 사고 자체가 이미 비합리적이다.

불안을 감소시키기 위해서는 이러한 당위적 사고에 약간의 틈을 만들어 주는 것이 필요하다. 생각과 판단의 틈을 만들어 주기 위해서는 '반드시(꼭)'를 '가능하면'이라는 표현으로, '~해야 한다'는 '~했으면 좋겠다'라는 표현으로 바꾸어 주는 것이 좋다.

'나는 가능하면 이번 시험에 합격했으면 좋겠다.'

'나는 가능하면 오늘까지 숙제를 마치면 좋겠다.'

생각과 판단의 수준을 한 단계 낮추게 되면 생각의 틈(여유)이 생기고 불안 수준도 낮아지게 된다. '자기대화' 방법을 사용하여 당위적 사고를 바꾸는 연습을 반복한다면 사고의 유연성이 조금씩 커져 갈 것이다.

# 05

# 학습부진아
# 지도의 실제

# 1. 학습부진아 지도를 위한 내비게이션

학습부진아를 지도하다 보면 학습부진을 유발하는 요인이 너무나 다양하여 어디서부터 시작해야 할지 판단하기 어려울 경우가 많다. 이럴 때는 마치 깊은 숲속에서 길을 잃은 듯한 느낌이 든다. 길을 찾기 위해 한 걸음씩 내디딜수록 오히려 더 미궁 속으로 빠져드는 느낌이 들 수도 있다. 학습부진아를 지도할 때 길을 잃지 않기 위해서는 좋은 내비게이션이 필요하다.

이 장에서는 학습부진아 교육을 안내해 줄 내비게이션 역할을 할 여덟 단계를 소개한다. 편의상 단계의 순서를 정하긴 했지만 학습부진아를 지도할 때 이 모든 단계를 하나씩 순차적으로 거쳐 가야 하는 것은 아니다. 실제로는 여러 단계를 동시에 실행하기도 하고 이미 거쳐 갔던 단계로 되돌아가야 하는 상황도 있기 때문에 각 단계를 실행하는 것은 단선적이기보다는 입체적이며 역동적인 과정이다. 또한 학습부진아 지도 시 모든 단계를 다 거쳐야 하는 것도 아니며, 학생이나 지도교사의 상황이나 주변 여건에 따라 어떤 단계는 생략하거나 여러 단계를 통합하여 실행할 수도 있다.

다만 특정한 단계를 건너뛰거나 여러 단계를 통합적으로 실행해야 한다면 그렇게 하는 합당한 이유가 있어야 한다. 학습부진아를 지도하는 교사가 흔히 범하는 실수는 학생의 현재 수행 수준을 잘못 판단하거나 라포 형성을 소홀히 하거나 아예 생략하는 것이다. 언뜻 보기에 사소한 실수처럼 생각될 수 있지만 이런 절차들을 대수롭지 않게 다룰 경우 이후의 단계로 나아가지 못하게 되는 상황이 발생한다. 따라서 각 단계별 특성을 숙지하고 핵심적인 과업을 이해하는 데 집중해야 한다.

학습부진아 지도의 첫 단계는 교사의 자기점검이다. 학습부진아를 지도하려는 교사라면 먼저 자신의 의지와 태도를 점검해야 한다. 학습부진아 지도에 대한 자신의 의지가 어느 정도인지, 그리고 지도하고자 하는 학습부진아에 대한 주관적인 감정이 어떠한지를 점검해 보아야 한다. 그 다음으로 점검해 보아야 할 것은 지도능력이다. 굳은 의지와 좋은 의도를 갖고 있다고 하더라도 학습부진아 지도를 뒷받침해 줄 전문성을 갖추지 못했다면 먼저 전문성을 습득하기 위한 교육을 받는 것이 좋다. 자기

점검 단계에서 확인해야 할 또 한 가지는 학습부진아 지도에 투입할 수 있는 시간이다. 학습부진아 지도의 효과는 투입한 시간과 빈도에 비례해서 나타난다. 아무리 좋은 의도를 가지고 있고 전문성을 갖추고 있더라도 지도할 수 있는 시간을 확보하기가 어렵다면 다른 교사나 전문가에게 학습부진아 지도를 의뢰하는 것이 더 적절하다.

학습부진아 지도의 두 번째 단계는 라포 형성이다. 교사가 아무리 잘 지도할 준비가 되어 있고 역량을 갖추고 있다고 하더라도 학습부진아가 마음을 열지 않는다면 교사가 의도한 교수-학습 목표에 도달하기 어렵다. 학습부진아 지도의 성패는 바로 학생과 지도교사 간에 형성된 라포에 달려 있다고 해도 과언이 아니다.

학습부진아 지도의 세 번째 단계는 정확한 진단이다. 학습부진이 환경적 결핍, 생리적 기능 제한, 비효율적인 교수-학습 방법, 정서적 결함, 관계적 문제, 학습 트라우마 중 어디에 기인한 것인지를 알아보고, 학생의 학습특성 및 학습강점을 파악하고, 학습부진을 보이는 구체적인 영역과 해당 영역에서의 수행 수준을 정확하게 진단하는 것이 이 단계에서 이루어지는 주요 활동이다.

학습부진아 지도의 네 번째 단계는 학습환경의 조성이다. 학생이 잠재력을 가장 잘 발휘할 수 있는 학습환경을 조성해 주기 위해 교사는 물리적 환경뿐만 아니라 심리적 환경에 대해서도 주의를 기울여야 한다. 더 좋은 물리적 환경을 제공해 줄 수 있다면 군이 불편한 환경을 참고 견디며 공부할 필요가 없다. 아울러 학생이 편안하고 안정감을 느낄 수 있는 심리적 분위기를 조성해 주는 것 또한 학습환경 조성 단계에서의 중요한 과제이다.

이러한 4단계는 본격적으로 관련 교과지도를 시작하기 전에 실행될 뿐만 아니라 교과지도가 시작된 이후에도 필요하다면 재실행되어야 한다. 본격적으로 교과지도를 하기 전에도 교사의 자기점검은 필요하지만, 교과지도가 진행된 이후에도 자기점검은 이루어져야 한다. 라포는 학습부진아 지도 초기 단계에 형성되고 끝나는 것이 아니라 그 이후로 더욱 공고화되어야 한다. 진단 또한 일회성으로 그쳐서는 안 되며 학습부진아 지도가 이루어지는 내내 교수활동에 대한 학생의 반응을 지속적으로 점검하여야 한다.

학습부진아 지도의 다섯 번째 단계는 실제 학습지도를 시작하는 것인데, 이때는 교수-학습 시간과 과제의 난이도를 조절하는 것이 중요하다. 대부분의 학습부진아는 오랜 시간 공부하는 데 익숙하지 않기 때문에 학습에 흥미를 갖게 되기 전까지는 교수-학습 시간을 짧게 구성하는 것이 좋다. 교수-학습 시간이 짧아지기 위해서는 학습과제의 양을 줄여야 하며, 과제의 난이도도 조절함으로써 학습부진아가 성공경험을 할 수 있는 가능성을 높여 주는 것 또한 중요하다. 짧은 시간의 교수-학습을 잘 수행하면 학생이 흥미를 갖는 내용을 중심으로 교수-학습 시간을 조금씩 늘려 가면서 학습과제의 난이도를 조절해야 한다.

학습부진아 지도의 여섯 번째 단계는 학습전략 가르치기이
다. 학습부진아가 본격적으로 공부를 해 나가기 시작하면 교사
는 학습부진아의 학습전략 수준을 점검함으로써 이들에게 부족
한 학습전략을 명시적으로 가르쳐야 한다.

학습부진아 지도의 일곱 번째 단계는 자신만의 꿈 찾기이
다. 학습부진아가 자신의 꿈을 찾게 되면 이로 인해 학습동기가
형성된다는 점에서 꿈 찾기는 매우 중요한 활동이다. 꿈을 찾는
다는 것은 자신에 대한 긍정성에 기반을 두기 때문에 꿈 찾기 단
계에서는 학생 스스로가 자신의 장점을 발견하도록 안내하고
이러한 장점이 학습상황에서 적절히 발현될 수 있도록 격려하는
교사의 역할이 중요하다.

학습부진아 지도의 마지막 여덟 번째 단계는 자기주도적
학습으로의 전환이다. 학습부진아가 자신만의 학습방법을 찾고
정착시키는 것이다. 교사는 학습부진아 지도를 통해 발견한 학
생의 장점·단점을 기반으로 하여 학생에게 가장 적합한 학습방
법을 찾도록 도와주어야 한다.

이제 각 단계에서 실행되는 핵심적인 활동들을 살펴보도록
하자.

# 2. 학습부진아 지도의 실제

## 1) 1단계: 자기점검

학습부진아 지도에서 가장 핵심적인 역할을 하는 사람은 교사라는 데 이의를 제기할 수 없다. 교사의 자기점검은 이러한 중요한 역할을 수행할 수 있는 의지와 능력이 자신에게 있는지 면밀하게 분석하는 과정이라고 볼 수 있다. 가장 먼저 점검해 보아야 할 것은 학습부진아 지도에 대한 자신의 태도와 의지이다. 학습부진아 지도는 과거에도 있었고 현재도 진행 중이며 미래에도 지속될 것이다. 그런데 학습부진아 지도의 오랜 역사를 고려할 때 학습부진아 지도를 통해 실질적인 변화가 나타났다는 소식이 들려오지 않는 것은 참으로 기이하다. 교육당국에서 학습부진 문제를 해결하기 위해 실시한 수많은 정책의 효과는 미미한 수준에 그칠 뿐이다.

사실 학습부진아 문제 해결의 핵심 열쇠는 교사에게 있다. 학습부진을 벗어나려면 학생의 학습동기가 매우 중요한 역할을 하듯이, 학습부진아 지도가 실질적인 성과를 거두기 위해서는 교사의 교수 동기가 높아야 한다. 교육부나 교육청 주도의 학습부진아 지원정책이 성공을 거두기 어려웠던 이유는 다른 무엇 때문이 아닌 교사의 교수 동기를 고려하지 않았기 때문이다.

교사의 자기점검은 교사 스스로가 자신의 교수 동기를 점검하는 것과 다르지 않다. 모든 교육이 다 그러하겠지만, 학습부

진아 지도는 특히 더 오랜 인고의 시간을 필요로 한다. 학습부진
아 지도를 통해 학생의 학습능력이 향상될 것이라는 믿음이 있
는지, 그러한 변화를 이끌어내기 위한 수고를 감당할 수 있는지,
당장 가시적인 변화가 나타나지 않더라도 가르침을 지속할 수
있는 의지와 태도를 갖추고 있는지에 대한 점검은 학습부진아
지도를 위한 초석을 놓는 작업이다.

학습부진아를 지도해 본 경험이 있는 교사에게 "지금까지
학습부진아를 지도해 본 경험에 따르면 선생님의 지도를 받는
학생이 앞으로 더 향상될 수 있을 것이란 믿음이 있으십니까?"라
고 물으면 선뜻 대답하지 못한다. 학습부진아를 지도해 본 경험
이 많은 교사일수록 이러한 질문에 더 부정적으로 답하는 경향
이 있다. 이러한 현상은 교사의 학습된 무력감에 기인한다. 학습
부진아 지도에서의 실패경험이 쌓여 갈수록 학습부진아 지도의
실효성을 의심하게 되는 무력감이 발생하는 것이다. 과거에 자
신이 한글 지도를 했던 학생이 여전히 한글을 해득하지 못하였
고 연산 지도를 받았던 학생이 지도를 받기 이전과 아무런 차이
를 보이지 않는다면, 그리고 이러한 경험이 반복된다면 누구라
도 학습부진아 지도에 대한 동기를 유지하기 어렵다.

다음으로, 학습부진아 지도에 대한 의지와 태도 못지않게
중요한 것이 학습부진아 지도에 대한 전문성이다. 학습부진아
지도는 일반 학급에서 전체 학생을 대상으로 수업을 실행하는
것과는 또 다른 전문성을 필요로 한다. 안타깝게도, 우리나라의
교사양성 과정에서 학습부진아 지도에 관한 교과가 정규 교육

과정으로 편성된 경우는 거의 없다. 이러한 현실을 감안한다면 교사가 학습부진아를 어떻게 지도해야 할지를 몰라 당황하는 것은 전혀 이상하지 않다. 그렇지만 교사가 일반적인 교수-학습에 대한 전문성을 이미 습득한 경우라면 학습부진아 지도를 위한 별도의 역량을 습득하는 것이 크게 어려운 일은 아니다. 실제 현장에서 학습부진아 지도에 대해 교사와 상담하다 보면 학습부진아의 마음을 이해하고 자신의 눈높이를 낮추는 것만으로도 많은 효과가 나타나는 것을 종종 경험한다. 조금만 세심하게 본인의 지도 방향을 점검·조정·보충하는 것만으로도 지금보다 훨씬 더 성공적으로 학습부진아를 지도할 수 있다. 교사는 본인의 교수방법, 지도 기술, 필요한 학습자료 등이 학습부진아 지도를 위해 충분히 갖춰져 있는지 점검해야 한다.

학습부진아 지도를 위한 의지와 태도, 전문성을 점검했다면, 마지막으로 학습부진아 지도를 위해 투입할 수 있는 가용한 시간을 점검해 보아야 한다. 사실 일반 교사의 주요 업무는 일반 학급에서 학생을 가르치는 것이며, 그 외에도 업무분장에 따른 여러 가지 행정 업무도 수행하게 된다. 학교에서 공식적으로 학습부진아 지도 업무를 맡은 교사가 아니라면 학습부진아 지도는 비공식적인 가외 업무에 해당한다. 일반 학급에서의 수업과 기타 행정 업무를 수행하는 것만으로도 바쁜 나날을 보내야 하는 교사로서는 학습부진아 지도를 위한 별도의 시간을 확보하기가 여간 어렵지 않다. 따라서 학습부진아 지도를 위해 별도로 할애할 수 있는 시간의 절대량을 확인하기 위해 일과 시간을 세

부적으로 분석해 보아야 한다.

학습부진아 지도의 효과는 투입한 시간과 빈도에 비례하기 때문에 이왕 학습부진아를 지도하기로 다짐하였다면 가능한 한 자주, 보다 오랜 시간 지도할 수 있는 시간을 확보하는 것이 좋다. 단기 처방으로 급격한 변화를 가져올 수 있는 획기적인 지도 방법이란 존재하지 않는다.

"학습부진아가 너무 많아서 이들을 다 지도할 시간을 내기란 불가능합니다."

"학교업무를 하다 보면 학습부진아를 지도할 시간이 없습니다."

"이번에 맡은 업무 때문에 도저히 지도할 시간을 낼 수가 없습니다."

학습부진아 지도 연수를 할 때마다 교사들에게 자주 듣는 말이다. 학교의 현실을 잘 알고 있기 때문에 교사의 이러한 반응이 단지 핑계로 들리지 않는다. 대부분의 교사에게 학습부진아를 지도할 시간이 부족하다는 건 엄연한 사실이다. 그럼에도 불구하고 학습부진아를 지도해야겠다는 결심을 한 교사라면 학습부진아 지도를 위해 가용한 시간을 최대한 확보해 보라고 권하고 싶다.

공식적인 업무가 아닌 이상 학습부진아 지도를 하는 것에는 외적 보상이 따르지 않는다. 그렇기 때문에 학습부진아 지도에 대한 교사의 의지와 태도는 중요할 수밖에 없다. 학습부진아 지도에 대한 의지가 견고하다면 현실적인 여건에도 불구하고 지도 시간을 확보해 낼 수 있을 것이다. 학습부진아 지도를 위해 가용한 시간이 하루에 10분뿐이라고 하더라도 일단은 시작해 보기를 권한다. 한 번 지도할 때 긴 시간을 투입하는 것보다 더 중요한 것은 정기적으로 꾸준히 만날 수 있는 시간을 확보하는 것이다. 학습부진아 지도를 해야 할지 말아야 할지 망설이는 교사에게 다음의 말을 해 주고 싶다.

"고무보트의 바람을 빼낸다는 생각으로 시작해 보세요."

고무보트에서 바람을 빼낼 때 처음에는 바람 빠지는 소리가 크게 들리다가 잠시 후부터는 그 소리마저도 잘 들리지 않고 보트의 모양 또한 그대로인 것처럼 보인다. 여기저기 구멍을 뚫어서 한 번에 바람을 빼 버리고 싶은 심정이 들지도 모른다. 그러나 고무보트를 계속 지그시 누르고 있다 보면 처음과 비교해서 확연히 달라진 모습을 확인하게 될 것이다.

### 어떻게 하면 학습부진아 지도에 대한 전문성을 갖출 수 있을까?

만약 교사가 학습부진아 지도에 대해 전문성이 부족하다고 느낀다면 어떻게 전문성을 향상시킬 수 있을까? 가장 쉽게 접근할 수 있는 첫 번째 방법은 시·도교육청에서 제공하는 연수 기회를 활용하는 것이다. 학습부진아 지도에 대한 사회적 관심이 증가하면서 과거에 비해 학습부진아 지도에 대한 전문성을 높일 수 있는 다양한 연수 기회가 확대되고 있다. 「초·중등교육법」에 따르면, 각 시·도교육청에서는 의무적으로 학습부진아 지도에 대한 연수 기회를 제공하게 되어 있다. 이에 따라 각 교육청에서는 자격연수나 직무연수 과정에 학습부진아 지도에 대한 연수 기회를 제공하고 있으며, 시간이 부족한 교사를 위한 온라인 연수도 확대되고 있는 추세이다.

두 번째 방법은 학습부진아 지도와 관련된 웹사이트를 활용하는 것이다. 대표적으로 현재 한국교육과정평가원에서 기초학력 향상 지원을 위해 운영하는 '꾸꾸(KU-CU)'를 들 수 있다. '꾸꾸'에는 학습부진아 진단자료부터 교사가 수업시간에 활용할 수 있는 다양한 자료까지 학습부진아 지도와 관련된 다양한 자료를 제공하고 있으므로 이를 잘 활용하면 학습부진아 지도에 많은 효과를 볼 수 있다.

세 번째 방법은 학습부진아 지도와 관련된 책이나 논문을 통해 공부하는 방법이다. 현재 읽고 있는 이 책 『공부잠재력』을 비롯해 최근 들어 학습부진아 지도에 대한 다양한 책이 출간되고 있으니 참고하면 좋다. 또한 관련 논문을 읽는 것도 많은 도움이 된다. 특히 학습부진아 지도와 관련된 석사·박사 논문은 부록으로 학습부진아 지도 시 사용했던 교안이나 프로그램의 예시를 제공하는 경우가 대부분이기 때문에 읽어 보면 많은 통찰을 준다. 이러한 석사·박사 논문은 한국교육학술정보원(https://www.keris.or.kr)에서 무료로 제공하고 있다.

마지막 네 번째 방법은 학습부진아 지도를 배울 수 있는 대학원에 진학하는 것이다. 교사의 경우 야간이나 방학 때 운영하는 교육대학원에 입학하면 좋다. 실제 필자들 모두 각자 근무하는 대학의 교육대학원에 학습부진아 지도와 관련된 석사과정을 개설하여 학생들을 가르치고 있다. 대학원 과정은 힘들기는 하지만 학습부진아 지도에 대한 전문성을 높일 수 있는 가장 효과적인 방법이다.

그런데 여기서 주의할 것은 이러한 과정들을 통해 배운 방법들이 머릿속에서만 있어서는 현장 전문성이 향상되지 않는다는 것이다. 반드시 공부한 내용을 실제 학습부진아 지도에 적용해 볼 수 있어야 한다. 아무리 좋은 지도방법이라고 해도 내가 직접 지도하는 학생이나 가르치는 본인에게 맞지 않으면 아무런 소용이 없다. 따라서 교사는 자신이 공부한 지도방법을 학생에게 적용해 보고 자신만의 지도방법을 찾을 수 있도록 노력해야 한다. 이렇게 자신만의 지도방법을 찾는 데 있어 적극적으로 추천하는 것이 바로 '성찰일지'를 쓰는 것이다.

자신이 누구에게 무엇을 가르칠 때 어떤 지도방법을 적용했는지, 결과는 어땠는지, 잘되었으면 어떤 점이 왜 잘되었는지, 잘 안 되었다면 어떤 점이 왜 잘 안 되었다고 생각하는지를 기록하는 성찰일지를 꾸준히 쓰면 자신의 지도방법의 강점과 약점이 보이게 되고, 이를 점차 보완하다 보면 자신에게 가장 적합한 지도방법을 발견할 수 있게 된다. 이렇게 자신만의 방법을 발견하고 실천할 때 비로소 진정한 의미에서 전문성이 향상되었다고 할 수 있다.

## 2) 2단계: 라포 형성

학습부진아 지도는 일반적인 교실 수업과 달리 개별지도 또는 소집단 형태로 진행되기 때문에 교사와 학생 간 상호작용의 밀도가 매우 높다. 학급 전체를 대상으로 이루어지는 수업에서 학습부진아는 수업방해 행동을 하지 않는 한 수업의 진행에 별다른 영향을 미치지 않는다. 이에 비해 개별지도의 형태로 이루어지는 학습부진아 지도에서는 학생의 반응이 수업 진행에 절대적인 영향을 끼치기 때문에 학생이 느끼는 심리적 부담감이 상당히 크다. 수업내용을 이해하지 못하더라도 무리 속에 조용히 묻혀 갈 수 있는 일반적인 교실 수업 환경과는 완전히 다른 상황이 전개되는 것이다. 일대일 교수 – 학습 상황에서는 교사와 시선을 마주치며 언어적인 상호작용을 이어가야 하므로 학생이 느끼는 부담감이 무척 크다. 물론 학습부진아를 지도하는 교사의 입장에서도 이러한 상황에 대한 부담감이 있겠지만 학생이 느끼는 그것에 비할 바가 아니다.

개별지도 상황의 어색함을 깨뜨리기 위해서는 교사의 솔선이 필요하다. 학습부진아 지도에서 학생이 먼저 적극적으로 교사의 가르침을 요청하며 다가오는 경우는 거의 없다. 학습부진아는 어떻게 해서라도 교사와 일대일로 만나야 하는 상황을 벗어나기 위해 핑곗거리를 만들려는 경향이 있다. 학습부진아 지도를 해 본 교사라면 학생이 정해진 시간에 오지 않아서 찾으러 다녔던 경험이 한 번씩은 있을 것이다. 철학자 헤겔(Hegel)은 "인

간의 마음 문에는 손잡이가 안쪽에만 달려 있다."고 말했다(양광
모, 2011). 마음의 주인이 열지 않는 이상 다른 사람이 밖에서 그
문을 여는 것이 불가능하다는 것이다. 학습부진아 지도에서 마
음의 문을 열어야 할 사람은 학생이지만 그 문을 열 수 있도록
도와야 할 사람은 교사이다.

학생의 마음을 여는 것은 의외로 작은 것에서 시작된다. 바
로 학생을 대하는 교사의 얼굴 표정 변화이다. 우리는 교사연수
를 할 때 학습부진아를 대하면서 자신의 표정이 어떠했는지를
종종 물어본다. 굳은 표정을 짓고 있는 교사를 만나는 학생의 반
응이 어떠할지 상상하는 것은 어렵지 않다. 서로 간에 굳은 표정
으로 진행되는 개별지도의 시간은 결코 유쾌한 학습환경이 될
수 없을 것이다. 학습부진아를 지도하는 시간에 최소한 두 번 미
소 짓기를 실천해 보기를 권한다. 먼저, 학생을 만나는 순간 환
한 미소를 지어 보자. 이러한 미소는 '너를 만나서 반가워.' 또는
'너와 만나길 기대하고 있었어.'라는 메시지를 전달해 준다. 지
도가 끝나고 헤어질 때 또 한 번 미소를 지어 보자. 이번의 미소
는 '너와 있었던 시간이 즐거웠어.'라는 의미를 담고 있다. 두 번
미소 짓기를 실천하다 보면 자신의 얼굴 표정에 대해 주의를 기
울이게 되고 단 두 번이었던 미소 짓기가 조금씩 늘어나게 될 것
이다.

교사가 학습부진아 지도를 하는 가장 큰 이유는 교사로서
의 책무성을 이행하기 위함이며, 또한 학생의 장래를 진지하게
염려하기 때문이다. 즉, 학생들에 대한 애정이 있기 때문이다.

하지만 안타깝게도, 교사의 이러한 마음이 잘 전달되지 않는 경우가 많다. 교사가 마음을 드러내기를 꺼리거나 이러한 표현이 익숙하지 않기 때문이다. 진솔한 마음만큼이나 상대방의 마음을 열기 쉬운 방법은 없다. 물론 교사가 먼저, 자신의 마음을 열고 솔직하게 다가선다고 해서 학습부진아가 그저 마음을 쉽게 열진 않는다. 공부에서 오랜 실패와 좌절을 경험한 학습부진아에게 교사는 여전히 부담스럽고 어려운 존재이기 때문이다. 그러한 점에서 라포 형성을 위해서는 교사가 학생에 대해 갖는 기대감이 중요하다. 특히 학습부진아를 '잘 풀리지 않는 선물상자'로 생각하는 교사는 말투와 눈빛에서 은연중에라도 이러한 기대감을 드러낸다. 이러한 비언어적 메시지는 학생의 마음속으로 고스란히 전달된다. 언어적·비언어적으로 학생을 향한 기대를 드러내는 것 또한 기술이기 때문에 연습을 필요로 한다. 잘 하고 싶으면 연습해야 하는 것이다.

> 몇 해 전 모 교육청에서 주관한 교사연수에서 학습부진아를 만날 때 최소한 두 번 미소 지으라고 권유를 했는데 연수를 받았던 최 교사(가명)는 이 말에 큰 심적 동요가 있었다. 그는 당시 학습부진아인 명수(가명)를 지도하고 있었는데 보통 근심거리가 아니었던 것이다. 최 교사의 말에 토를 달고 시비를 거는 명수 때문에 때로는 잠도 오지 않았다. 급기야 우울감이 심해져 신경정신과 치료를 받아야 하나 고민까지 했다. 최 교사는 연수를 받으며 명수를 대하는 자신의 표정에 대해

곰곰이 생각해 보다가 명수에게 웃음을 보인 적이 단 한 번
도 없다는 사실을 깨닫게 되었다. 아니, 늘 찡그리고 인상 쓴
얼굴로 명수를 대했던 것이 생각났다. 최 교사는 '내일 명수
를 만나면 환한 미소로 맞이해야겠다.'는 다짐을 하고 주말
내내 거울을 보며 미소 짓는 연습을 했다.

월요일 아침 최 교사는 명수를 만나자마자 연습한 대로 활
짝 웃으며 인사를 건넸다. "명수야, 주말 잘 보냈어?" 웃으
며 인사하고 다가서자 도리어 명수는 당황하여 아무 말도 하
지 못했다. 그래서 최 교사는 다시 한번 활짝 웃으며 이야기
했다. "명수야, 주말 어떻게 보냈어?" 잠시 머뭇거리던 명수
는 활짝 웃으며 "선생님은 주말 잘 보내셨어요?"라고 대답을
했다.

명수의 반응과 활짝 웃는 미소에 최 교사는 큰 충격을 받았
다. 명수를 지도한 지 한 학기가 지나도록 한 번도 이런 인사
를 받아 본 적이 없었던 것이다. 이 사건은 이 둘의 관계를 변
화시키는 결정적인 계기가 되어, 이후 최 교사는 더 이상 명
수 때문에 우울감에 시달리지 않아도 되었다.

## 3) 3단계: 정확한 진단

### (1) 학습부진 유발요인 진단

2장에서 학습부진을 유발하는 7가지 요인에 대해 살펴보
았는데, 이 중 한 가지 요인 때문에 학습부진이 발생하는 경우는

그다지 많지 않으며 거의 대부분 두세 가지 이상의 요인이 동시에 작용하여 학습부진을 유발하게 된다. 학습부진을 유발하는 요인을 진단할 경우에는 그러한 요인들이 갖는 속성을 파악함으로써 교사의 개입 범위를 확인해야 한다. 학습부진을 유발하는 요인의 속성은 다음 네 가지 측면에서 살펴볼 수 있다.

첫째, 학습부진을 유발하는 요인의 가변성 여부이다. 가변성 여부라 함은 교사의 노력으로 바꿀 수 있는지 없는지를 의미한다. 교사의 노력으로 바꾸기 어렵거나 불가능한 요인들을 변화시키려는 개입은 비효율적이다. 다만 그러한 요인이 학습부진에 미치는 영향의 정도를 파악하는 것은 필요하다. 특히 환경적 결핍이 학습부진의 원인인 경우에 교사의 개입에는 분명한 한계가 있다. 예를 들어, 아동 보육 시설에서 지내는 학생의 경우 부모의 부재로 인해 공부하기가 매우 어렵다. 시설로 돌아가도 특별히 공부하기 위한 환경을 조성해 주거나 지속적으로 관리해 주는 사람이 없다 보니 휴대폰이나 인터넷 게임 등 공부가 아닌 다른 유혹에 쉽게 빠져든다. 소년 소녀 가장 또한 마찬가지이다. 부모 대신 가족을 챙겨야 하는 환경 속에서 학교 공부에 매진하기란 쉽지 않다. 이러한 상황들 속에서 환경적 결핍을 메워 주는 것은 기본적으로 교사의 역할이 아니다. 교사의 역할은 부모의 부재로 발생할 수 있는 여러 가지 문제를 고려해서 학습부진아를 지도하는 것이지 부모를 찾아 주거나 자신이 부모 노릇을 대신해 주는 것이 아니다.

물론, 환경적 결핍이 모두 불변적이지는 않다. 예를 들어,

가정에서 가족 구성원이 많고 공간이 협소하여 공부할 장소가 없는 경우에 대안적인 공부 장소(예: 지역 도서관 등)를 찾아 주는 것은 좋은 대안이 될 수 있다. 실제로 필자는 가정에서 방임되던 학습부진아를 지역 도서관 및 자원봉사자 부모와 연계하여 학습지원을 받게 함으로써 아동의 학습문제가 점진적으로 감소하는 것을 관찰한 경험을 가지고 있다. 교사는 학습부진을 유발하는 각 요인들의 가변성 여부를 분석함으로써 교육적 개입의 한계선을 분명히 정하는 것이 좋다.

둘째, 각 요인들이 학습부진에 미치는 영향이 직접적인가 혹은 간접적인가이다. 직접적인 요인은 요인 그 자체가 학습부진을 유발하는 경우를 말하고, 간접적인 요인은 그 자체가 학습부진을 유발하지는 않지만 그 요인들이 다른 문제를 유발하여 학습부진을 초래할 가능성을 높이는 경우를 말한다. 예를 들어, 한글 미해득은 학습부진아가 책을 읽을 수 없게 만들어 그 자체로 학습부진의 직접적인 원인이 될 수 있다. 이에 비해 분노조절 장애와 같은 정서적 결함은 직접적으로 공부에 문제를 일으키기보다는 다른 문제(예: 친구관계 악화로 인한 협력학습의 어려움)를 유발함으로써 학습 문제에 영향을 미친다는 점에서 간접적인 요인이라고 할 수 있다. 학습부진에 직접적인 영향을 미치는 요인에 대한 개입은 즉각적으로 이루어져야 하며, 간접적인 영향을 미치는 요인에 대한 개입은 상대적으로 후순위로 미뤄 두는 것이 좋다.

셋째, 각 요인이 학습부진에 미치는 영향력의 범위이다. 각 요인이 영향을 미치는 범위를 확인하고 그 범위가 큰 요인일수록 우선적으로 개입을 하는 것이 중요하다. 예를 들어, 경계선 지능이나 지적장애와 같은 지적 능력은 전 학습영역에 광범위하게 영향을 미친다. 이에 비해 수학에 대한 트라우마의 영향은 수학 분야에 제한되기 때문에 그 영향이 국지적이라 할 수 있다. 이러한 경우 영향력이 광범위한 지적 요인을 우선적으로 고려하고 이를 바탕으로 수학에 대한 트라우마를 관리하는 것이 더 효과적이다.

넷째, 학습부진을 유발하는 요인을 변화시키는 데 소요되는 시간이다. 단기간에 변화가 가능한 요인에 대한 개입은 변화에 오랜 시간이 걸리는 요인에 대한 개입보다 선행되어야 한다. 학습부진아의 경우 공부에 관련된 성공의 경험이 매우 부족한 상태이기 때문에 가급적이면 빨리 효과를 볼 수 있는 요인들을 우선 관리함으로써 변화를 실감하게 만드는 것이 도움이 된다. 특히 여기서 고려해 볼 것이 교사가 '가르치는 것'과 학생이 '배우는 것' 사이의 시간적 간격이다. '가르치는 것'은 교사 스스로가 결정하고 바꿀 수 있다는 점에서 단기간에 변화가 가능하다. 반면, 학습부진아가 '배우는 것'에는 상대적으로 긴 시간이 필요하다. 따라서 교사가 먼저 바꿀 수 있는 '가르치는 것'을 우선적으로 바꾸는 것이 학습부진아 지도에 있어서는 더 현명한 선택이다.

이와 같은 네 가지 측면에서 각 요인의 속성을 분석할 때 학습부진아 진단은 대략 다음과 같은 절차로 진행될 수 있다. 첫째,

생리적 기능 제한과 기본 학습능력을 점검한다. 생리적 기능 제한과 기본 학습능력이 학습부진에 미치는 영향은 직접적이며 광범위하다. 생리적 기능 제한 여부는 학습부진아 지도의 방향을 설정해 준다. 학습부진아를 실제 지도하는 교사에게는 학습장애가 있는지, ADHD 증상을 가지고 있는지, 지적장애나 경계선 지능을 갖고 있는지 여부를 확인하는 것만으로도 학생 지도의 방법을 결정하는 데 큰 도움이 된다.

다음에 제시된 체크리스트들(〈표 5-1〉~〈표 5-3〉 참조)은 교사가 학습부진아의 지적 기능을 파악할 때 참고할 수 있는 가이드라인이다. 다음의 체크리스트를 참고하여 지적 기능에 문제가 있다고 의심되는 학습부진아를 일차적으로 점검하고 만약 추가적인 검사나 진단이 필요하다고 판단될 경우 특수교육지원센터나 병원을 통해 정식 진단 절차를 밟도록 부모를 상담하고 설득하는 것이 바람직하다.

●●●● **표 5-1** ● 학습장애 체크리스트

| 영역 | 항목 | No | Yes |
|---|---|---|---|
| 읽기 | 비슷한 모양의 글자나 숫자를 헷갈려 한다. | | |
| | 여러 차례 공부한 단어도 잘 기억하지 못하고 헷갈려 한다. | | |
| | 책(지문)을 읽다가 읽고 있던 곳을 자주 잊어버린다. | | |
| | 비슷한 모양의 단어(예: 강나루, 감나무)를 헷갈려 한다. | | |
| | 글자를 거꾸로 읽는다. | | |
| | 글자나 단어를 공부해도 금방 잊어버린다. | | |
| | 글의 아이디어나 주제를 잘 이해하지 못한다. | | |
| | '읽기'를 배움에 있어 심각한 지체를 나타낸다. | | |

| 영역 | 항목 | No | Yes |
|---|---|---|---|
| 읽기 | 자음, 모음의 이름을 잘 대지 못한다. | | |
| | 글자와 소리를 잘 연결시키지 못한다. | | |
| | 글의 음운변화를 잘 이해하지 못한다(예: 값을 - /갑슬/). | | |
| | 모르는 단어는 분석해서 읽으려 하지 않고 대충 찍어서 읽는다. | | |
| | 읽는 속도가 매우 늦다. | | |
| | 책(지문)을 읽으면서 단어들을 빼먹거나 다른 단어로 대치시켜 읽는다. | | |
| | 새로운 단어를 잘 습득하지 못한다 . | | |
| | 읽는 것을 싫어하고 자꾸 피하려 한다. | | |
| 쓰기 | 쓰는 것을 싫어하고 자꾸 피하려 한다. | | |
| | 쓰기를 배우는 것이 매우 늦고 지체된다. | | |
| | 글을 쓴 것이 매우 지저분하고 제대로 마무리가 되지 않는다. | | |
| | 글자나 숫자 모양을 기억하는 데 어려움을 나타낸다. | | |
| | 글자나 숫자, 기호 등을 자주 거꾸로 쓴다. | | |
| | 글자나 단어를 쓸 때 줄에 맞춰 똑바로 쓰지 못한다. | | |
| | 글자나 단어를 정확하게 베껴 쓰지 못한다. | | |
| | 같은 단어도 일관성 없이 부정확하게 쓴다(예: 강물-간물-감물). | | |
| | 자기가 쓴 글을 검토하고 수정하는 데 어려움을 나타낸다. | | |
| | 쓰기에 앞서 전체적인 윤곽을 잡는 데 어려움을 나타낸다. | | |
| | 자기 생각을 잘 표현하지 못해 글이 지나치게 짧거나 마무리가 안 된다. | | |
| | 글로 쓰고자 하는 아이디어가 제대로 정리되지 않는다. | | |
| 수학 | 숫자를 세거나 물체의 개수를 세는 데 어려움을 나타낸다. | | |
| | 한 번에 숫자 인식이 잘 안 된다(예: 5를 손가락, 하나부터 세 나가야 앎). | | |
| | 기초적인 덧셈과 뺄셈을 배우는 데 어려움을 나타낸다. | | |

| 영역 | 항목 | No | Yes |
|---|---|---|---|
| 수학 | 5단위, 10단위 세기를 배우는 데 어려움을 나타낸다(예: 5, 10, 15……). | | |
| | 자릿수에 맞춰 숫자를 제대로 쓰지 못해 연산오류가 발생한다. | | |
| | 추정이나 추산을 잘하지 못한다(예: ~은 대충 얼마이다). | | |
| | 대소나 크기 비교가 잘되지 않는다(예: A는 B보다 크다/짧다 등). | | |
| | 시간을 잘 읽지 못한다. | | |
| | 시간의 단위를 잘 이해하지 못한다(예: 60초→1분, 60분→1시간). | | |
| | 빠르게 세거나 연산을 하는 데 어려움을 나타낸다. | | |
| | 구구단이나 공식을 배우는 데 어려움을 나타낸다. | | |
| | 그래프나 표를 해석하는 데 어려움을 나타낸다. | | |

주: 'yes'로 응답되는 항목이 많을수록 학습장애의 가능성이 높아짐

출처: NCLD(2007).

●●●● **표 5-2** ● ADHD 체크리스트

| 영역 | 항목 | No | Yes |
|---|---|---|---|
| 주의력 결핍 *(6개 이상) | 매사에 건성으로 살펴보아 부주의한 실수를 많이 한다. | | |
| | 일이나 활동에 있어 지속적으로 집중하는 게 어렵다. | | |
| | 대면해서 이야기할 때 제대로 듣고 있지 않다고 느껴진다. | | |
| | 지도한 내용에 따라 일을 제대로 끝내지 못한다. | | |
| | 과제나 활동을 잘 정리하지 못한다. | | |
| | 지속적으로 머리 쓰는 일을 힘들어하고 자꾸 피하려 한다. | | |
| | 물건을 자주 잃어버린다. | | |
| | 해야 할 일들을 자주 잊어버린다. | | |
| 과잉행동 *(6개 이상) | 자리에 차분하게 앉지 못하고 안절부절못한다. | | |
| | 자리에 앉아 있어야 할 때 돌아다닌다. | | |

| 영역 | 항목 | No | Yes |
|---|---|---|---|
| **과잉행동**<br>*(6개 이상) | 감정기복이 심하다. | | |
| | 즐거운 활동을 할 때 조용히 있지 못한다. | | |
| | 모터가 달린 것처럼 늘 부산하게 돌아다닌다. | | |
| | 지나치게 말이 많다. | | |
| | 자기 순서를 기다리는 게 어렵다. | | |
| | 다른 사람의 일에 끼어들고 방해한다. | | |
| | 자주 감정을 폭발한다. | | |
| | 성인과도 자주 말다툼을 한다. | | |
| **충동성**<br>*(4개 이상) | 지시나 규칙을 따르는 것을 대놓고 거부한다. | | |
| | 의도적으로 사람을 짜증나게 한다. | | |
| **충동성**<br>*(4개 이상) | 자신의 실수나 행동에 대해 다른 사람을 비난한다. | | |
| | 과민하게 반응하고 쉽게 짜증을 낸다. | | |
| | 자주 화를 낸다. | | |
| | 자주 앙심을 품고 복수하려고 한다. | | |

*이 개수 이상이면 ADHD를 가지고 있을 가능성이 높음.　　　　　　　　출처: CADDRA(2014).

•••• 표 5-3 ● 경계선 지능 및 지적장애 체크리스트

| 영역 | 항목 | No | Yes |
|---|---|---|---|
| **조기발달** | 말을 배우는 것이 늦다. | | |
| | 앉기, 걷기, 배변 가리기 등 신체발달이 늦다. | | |
| **일상생활** | 개인위생 관리에 있어 다른 사람의 도움이 필요하다. | | |
| | 주변 정리를 함에 있어 성인의 도움이 필요하다. | | |
| | 사소한 일들을 할 때에도 성인의 감독이 필요하다. | | |
| | 생활 안전을 위해 성인의 감독이 필요하다. | | |
| | 돈 관리에 있어 성인의 감독이 필요하다. | | |
| **사회적<br>관계** | 또래 친구를 만드는 데 어려움을 겪는다. | | |
| | 놀림이나 따돌림을 자주 경험한다. | | |
| | 대인관계에서 지나치게 순진하고 타인을 잘 믿는다. | | |
| | 다른 사람에 의해 쉽게 조종된다. | | |
| | 다른 사람에게 부적절한 말이나 행동을 자주 한다. | | |

| 영역 | 항목 | No | Yes |
|---|---|---|---|
| 사회적 관계 | 그저 몇 번 본 사람도 친구라고 생각한다. | | |
| | 나이에 맞지 않게 공상 속 인물(예: 히어로)을 실제 있다고 믿는다. | | |
| 놀이활동 | 자기 나이보다 어린 또래와 잘 어울린다. | | |
| | 자기 나이보다 어린 아동에게 맞는 장난감과 놀이를 한다. | | |
| | 나이에 맞는 놀이나 게임은 어려워하고 힘들어한다. | | |
| | 게임의 규칙을 배우고 따라 하는 게 늦는다. | | |
| 학교생활 | 모둠 활동에 있어 집중하지 못하고 안절부절못한다. | | |
| | 자주 다른 사람의 도움을 구하고 의지한다. | | |
| | 교사의 관심을 지나치게 갈구한다. | | |
| | 과제를 수행함에 있어 집중하지 못하고 비협조적이다. | | |
| | 과제를 잘못하고 있음에도 그것을 인지하지 못하고 도움도 구하지 않는다. | | |
| 학습활동 | 또래에 비해 학습속도가 매우 늦다. | | |
| | 과제를 잘게 쪼개 주어야지만 학습할 수 있다. | | |
| | 또래에 비해 여러 번 반복해 주어야만 새로운 학습을 한다. | | |
| | 학습에 있어 구체물이나 실제 조작활동이 필요하다. | | |
| | 구체적이며 명시적으로 설명해야 알아듣는다. | | |
| | 또래에 비해 읽기이해가 잘 안 된다. | | |
| | 또래 수준의 수학 학습을 하지 못한다. | | |
| | 추상적인 개념을 잘 이해하지 못한다. | | |
| | 그리기, 쓰기 등이 나이에 맞지 않게 유치하다. | | |
| | 시간이 지날수록 또래에 비해 격차가 더 벌어진다. | | |
| 기타 문제 | 또래에 비해 말하기, 듣기 능력이 떨어진다. | | |
| | 또래에 비해 신체활동이 서투르다. | | |
| | 행동적 · 정신적 건강에 문제가 있는 것으로 여겨진다. | | |
| | 신체적 건강에 문제가 있는 것으로 여겨진다. | | |

출처: Hannell(2006).

생리적 기능 제한을 점검한 이후에는 학생의 기본 학습능력을 확인해야 한다. 기본 학습능력은 크게 일반학습과 관련된 부분, 그리고 교과학습과 관련된 부분으로 구별할 수 있다. 일반학습과 관련된 기본 학습능력은 앞서 언급한 한글 문해력과 학습전략이 대표적이다.[1] 교과학습과 관련된 기본 학습능력은 각 교과마다 차이가 있는데, 예를 들어 수학의 경우 연산능력이 대표적인 기본 학습능력이 된다. 일단 각 부분에 있어 어떠한 어려움이 있는지 확인한 이후에는 이러한 결손의 내용 중 어떠한 내용을 먼저 다루어야 하는지 우선순위를 정할 필요가 있다. 학생이 해독과 읽기 유창성에서 어려움을 나타낸다면 우선순위는 해독이 될 것이다. 물론 이러한 우선순위는 절대적인 것이 아니며 학생 개개인의 상황에 따라 탄력적으로 조절되어야 한다.

그다음으로는 환경적 결핍 정도를 점검한다. 환경적 결핍 정도를 파악하는 것은 학습부진아 지도에 대한 가정의 지원을 받을 수 있는지와 교사가 어디까지 개입해야 하는지에 대한 가이드라인을 제시해 준다는 점에서 중요하다.

다음으로는 정서적 결함과 사회적 관계를 점검한다. 정서적 결함과 사회적 관계가 학교 안의 요인으로 발생한 것인지 학교 이외의 요인 때문에 발생한 것인지를 파악해야 한다. 만일 학교 내에 정서적 결함과 사회적 관계 문제를 유발한 원인이 존재한다면 교사는 생활지도나 상담을 진행해야 한다. 사회적 관계

---

1 일반 학습과 관련된 기본 학습능력에 대한 내용은 '4장 초기문해력과 학습전략' 참조.

의 문제가 가정학대나 학교폭력, 성폭력과 같이 심각한 문제와 연관되어 있다면 이를 최우선적으로 다루어야 한다.

마지막으로, 학습 트라우마와 학습된 무기력 여부를 점검한다. 학습 트라우마와 학습된 무기력은 특정 교과에 대한 기피에서부터 학습 전 과정에 대한 무반응까지 다양한 형태로 나타난다. 교사는 학생이 어떠한 영역에 트라우마가 있는지, 어떠한 내용에 학습된 무기력을 보이는지 확인하는 것이 필요하다.

### (2) 학습특성 진단

학습특성에 대한 진단은 학습부진아가 외부로부터 학습정보를 받아들이고 처리하며 기억하는 과정을 연상하며 그 순서를 따르는 것이 용이하다. 그러한 점에서 가장 먼저 진단할 것은 학습정보를 최초로 받아들이는 주의집중 특성이다. 선택적 주의집중, 지속적 주의집중, 주의전환에 있어 어떠한 특성을 나타내는지 살펴본다. 주의집중 특성을 살펴본 다음에는 정보처리 방식과 학습양식을 파악한다. 디지털적 정보처리와 아날로그적 정보처리 중 어떠한 정보처리 방식으로 공부하는 경향이 있는지 살펴볼 필요가 있는데, 학습부진아의 경우 일반 학생에 비해 아날로그적으로 정보를 처리하는 경향이 크다는 점에서 이를 잘 점검해야 한다. 다음으로 학습부진아가 어떠한 학습양식으로 공부할 때 더 효율적으로 공부하는지를 진단한다. 학습양식을 점검할 때에는 과감각적 문제, 그리고 신체적 활동이 필요한 학습양식을 보이는 학생이 생각보다 많다는 점에 주의해야 한다.

〈표 5-4〉는 교사가 점검해야 하는 학습양식의 영역과 요소들을 나타낸다.

●●●● **표 5-4** ● **학습양식의 영역과 점검 요소**

| 영역 | 점검 요소 | 비고 |
|---|---|---|
| 감각 정보 | 시각: 시각적으로 무엇인가를 보여 줄 때 학습을 잘하는지 여부 | 과감각과 근운동감 각여부의 파악 |
| | 청각: 청각적으로 무엇인가를 들려 줄 때 학습을 잘하는지 여부 | |
| | 촉각: 촉각적으로 무엇인가를 만지거나 조작할 때 학습을 잘하는지 여부 | |
| | 근운동감각: 신체적인 움직임이 동반될 때 학습을 잘하는지 여부 | |
| 문화적 배경 및 성향 | 언어-문화적 배경: 특정 언어에 더 노출되거나 되고 있는 문화적 배경 | 학습방법 및 학습과제, 평가방법 등에 반영 |
| | 종교-문화적 배경: 특정 종교에 더 노출되거나 되고 있는 문화적 배경 | |
| | 개인 또는 집단적 문화 성향: 개인주의적 또는 집단주의적 문화 성향 | |
| | 수직적 또는 수평적 문화 성향: 수직적 또는 수평적 문화 성향 | |
| 주요한 선행 경험 및 지지 여부 | 가족 관련: 가족과 관련하여 학습에 영향을 미칠 수 있는 경험이나 지지 여부(예: 특정인의 사망 등) | 학습에 영향을 미칠 수 있는 요소의 파악 |
| | 친구 관련: 친구와 관련하여 학습에 영향을 미칠 수 있는 경험이나 지지 여부(예: 현재 친한 친구의 성향 등) | |
| | 교사 및 학교 관련: 교사 및 학교와 관련하여 학습에 영향을 미칠 수 있는 경험이나 지지 여부(예: 긍정적·부정적 영향을 미칠 수 있는 교사의 여부 등) | |
| | 지역 사회 관련: 지역 사회와 관련하여 학습에 영향을 미칠 수 있는 경험이나 지지 여부(예: 종교기관이나 지역아동센터의 지지 등) | |

마지막으로, 학습부진아가 무엇을 잘하는지(장점), 무엇을 좋아하는지(선호도)를 파악한다. 학생의 장점을 '체육', '미술'과 같이 특정 교과목으로 기술하게 되면 이를 지도 과정에서 활용할 수 없기 때문에 구체적이며 세부적인 학생의 역량으로 기술해야 한다. 선호도를 파악할 경우에도 학습부진아가 좋아한다고 하는 것을 무조건적으로 수용해서는 곤란하며, 진정으로 그것을 좋아하는지 점검해야 한다. 만약 장점과 선호도가 다를 때에는 선호도는 학습부진아 지도의 출발점으로, 장점은 지도의 지향점으로 설정하는 것이 효과적이다. 학습특성을 진단함에 있어 다시 한 번 유념해야 할 것은 각각의 학습특성은 다른 것이지 우열이 존재하지 않는다는 점이다. 교사는 학습부진아의 학습특성을 진단하는 것이 문제 파악이 아닌 학생의 공부잠재력을 발굴해 가는 과정이라고 인식하는 것이 중요하다.

## 4) 4단계: 학습환경 조성

학습환경 조성이란 학습부진아의 현재 학습환경이 학습에 적합한지를 점검하고 필요에 따라 학습환경을 수정하거나 새로운 환경을 제공하는 것을 말한다.[2] 학습부진아의 학습환경은 크

---

2 이 장에서 학습환경 조성이란 기본적으로 학습부진아의 개별 지도나 소집단 지도를 위한 학습환경을 의미한다. 그러나 이러한 학습환경 조성에 대한 기본 원리는 일반 학생을 포함한 전체 학생을 지도할 때에도 활용될 수 있다. 교사는 이러한 학습환경 조성의 기본 원리가 자신의 학급 학생을 지도할 때 어떠한 부분이 활용 가능한지, 어떠한 부분이 그렇지 않은지 잘 살펴볼 필요가 있다.

게 물리적 환경과 사회심리적 환경으로 구분된다.

먼저, 물리적 환경이란 공부를 하기 위한 물리적 시설이나 도구 등이 갖추어져 있는지를 말한다. 이러한 물리적 환경은 학생의 입장에서 크게는 학교와 관련된 시설과 학습도구(예: 교실환경, 각종 기자재 등), 그리고 가정에서 공부를 지원하기 위한 물리적 시설과 도구(예: 공부방, 책걸상, 학용품 등)로 구분할 수 있다.

학교의 물리적 환경 조성은 상대적으로 교사의 영향력 아래에 있는 데 비해, 가정의 물리적 환경 조성은 보호자의 영향이 절대적이다. 보호자가 학생에 대해 관심이 없거나 가정의 경제적 형편이 어려운 경우라면 학습을 촉진할 수 있는 학습환경을 제공하기 어려워진다. 가정의 학습환경이 부적절하다는 사실을 확인하였다면, 교사는 가정의 물리적 환경을 개선시켜 주거나 가정을 대신하여 적절한 학습환경을 제공해 줄 수 있는 대안을 탐색해 보아야 한다. 최근 들어 경제적으로 어려운 가정의 학생에 대한 사회적 관심이 증가하고 복지제도가 강화되면서 지역아동센터, 복지센터, 지역 도서관 등을 중심으로 가정의 학습환경을 개선시키려는 시도가 많아지고 있다.

다음으로, 사회심리적 환경이 학습에 미치는 영향은 물리적 환경에 비해 훨씬 더 크다. 학습부진아는 학습에서의 누적된 실패로 인해 또래로부터 무시를 받거나 심할 경우 따돌림을 당하기도 한다. 이러한 부정적인 경험은 공부에 대한 부정적 태도로 연결되기도 한다. 실패가 누적될수록 자신의 능력에 대한 불신이 증가하며 자신감을 상실하게 된다. 학습부진아를 위한 사회심리적 환경 조성은 이들이 잃어버린 학습동기를 회복하는 데 초점이 맞추어져야 한다.

학습부진아가 공부에 대한 부정적 태도를 형성하게 된 데 는 학습에서의 실패경험이 크게 기여한다. 배우는 과정에서 겪 는 실패는 누구에게나 있는 일이다. '실패가 성공의 어머니'라는 격언은 그만큼 실패가 흔한 것이란 의미도 포함한다. 학생이 겪 게 되는 학습실패는 그 자체로서는 큰 문제가 되지 않는다. 어 린 아동은 실패하더라도 다시 도전하기를 반복할 만큼 실패에 대한 회복탄력성이 강하다. 아동은 실패를 통해 배우고 성장한 다. 그런데 어느 시점에 이르면 이 회복능력이 차츰 줄어들게 되 어 실패에 대한 두려움 때문에 새로운 도전을 기피하게 된다. 이 러한 변화가 뚜렷이 관찰되는 시기는 공교롭게도 초등학교 입학 시점과 맞물려 있다.

따지고 보면, 학습부진이라는 개념도 초등학교 입학 이후 의 학생에게 적용되기 시작한다. 어린이집과 유치원에 다니는 연령대에는 학습부진이라는 개념을 적용할 수가 없다. 초등학 교에 입학하기 전에는 어떠한 도전을 하더라도 교사나 부모의 격려를 받으며, 설사 실패를 하더라도 무시당하지 않는다. 그런 데 초등학교에 입학하여 공교육이 본격적으로 시작되면서부터 는 더 이상 실패는 격려받지 못하게 된다. 이때부터는 학생의 도 전 행위 자체보다는 결과가 더 중요하게 여겨지며, 또래와 비교 하여 뛰어난 성취 수준이 아니라면 그 결과마저도 칭찬받지 못 하게 된다. 초등학교 저학년 학생은 아직 공부 자체의 내재적 가

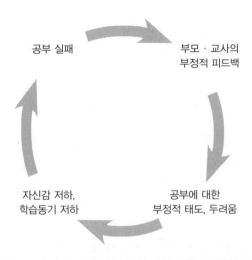

공부 실패

부모 · 교사의
부정적 피드백

공부에 대한
부정적 태도, 두려움

자신감 저하,
학습동기 저하

•••• **그림 5-1** ● 공부 실패와 피드백, 부정적 태도와 학습동기의 순환적 관계

치를 깨달을 정도로 성장하지 않았기 때문에 주변의 반응을 보고 그 가치를 판단한다. 교사나 부모와 같은 핵심적인 주변인으로부터 더 이상의 칭찬과 격려를 받지 못하게 되면 학습이라는 분야에서의 새로운 도전을 더 이상 시도하지 않게 된다.

[그림 5-1]과 같이 초등학교 저학년 학생이 학습에서의 실패를 두려워하는 이유는 실패 자체에 대한 두려움 때문이라기보다는 그 실패에 대해 교사나 부모에게 받는 부정적 피드백 때문이다. 학습에 대한 두려움은 새로운 것을 배우는 것에 대한 동기와 자신감을 저하시키고 그 결과 다시 학습에서의 실패를 경험하는 악순환이 시작되는 것이다.

이러한 점에서 학습부진아를 지도할 때 '마음껏 실패할 수 있는 분위기'를 조성하는 것이 필요하다. 실패를 자연스러운 현상으로 간주하고 다시 한번 도전할 수 있도록 용기를 북돋아 주어야 한다. 학습부진아가 문제를 풀다가 틀려서 위축될 때마다 이런 말을 해 주면 어떨까?

"잘 안 되니까 배우는 거지 이미 다 잘하면 왜 배우러 오겠니? 틀리는 게 당연한 거야. 괜찮아. 다시 해 보면 돼."

이렇게 격려하는 말을 해 주고 실패하더라도 웃어 주면 처음에는 반신반의하던 학생도 점차 마음을 열고 새로운 도전에 대한 용기를 갖게 된다. 심지어 틀린 답을 한 경우에도 처음이니 모르는 게 당연하지 않느냐고 당당해지기까지 한다.

교사가 학습부진아를 대하는 태도의 변화는 이들의 사회적 관계 형성에도 영향을 미친다. 교사에게 무시를 당하는 학생이 또래에게 존중받는 경우는 흔치 않다. 학급 내 학습부진아가 또래에게 무시를 당하고 있다면 혹시 교사 자신이 어느 시점부터 그 학생을 무시했던 것은 아닌지 냉철하게 성찰해 보아야 한다. 교사가 특정 학생에게 지속적으로 부정적인 피드백을 하게 되면 학급 내 다른 학생 또한 교사의 이러한 행동을 즉각적으로 모방한다. 한두 명의 학생이 교사의 부정적인 피드백을 모방하면 이러한 행동은 머지않아 학급 전체로 확산되어 학습부진아가 처한 심리적 환경은 황폐화된다. 이에 비해 교사가 학습부진아의 실패에 대해 호의적으로 다가서면 이는 다른 학생에게 교사가 학습부진아를 존중한다는 인상을 주게 된다. 교사에게 존중받는 학생이 또래에게 따돌림을 당하는 경우도 흔치 않다. 실패가 허용되고 새로운 도전을 계속할 수 있는 학급 분위기를 형성하는 것이야말로 학습부진아를 위한 최상의 사회심리적 환경이라 할 수 있다.

### 5) 5단계: 학습지도 시작하기

#### (1) 짧은 시간 학습하기와 규칙 만들기

학습부진아에게 본격적으로 교과 지도를 시작하면 정도의 차이는 있지만 가르침에 대한 저항이 발생한다. 학습부진아에게 공부란 익숙하지 않은 활동이기 때문에 일단 자리에 앉아 있는 것 자체를 힘들어한다. 좀이 쑤셔서 가만히 앉아 있지 못하고 손 장난을 하거나, 공부하는 상황을 일시적으로라도 벗어나기 위해 물을 마시고 싶다고 하거나 화장실에 가고 싶다고 말한다. 수업이 진행될수록 눈꺼풀이 무거워지며 하품을 하는 빈도가 증가한다. 또한 과거의 실패경험으로 인해 새로운 것을 배우기를 두려워한다.

이러한 점들을 고려하여 지도의 초기에는 교수 – 학습에 소요되는 시간을 짧게 해야 한다. 학습부진아는 오랜 시간 주의를 집중하는 것을 어려워한다. 더구나 자신이 잘하지 못하는 교과 공부를 해야 하기 때문에 짧은 시간 동안 교수 – 학습이 이루어지더라도 쉽게 지쳐 버린다. 일대일 수영 레슨을 받는 상황을 예로 들어 보자. 수영 강사는 수영을 처음 배우는 사람에게 몸에서 힘을 빼라는 요구를 자꾸만 한다. 불필요한 근육 사용을 줄이라는 의미이지만 처음 수영을 배우는 사람에게 힘을 빼는 것은 무척 어려운 일이다. 근육뿐만 아니라 정신적으로도 긴장하기 때문에 수영을 처음 배울 때에는 조금만 연습을 해도 금방 지치게 된다. 인간은 익숙하지 않은 상황에 처하게 될수록 신체적·정서적·인지적 에너지를 많이 소모하게 된다. 학습부진아에게 교수-학습 상황이 바로 그러한 상황이다.

학습부진아가 짧은 시간 동안 학습할 때에는 가르칠 내용의 양과 수준 또한 적절히 조절함으로써 공부에 필요한 지적 부담이 지나치게 커지지 않도록 해야 한다. 학습부진아가 처음 공부를 시작할 때에는 이들이 공부에 대해 가지고 있는 부정적 인식을 바꾸고 자신감을 회복할 수 있도록 접근해야 한다. 그러기 위해서는 학습에서의 성공경험을 할 수 있도록 학습의 분량과 과제 난이도를 조절하는 데 민감해야 한다. 성공적인 학습경험을 통해 학습동기가 높아지면 조금씩 도전적 과제를 제시하기 시작한다. 학습과제의 난이도는 교사의 관점이 아닌 학생의 관점에서 평가되는 것이므로 엄밀히 말해 교사는 학습과제의 난이도를 정확하게 파악하기 어렵다. 따라서 학습과제의 난이도를 조절할 경우에는 학생의 반응을 세심하게 관찰하며 난이도 증가의 적절성을 평가해야 한다.

학습부진아에게 공부란 과거에 실패를 경험하게 하였을 뿐만 아니라 현재에도 여전히 실패를 경험하게 하는 영역이다. 교사로부터 일대일 지도를 받는 상황은 어쩌면 학습부진아에게 과거의 실패로 인해 갖게 된 학습 트라우마를 상기시켜 줄지도 모른다. 따라서 과거의 실패경험을 극복하고 학습동기를 회복하

# 행동계약서

1. 목표 :

2. 기간 :    년   월   일 ~   년   월   일

3. 실천할 규칙
• 규칙 1:
• 규칙 2:
• 규칙 3:

4. 보상방법
• 1단계 (        ) :
• 2단계 (        ) :
• 3단계 (        ) :
• 최종 단계 (        ) :

(학생 이름)는 위에 기록된 규칙을 지키기 위하여 최선을 다하고, 규칙이 잘 지켜졌을 시 교사(교사 이름)는 약속한 보상을 제공할 것을 것을 다짐합니다.

년    월    일

학생          (인)

교사          (인)

•••• **그림 5-2** ● 행동계약서 예시

려면 교사의 세심한 지도가 필요하다. 만약 교사와 학습부진아가 일대일로 공부를 시작한 상황이라면 행동계약을 맺는 방법을 사용해 보는 것도 좋은 방법이다. '행동계약'이란 교사와 학습부진아가 서로 간에 지켜야 할 규칙과 이러한 규칙이 잘 지켜졌을 경우 학생이 받게 될 보상의 내용을 명시화하는 것이다. 이때 너무 많은 규칙을 정하지 않도록 해야 하며 두세 가지 정도의 규칙을 정하는 것이 좋다. 이렇게 규칙을 설정하는 경우에도 교사가 학생에게 일방적으로 지시하는 것이 아닌 상호 간의 충분한 협의를 통해 '행동계약'을 맺는 것이 도움이 된다. 행동계약서 예시와 행동계약서를 작성하는 절차는 다음과 같으며(National Center on Intensive Intervention, 2015), [그림 5-2]는 행동계약서의 예시를 보여 준다.

### ① 규칙(행동) 정하기

학습부진아와 함께 공부할 때 지켜야 할 기본적인 규칙들을 정한다. 규칙은 교사가 일방적으로 정하고 지시하지 않는다. 교사는 필요하다고 판단되는 규칙들을 학생에게 제시한 후 그 필요성에 대해 충분히 설명함으로써 학생의 동의를 이끌어 내는 것이 바람직하다. 규칙의 수는 두세 가지 정도가 적절하며 많아도 다섯 가지를 넘지 않도록 한다. 학습부진아 지도에 있어 설정하는 규칙의 예를 들면 다음과 같다.

• 공부하는 시간에 빠지지 않기

- 공부하는 시간에 늦지 않기
- 공부할 때에는 휴대폰 보지 않기

만약 학생이 규칙을 정하는 것을 일방적으로 거부한다면 다음 두 가지 상황 중 하나가 아닌지 고려해 봐야 한다. 첫째, 아직 충분한 라포가 형성되지 않은 상황일 경우이다. 충분한 라포가 형성되지 않은 상황에서 교사가 규칙을 정하려고 시도할 경우 학생의 입장에서는 규칙의 필요 여부와 상관없이 강요당한다는 느낌을 받게 되어 거부감을 갖게 된다. 이러한 경우에는 당장 규칙을 정하려 하기보다 교사와 학생 간의 관계가 좀 더 긍정적으로 개선될 때까지 일단 연기하는 것이 바람직하다. 둘째, 규칙 설정의 필요성에 대한 인식이 충분히 이루어지지 않은 경우이다. 교사의 경우 함께 공부할 때 지켜야 할 기본적인 규칙의 필요성에 대해 절감하지만, 아직 공부에 익숙하지 않은 학습부진아가 이에 대해 한번에 동의하기란 쉽지 않다. 이러한 경우에는 학습부진아에게 규칙의 필요성에 대해 반복적으로 설명하고 설득하는 것은 효과가 떨어진다. 그보다는 이러한 규칙이 준수되었을 경우 학습부진아가 얻게 될 보상에 대해 적절히 설명해 줌으로써 규칙 설정과 준수에 대한 동기를 부여하는 것이 더 효과적이다.

### ② 보상 정하기
규칙이 적절히 준수되었을 경우 학습부진아가 얻게 될 보상을 결정한다. 이때 보상은 규칙 준수에 대한 동기를 유발할 수 있도록 학생의 선호도를 바탕으로 결정되어야 한다. 가급적 교사는 실현 가능한 범위를 설정해 주고 학생이 주도적으로 보상을 결정할 수 있도록 유도한다. 학습부진아가 희망하는 보상의 내용 중에는 교사가 독단적으로 결정하기 어려운 것도 있을 수 있는데(예: 용돈, 외출 시간 등), 이때 부모의 지원을 받을 수 있다면 매우 효과적이다. 학습부진아 지도에 있어 활용 가능한 보상의 예를 들면 다음과 같다.

- 먹을 것: 과자, 사탕, 외식 등
- 물건: 장난감, 옷, 신발 등
- 활동: 영화 보기, 놀이공원 가기 등
- 게임: 보드 게임, 인터넷 게임, 휴대폰 게임 등
- 시간: 휴대폰 이용 시간, 외출 시간 등
- 아이템: 게임 아이템, 이모티콘 등
- 금전: 용돈, 문화상품권 등

### ③ 보상 획득 기준과 양 정하기

보상 내용이 정해졌으면 보상 획득을 위한 기준과 그 기준에 따른 양을 협의한다. 보상의 획득은 횟수 또는 기간에 따라 설정이 가능한데, 횟수에 있어서는 일정 횟수 이상을 수행했을 경우, 기간에 있어서는 일정 기간 동안 수행한 내용을 합산하여 보상한다(예: 시간 단위, 일 단위, 주 단위, 월 단위로 합산하여 보상). 보상의 획득은 내용만큼이나 보상을 얻었다는 그 자체가 주는 성취감이 학습동기로 작용하기 때문에 성취경험이 상대적으로 적은 학습부진아의 경우 지도 초반에는 가급적 적게라도 보상을 자주 획득할 수 있도록 유도하는 것이 바람직하다. 또한 보상에 있어서도 단계를 두어 초기에는 쉽게 달성할 수 있는 목표치를 제시하고, 단계가 높아질수록 점차 보상의 내용과 기간을 늘려 가는 것이 효과적이다.

### ④ 행동계약서 서명, 행동계약 실시하기 및 진행 과정 점검하기

행동계약서가 완성되었으면 각자 계약서에 서명한 후 한 부씩 나눠 갖는다. 계약서에 서명하는 의식은 장난스럽지 않고 진지한 분위기 속에서 진행되어야 한다. 만약 부모가 개입되었으면 부모 또한 계약서에 서명하도록 유도한 후 마찬가지로 한 부를 나눠 갖는다. 이러한 공식적인 일련의 절차는 학습부진아가 행동계약에 대해 보다 진지한 태도로 임하게 만듦으로써 계약의 실천 가능성을 높여 준다.

일단 계약 절차가 완료된 후에는 학습부진아가 행동계약서에 따라 행동하는지 여부를 기록한다. 초기에는 교사와 학생이 함께 행동에 대한 행동 결과를 표나 차트에 기록한다. 행동을 기록하는 것에 익숙해지면 점차 학생 스스로 기록하도록 유도하며, 교사는 기록된 행동을 점검하도록 한다. 학습부진아가 자신의 행동을 스스로 점검하고 기록하는 것은 추후 자기주도적 학습으로 전환하기 위한 핵심 기능이라는 점에서 교사가 학생 스스로 기록하는 것 자체를 격려하고 칭찬해 주는 것이 필요하다.

### ⑤ 평가 및 행동계약 조정하기

행동계약이 일정 기간 수행된 후에는 학생과 교사가 함께 수행 여부를 평가한다. 수행의 목표치를 100%로 보았을 때 대략 80% 이상 행동을 수행하면 적절한 수준으로 판단할 수 있다. 만약 70% 이하의 수행 수준을 보인다면 계약된 행동이 지나치게 어렵거나 반대로 보상 수준이 충분치 않은 것일 수 있다. 평가 결과 계약된 행동을 수행함에 있어 지나치게 어려움을 느낀다고 판단된다면 학생과의 협의를 통해 계약 내용을 조정하도록 한다. 학생이 충분히 목표 행동을 수행한다고 판단되면 보상 기간과 보상 내용을 점차 늘려 간다. 예를 들어, 보상의 내용이 '1주일-1시간 게임'이라면 '2주일-2시간 게임'으로 기간을 늘리고, 이러한 보상이 효과가 있으면 다시 다음에는 '1개월-4시간 게임' 또는 추가 보상을 주어 '1개월-5시간 게임'으로 늘려 가는 것이 효과적이다.

### (2) 교수-학습 시간 늘려 가기

일단 학습부진아가 짧은 시간 동안 학습하는 것이 익숙해지면 이제 학습시간을 조금씩 늘려 간다. 물론 지도하는 학습내용은 여전히 학생이 좋아하는 것 위주로 편성한다. 학생의 동기 수준에 따라 차이가 나긴 하지만 대체로 동기 수준이 떨어진다

면 1~2주에 5분 내외, 동기 수준이 높다면 10분 내외 정도 늘려
본다. 교수-학습 시간을 늘리기 전에 학생과 미리 상의하는 것
도 좋은 방법이 될 수 있다. 학습부진아의 공부시간을 성공적으
로 늘려 가기 위해서는 같은 과목에서도 학습부진아가 어떤 부
분을 잘하고 좋아하는지 파악하는 것이 필요하다. 학생이 잘하
고 좋아하는 것을 중심으로 학습시간을 늘려 가면 상대적으로
거부감이 적어진다. 또한 이렇게 시간을 늘려 갈 때에는 학습시
간이 늘어났다는 것 자체가 중요한 성취라는 것을 학습부진아
가 인지할 수 있도록 도와주고 격려해 주어야 한다. 다음의 철수
(가명)의 사례를 살펴보자.

> ADHD 성향을 가진 학습부진아인 철수는 초등학교 3학년이
> 었다. 처음 철수를 지도했을 때 철수의 학습수준은 거의 모
> 든 부분에서 최하위를 기록하고 있었다. 무엇보다 한글을 제
> 대로 읽지 못하는 것이 문제였다. 특히 한글 해독 속도가 떨
> 어져 떠듬떠듬 읽다 보니 읽은 내용에 대해 제대로 이해하지
> 못했다. 한글을 제대로 읽지 못하니 교과서 내용이 이해될 리
> 없고 수업을 쫓아갈 수 있을 리 만무했다. 철수를 진단하고
> 상담한 결과 읽기능력은 떨어지지만 다행히 책을 싫어하지
> 는 않았다. 무엇보다 다른 성인(예: 부모, 교사)과 함께 책을
> 읽는 것을 좋아했다. 물론 자신이 책을 잘 읽지 못하니 처음
> 에는 같이 읽는 것에서 출발해도 종국에는 부모나 교사가 책
> 을 읽어 주는 경우가 대부분이었다. 그러한 점에서 철수가 처

음 공부를 시작한 것은 책 읽기였다.

처음 읽기 공부을 시작한 책은 그림이 많고 글밥이 매우 적은 동화책이었다. 떠듬떠듬 대는 철수조차도 한 권 읽는 데 5분 정도면 충분했다. 떠듬떠듬 읽었지만 읽어 낸 책의 권수가 늘어 가면서 철수도 읽는 것에 대한 스트레스가 점차 줄어들었다. 그런데 흥미로운 것은 철수가 유독 읽기에 흥미를 보이는 책의 종류가 있었다. 바로 자동차나 기계와 관련된 책이었다. 자동차나 기계와 관련된 책은 심지어 자신의 수준에 맞지 않는 어려운 책도 들고 와 읽고 싶다는 이야기를 했다. 아마도 자동차 회사에 다니는 아버지의 영향이 아닌가 싶었다.

이후 철수의 긴 시간 학습하기는 여전히 읽기가 중심이 되었지만 책의 주제는 자동차와 기계를 주로 보았다. 한번 책을 읽으면 10분을 넘기기 어려웠던 철수가 자동차나 기계와 관련된 책을 읽을 때에는 15분이 넘어도 열심히 읽어 내려갔다. 책을 읽는 중간중간 철수가 자동차와 관련된 기계에 대해 이야기를 할 때에는 눈빛이 반짝거렸다. 나중에는 시간이 점차 늘어 20여 분 동안 한 번도 멈추지 않고 책을 읽었다. 20여 분이 넘는 시간 동안 책을 읽었다는 사실에 대해 칭찬해 주자 철수는 진심으로 뿌듯해했다.

철수의 사례와 같이 자신이 좋아하고 관심 있어 하는 것과 학습이 연관되면 학습시간을 늘려 가는 것이 매우 용이하다. 또한 이렇게 자신이 좋아하는 것이 공부와 연결될 수 있다는 것을 학습부진아 스스로 인식하는 것은 이후 꿈 찾기 과정에서 자신의 진로를 선택하는 것에도 중요하게 활용될 수 있다. 그러한 점에서 교사는 할 수 있다면 이 둘이 서로 연관될 수 있다는 것을 학습부진아가 인식할 수 있도록 직접적으로 지도하는 것도 필요하다.

### (3) 학습과제의 난이도 조절하기

일단 학습부진아가 잘하고 좋아하는 내용 위주로 공부하는 것에 어느 정도 익숙해지면 이제부터 학습부진아가 잘하지 못하는 것, 어려워하는 내용을 포함하기 시작한다. 이때에도 많은 과목을 한꺼번에 도입하게 되면 학습부진아 입장에서는 갑작스럽게 어려워지는 학습 때문에 공부에 흥미를 잃게 된다. 따라서 못하는 내용을 추가할 때에는 마찬가지로 짧은 시간 동안 학습하기를 먼저 시도하고 충분히 익숙해지면 점차 시간을 늘려 간다.

학습부진아가 어려워하는 학습내용을 추가할 때 교사가 첫 번째로 고려해야 할 것은 바로 적절한 수준의 난이도를 찾는 것이다. 학습부진아 지도에 대한 연수를 하던 중 한 교사에게서 이런 질문을 받은 적이 있다.

"난이도를 조금만 높여도 학생이 전혀 따라오지를 못합니다. 이 경우는 어떻게 해야 할까요?"

이 질문에 대한 필자의 답은 다음과 같다.

"선생님은 난이도를 조금 높였다고 하셨지요? 선생님의 '조금'이 지도받는 학생의 입장에서는 절벽일 수 있습니다."

학습내용의 난이도 수준을 교사 입장에서 평가해서는 안
된다. 현재 지도하고 있는 학생의 입장에서 이러한 수준의 난이
도가 적절한지 끊임없이 점검해야 한다. 만약 학습부진아에게
제시한 학습내용의 난이도가 생각보다 높아 학생이 곤란해한다
고 판단되면 실패하기 이전에 바로 난이도를 조정해 주는 게 필
요하다. 불필요한 실패의 경험은 학습부진아의 학습의욕을 꺾
을 뿐이다.

어려운 학습내용을 추가함에 있어 교사가 고려해야 할 것
이 또 하나 있다. 바로 학습부진아의 발전과 변화에 대한 세심한
관찰과 지속적인 격려가 필요하다는 점이다. 학습부진아의 경
우 많은 실패경험으로 인해 내용이 조금만 어려워지면 쉽게 좌
절하는 경향이 있다. 따라서 어려운 내용을 학습함에 있어 어떤
작은 발전과 변화라도 격려하고 지지해 주는 것이 중요하다.

현장에서 학습부진아 지도를 상담하다 보면 실제 학습부진
아가 공부에 진전이 있었음에도 불구하고 교사가 이러한 진전
을 잘 인지하지 못하는 경우를 자주 만나게 된다. 이러한 현상이
발생하는 첫 번째 이유는 교사의 눈높이가 높기 때문이다. 교사
의 눈높이가 높다 보니 학습부진아가 보이는 작은 변화와 발전
을 제대로 인지하지 못하는 경우가 많다.

교사가 학습부진아의 발전과 변화를 잘 인지하지 못하는
또 다른 이유는 학습부진아의 발전을 '인지적인 부분'에만 한정
하기 때문이다. 조금 극단적으로는 말하면, 학습부진아가 가르
친 내용을 이해하고, 이해한 내용을 잘 암기하고, 이에 대한 문

제를 풀 수 있어야만 비로소 제대로 발전했다고 생각하기 때문이다. 그러나 학습에서는 인지적 부분뿐만 아니라 정의적·행동적 영역 또한 중요하다. 예를 들어, 과거에는 수학 문제를 풀 때 무기력해 보이던 학습부진아가 잘 모르는 수학 문제를 접하고 어떻게든 풀려고 애쓴다면 이는 학습에 있어 큰 진보를 이룬 것이다.

일전에 ADHD 증상을 가진 학습부진아를 지도하는 교사를 상담한 적이 있다. 교사는 기대하는 만큼 학생의 변화가 없어 힘들다고 이야기했다. 교사가 수업하는 모습을 관찰한 결과 재미있는 모습을 발견했다. ADHD 증상을 가진 학습부진아가 생각보다 오랫동안 자리에 앉아 교사와 학습을 하는 것이었다. 교사에게 학생이 처음부터 그랬는지를 물었다. 그랬더니 처음에는 잠시도 가만히 있지 못했는데 교사와의 관계가 나아지고 지금은 힘들어도 나름 자리에 앉기 위해 무던히 애쓴다고 했다.

ADHD 증상을 가진 학습부진아가 나름 긴 시간 동안 한 자리에 앉아 공부하는 것 자체가 엄청난 발전임에도 불구하고 교사는 이를 큰 발전으로 인식하지 못하고 있었다. 교사 입장에서 '학생이 자리에 앉아 공부하는 것은 당연한 일'이기 때문이다. 따라서 학생의 이러한 변화를 크게 인식하지 못한 교사는 학생에게 별다른 긍정적인 피드백이나 칭찬도 주지 않았던 것이다. 학습부진아에게 성공의 경험과 학습동기를 향상시켜 줄 수 있는 기회가 사장되고 있었던 것이다.

학습부진아의 경우 공부를 해 본 경험이 별로 없기 때문에 현재 자신이 잘하고 있는지 잘못하고 있는지 제대로 판단하지 못하며 자신의 학습행동에 대한 평가를 전적으로 교사에게 의존하게 된다. 특히 어려운 내용을 처음 배울 때에는 더욱더 그렇다. 이때 교사의 실망하는 표정, 답답해하는 어투 등 부정적인 피드백이 학습부진아의 자신감을 손상시킨다. 따라서 교사는 세심한 관찰을 통해 작은 인지적·정서적·행동적 발전을 포착하고 이를 인정하고 격려해 주어야 한다.

### (4) 학생이 학습의 주체자 되기

본격적으로 학습부진아를 지도하기 시작할 때 교사에게 자주 듣는 이야기는 교사 자신도 열심히 지도하고 학습부진아 또한 마음을 다잡고 공부를 시작하더라도 기대한 만큼의 효과가 잘 나타나지 않는다는 것이다. 학습부진 문제를 주제로 한 교사 연수 때, 학습부진아를 열심히 지도하다 보면 정작 학생의 성적은 오르지 않고 교사 자신만 공부를 더 많이 하게 된다고 넋두리하는 교사를 만날 경우가 있다. 학습부진아 지도를 위해 이것저것 준비도 하고 고민도 하는데 막상 지도를 받는 학생은 제대로 학습을 하지 않는다는 것이다. 그런데 이러한 교사의 푸념 섞인 농담 속에서 학습부진아를 지도하는 과정에서 교사가 간과하고 있는 것이 무엇인지를 파악할 수 있다.

학습부진아를 지도하는 교사가 가장 흔하게 범하는 실수는 학습부진아에 대한 과잉친절과 과잉간섭이다. 학습부진아 지도에 대한 열정이 큰 교사일수록 학습부진아의 좌절에 대해 더 많이 공감하고, 일반 학생을 지도할 때보다 더 친절하고 과도하게 간섭하는 경향이 있다. 그런데 이러한 과도한 친절과 간섭의 이면에는 학습부진아의 학습능력에 대한 교사의 불신이 자리 잡고 있다는 사실을 잘 인식하지 못한다. 학습부진아를 지도하는 교사를 슈퍼비전(supervision)하면서 종종 발견하게 되는 흥미로운 사실은 많은 교사가 학생이 반응하기를 기다려주는 것에 의외로 익숙하지 않다는 것이다. 다음은 하윤이(가명)에게 '받아올림이 있는 두 자릿수 + 한 자릿수 덧셈'을 지도하고 있는 장면이다.

> 교사: 우리 지난 시간에는 한 자릿수와 한 자릿수를 더하는
> 것을 배웠지?
>
> 하윤: 네.
>
> 교사: 그럼 오늘은 두 자릿수와 한 자릿수의 덧셈을 해 보자.
>
> 교사: 자, 이 문제를 읽어 볼까? '철수는 사과를 15개를 가지
> 고 있었습니다. 엄마가 철수에게 사과를 8개 더 주었
> 다면 철수는 총 몇 개의 사과를 가지고 있습니까?'
>
> 교사: 철수는 사과를 몇 개 가지고 있지?
>
> 하윤: ……15개요.
>
> 교사: 그래, 그런데 엄마가 몇 개를 주었다고?
>
> 하윤: ……8개요.
>
> 교사: 그렇지! 그럼 이 문제를 식으로 나타내면 어떻게 되지?
>
> 하윤: …….
>
> 교사: '15 더하기 8'이지? 그럼 '15+8=' 이렇게 나타내야지?

하윤: …….

교사: 그럼 이걸 어떻게 계산하지?

하윤: …….

교사: 우선 15는 10과 어떤 수가 합쳐져 있는 거지?

하윤: …….

교사: 5지. 그러니까 15는 '10+5' 이렇게 나타내지는 거야. 그
       렇지?

하윤: ……네.

교사: 그래. 그러니까 5하고 엄마가 준 사과 8개, 그러니까 8
       을 먼저 더하는 거야. 그럼 5+8은 얼마지?

하윤: …….

교사: 13이지, 그래 그럼 이 13에 10을 더하는 거야. 13+10은
       얼마지?

하윤: …….

교사: 23이지, 그래서 이 문제의 답은 23인 거야.

하윤: ……네.


이 지도 사례에서 교사는 문제 해결 과정을 말로 하며 자
신이 문제를 풀어 나가고 있고, 하윤은 그저 "8개"와 "네"라고밖
에 대답하지 않았다. 이런 장면은 학습부진아를 지도하는 과정
에서 드물지 않게 볼 수 있는 모습이다. 교사의 설명을 학생이
제대로 이해하지 못하였을 때 학생이 이해할 수 있는 다른 방식
으로 설명을 시도하지 않는 경우가 많으며, 교사의 질문에 학생

이 즉각적으로 답을 하지 않을 경우 학생이 충분히 생각할 시간을 주지 않고 곧장 답을 말해 버린다. 학생이 문제를 해결하면서 학습을 해 나가는 것이 아니라 교사 자신이 학습하는 것처럼 보인다.

학습은 생물학적 관점에서 보자면 뇌의 활동 과정이라고 말할 수 있다. 제시된 사례의 교수 - 학습 과정에서는 교수자로서의 '교사의 뇌'와 학습자로서의 '하윤의 뇌'가 작동하고 있다. 문제를 제시하고 문제 해결방법을 안내하는 과정에서 교사의 뇌는 우선적으로 작동하게 된다. 교사의 설명이 끝나면 이제 하윤이의 뇌가 본격적으로 작동해야 할 차례이다. 그런데 교사는 하윤의 뇌가 작동해서 문제를 해결하는 데 소요되는 시간을 기다리지 못하고 즉각적으로 개입한다. 하윤이의 뇌가 가동되어야 할 시간에 오히려 교사의 뇌가 주도적으로 활동하게 된다. 교사의 뇌는 능동적으로 작동하는 반면, 하윤의 뇌는 수동적인 반응만 할 뿐이다. 학습부진아 지도 과정의 주요 학습자가 학생이 아닌 교사가 되는 장면이 펼쳐지는 것이다.

학습부진아가 반응할 수 있도록 충분히 기다려 주지 못하는 이유는 여러 가지 있겠으나, 학생의 학습능력에 대한 불신이 큰 부분을 차지한다. 공부를 잘하지 못하는 학생일수록 이들의 학습능력에 대한 교사의 불신은 더 크기 때문에 이들을 지도할 때 반응을 기다리지 못하고 교사가 즉각적으로 개입할 가능성이 증가한다. 공부에 어려움을 겪는 학생일수록 공부하는 뇌가 발달해 있지 않기 때문에 일반 학생과 동일한 내용을 학습할 때에도 더 많은 시간과 에너지를 필요로 한다. 학습부진아를 지도할 경우 교사는 긴 호흡으로 기다림의 시간을 인내해야 한다. 교수-학습 과정에서 교사의 과잉친절과 과잉간섭이 반복되면 학생의 뇌는 비활성화되고 교사의 뇌만 지속적으로 활성화된다. 학습은 뇌를 수고롭게 하는 과정으로 뇌가 수고하지 않으면 정상적인 학습이 이루어지지 않는다. 교사가 문제 해결 과정을 주도하고 학습자의 뇌가 수고할 시간을 주지 않는다면 문제 해결 방법과 정답에 대한 기억은 학습자의 뇌에 남아 있지 않게 된다. 잠시 기억 흔적만 남았다가 순식간에 사라져 버리는 것이다.

학습부진아의 공부잠재력이 제대로 발현되기 위해서는 무엇보다 학생이 학습의 주체가 되어야 한다. 학생의 '뇌'가 활성화될 수 있도록 해야 하는 것이다. 필자는 학습부진아를 직접 지도할 때 틈만 나면 "공부할 때는 누구 머리를 써야 하는 거지?"라고 묻고 학생이 "제 머리요."라고 대답하도록 유도한다. 이렇게 틈 날 때마다 묻는 이유는 공부의 주체가 학생 자신이라는 사실을 순간순간 상기시키기 위함이다. 학생의 뇌가 공부를 위해 최적화되기 위해서는 기다림의 시간이 필요하다.

교수-학습 과정에서 기다림의 시간은 교사나 학생 모두의 인내를 필요로 한다. 학생 입장에서는 쓰지 않던 머리를 쓰자니 영 어색하며 뇌가 제대로 작동하지 않아서 힘들고, 지켜보는 교사 입장에서는 빨리 개입해서 문제를 해결하고 싶은 생각이 들어 조바심이 난다. 하지만 교사는 지금 당장 눈앞에 있는 문제 풀이보다는 문제 풀이 과정의 이면에 작동하는 학습부진아의

'뇌'를 볼 수 있어야 한다. 문제를 풀려고 고군분투하는 과정 속에서 학생의 뇌는 끊임없이 활성화된다. 이렇게 자신의 '뇌'를 쓰는 경험이 되풀이되면 하나의 습관으로 굳어지게 되고 그것이 바로 공부잠재력을 풀어내는 열쇠가 된다.

### (5) '말'로 생각하기

그렇다면 어떻게 학습부진아가 자신의 '뇌'를 충분히 활용하면서 공부할 수 있도록 도와줄 수 있을까? 공부에 어려움을 겪는 학생일수록 공부하는 과정에서 자신의 뇌를 잘 쓸 줄 모른다. 그런 학생에게 그냥 "머리를 써 봐."라고 말해 주는 것은 아무런 도움이 되지 않는다. "머리를 써 봐."라는 교사의 지시에 따라 실제로 자신의 머리를 쓸 수 있는 학생이라면 학습부진아가 되었을 리 만무하다.

'말로 생각하기(think aloud)'는 머리를 잘 쓰지 못하는 학생의 뇌를 활성화시킬 수 있는 가장 손쉽고도 효과적인 방법이다. 학습부진아의 부모나 이들의 담임교사를 상담하다 보면 학생이 아무 생각이 없는 듯하다는 불만을 토로하는 경우가 많다. 학습부진아는 정말로 아무 생각이 없는 것일까? 절대로 그렇지 않다. 많은 학습부진아가 생각하는 방법을 모르고 있다는 사실을 아는 교사나 부모는 의외로 많지 않다. '말로 생각하기'는 생각하는 방법을 가르침으로써 학생의 뇌를 활성화시키는 방법이다 (Beyer, 2008).

말로 생각하기는 학생이 자신의 생각을 말로 표현하게 하는 것이다. 생각을 말로 표현하는 과정에서 뇌는 끊임없이 활성화된다. 말로 생각하게 하는 방법은 대체로 두 가지이다. 첫째, 학생에게 질문을 던지고 대화를 유도하는 것이다. 학생이 이해할 수 있는 수준의 질문을 던짐으로써 학생의 반응을 이끌어 내는 것은 간단하면서도 매우 효과적인 교수방법이다. "이해했니?"와 같은 단순한 닫힌 질문에서부터 "이 부분에 대해선 어떻게 생각하니?"와 같이 보다 차원 높은 사고를 필요로 하는 열린 질문을 다양하게 던짐으로써 학생의 반응을 끌어낼 수 있어야 한다. 이때 교사는 질문에 대한 학생의 반응을 민감하게 관찰함으로써 자신의 질문이 학생의 수준에 적절한 것이었는지를 점검하고, 질문에 대한 학생의 반응에 후속할 질문을 적절하게 선택할 수 있어야 한다. 만일 학생이 질문에 대해 적절히 반응하지 못한다면 질문을 이해하지 못해 반응하지 못한 것인지 아니면 질문은 이해했으나 답을 알지 못한 것인지를 판단한 후 학생이 이해할 수 있는 수준의 어휘를 사용하여 질문을 수정하거나 학생이 가진 배경지식을 활용하여 답할 수 있는 보다 쉬운 질문을 던질 수 있어야 한다.

　학생의 반응을 다양하게 이끌어 내기 위해 주의해야 할 점은 질문이 강요나 윽박지르기가 되지 않도록 하는 것이다. 학습부진아는 대답을 강요받을 때 충분히 생각하고 반응하기보다는 대충 아무 반응이나 해 버리는 경향을 많이 보인다. 학생이 생각하도록 유도하기 위한 질문은 아주 편안하고 긍정적인 분위기 속에서 주어져야 한다. 비록 틀린 답을 말하더라도 교사가 자신에게 부정적인 피드백을 주지 않는다는 것을 확신하게 될 때라야 비로소 좀 더 오래, 좀 더 깊이 생각하게 된다.

둘째, 학생이 교사의 역할을 수행하게 하는 것이다. 학생이 문제를 해결하는 방법을 학습했다는 판단이 들면 비슷한 유형의 문제를 학생에게 제시한 후 교사에게 그 문제를 풀이하는 과정을 가르치게 하는 방법이다. 예를 들어, 교사의 지도를 통해 '15+8'의 풀이 방법을 학습한 하윤에게 '16+9'를 푸는 과정을 교사에게 가르쳐 보라고 요청하는 것이다. 학생은 교사에게 문제 풀이방법을 가르치기 위해 자신이 문제를 해결하기 위해 거쳐 갔던 사고의 과정을 말로 표현함으로써 초인지적 사고를 경험하게 된다.

학생은 교사를 가르치는 과정을 통하여 초인지적 사고를 경험할 뿐만 아니라 자신감과 자존감을 조금씩 회복하게 되기도 한다. 학습부진아는 공부와 관련해서는 늘 혼나고 부정적인 피드백을 받아 왔던 누적된 경험에 의해 스스로를 무능한 존재로 평가하는 경향이 있다. 그런데 교사를 가르치는 경험을 통하여 자신도 누군가를 가르칠 수 있다는 자신감을 갖게 되면서 공부에 대한 심리적 트라우마를 극복할 수 있는 발판을 마련하게 된다.

교사의 질문에 반응하고 교사를 가르치는 것에 익숙해지게 되면 서서히 학생 자신에게 질문을 던지고 자신이 던진 질문에 답하며, 자신을 객체화하여 자신에게 문제 풀이 과정을 말로 설명하도록 유도한다. '말로 생각하기'는 사고 과정을 말로 표현하는 활동이기 때문에 자신에게 질문을 던지고 답하며 문제 해결 방법을 설명하는 모든 과정이 반드시 구어적 활동으로 이루어져야만 한다. '말로 생각하기'의 최종 단계에서는 더 이상 밖으로 소리를 내지 않고 내면의 소리를 사용하여 문제를 풂으로써 문제 해결 속도를 높여 갈 수 있다.

## 6) 6단계: 학습전략 가르치기

학습부진아가 본격적으로 공부를 해 나가기 시작하면 교사는 학습부진아의 학습전략 수준을 점검해야 한다. 현재 어떠한 학습전략을 활용하고 있는지 파악하고, 만약 제대로 된 학습전략을 가지고 있지 않다면 이를 별도로 지도해야 한다. 학습부진아에게 학습전략을 가르치는 것은 다음의 단계에 따라 명시적·구체적으로 진행되어야 한다(Pressley, Borkowski, & Schneider, 2010).

첫째, 배경지식을 활성화시키는 것이다. 이 단계는 지도할 학습전략에 대한 학생의 배경지식을 확인하고 해당 전략을 이해하도록 도와주는 단계이다. 가르치고자 하는 학습전략이 '요약하기 전략'이라면 요약하기를 잘한다는 의미는 무엇인지, 주변에서 요약하기를 잘하는 사람을 본 적이 있는지 등 가르치고자 하는 전략과 관련된 다양한 배경지식을 활성화시키고 필요한 지식을 쌓아 주는 것이다. 특히 배경지식과 관련된 어휘 사용에 주의를 기울여야 한다. 학습부진아는 교사가 사용하는 용어의 의미를 제대로 모르는 경우가 매우 많다. 교사 입장에서는 당연히 알 거라고 생각하는 용어의 의미를 모르는 것이다. 이렇게 제대로 의미를 모르는 용어가 등장하게 되면 학생은 교사가 지도하는 내용을 정확히 이해하지 못하고 학습에 대한 흥미를 상실하게 된다. 따라서 교사는 자신이 학습전략을 가르치기 위해 사용하는 용어의 의미를 학생이 이해하는지 파악하고 필요할 경우 의미를 명확히 가르쳐야 한다.

둘째, 학습전략의 목표와 중요성 나누기이다. 이 단계에서 교사는 본격적으로 가르치고자 하는 학습전략을 학습부진아에게 소개한다. 소개하는 내용은 크게 세 가지로 구분할 수 있다.

- 개괄적인 학습전략의 모습
- 학습전략의 목표
- 학습전략의 중요성

읽기전략을 예로 들어 설명하면, 우선 읽기전략의 전체 단계를 간략하게 보여 준다. 다음으로 이러한 읽기전략을 어떤 수준에 도달할 때까지 함께 공부할 것인지 목표를 제시하고, 마지막으로 왜 읽기전략을 잘 사용하는 것이 중요한지, 읽기전략을 잘 사용했을 때 학습부진아에게 어떠한 도움이 되는지 구체적으로 설명해 주는 것이다.

셋째, 학습전략 시범 보이기이다. 이 단계에서는 교사는 가르치고자 하는 학습전략에 대해 단계별로 설명하며 구체적으로 시범을 보인다. 예를 들어, 읽기전략이라고 하면 읽기전략의 첫 단계는 무엇인지 설명하고 구체적으로 어떻게 하는지 시범을 보이고, 두 번째 단계는 무엇인지 설명하고 마찬가지로 시범을 보이는 등 읽기전략 각 단계를 실제로 어떻게 실행하는 것인지 명시적으로 설명한다.

넷째, 학습전략 요소 또는 단계 암기하기이다. 이 단계에서는 학습부진아가 학습전략의 각 요소나 단계를 암기하는 단계이다. 이때 많이 쓰는 방법이 머릿글자 또는 핵심단어 활용 전략이다. 전략의 앞머리 또는 중요한 단서 글자를 모아 외우는 것이다. 예를 들어, 질문하기 전략을 지도한다고 하면 질문할 요소들을 '인물' '시간' '장소' '대상' '이유'라고 설정했다면 단서 글자 '누가(인물) 언제(시간) 어디서(장소) 무엇을(대상) 왜(이유) 했지?'라는 짧은 문장을 만들어 각 요소들을 암기할 수 있도록 지도한다. 학습전략 암기나 이후 학습전략 활용 측면을 고려할 때 학습전략의 요소나 단계가 너무 세분화되어 있으면 학습부진아가 잘 습득하기 어렵다. 대체로 4~5요소 및 단계가 적절하며, 많아도 6개를 넘어서지 않도록 하는 것이 좋다.

다섯째, 함께 연습하기이다. 이 단계에서는 교사와 학생이 함께 학습전략을 연습한다. 이때 많은 교사들이 흔히 범하는 실수는 학습부진아가 먼저 시도하게 하고 실패할 때 교사가 개입하는 것이다. 이는 학습부진아로 하여금 또 하나의 실패경험을 갖게 만들어 학습동기를 저하시킨다. 교사는 학생의 실패를 기다릴 것이 아니라, 제대로 이해하지 못하는 부분에 대해 좀 더

세분화된 시범을 다시 보여 주고 함께 연습해 봄으로써 학습부
진아가 실패를 경험하지 않고 각 단계를 연습할 수 있도록 지도
해야 한다.

여섯째, 혼자 해 보기이다. 각 단계를 교사와 충분히 연습
한 상태에서 학생이 스스로 학습전략을 활용할 수 있도록 지도
한다. 이 단계에서 주의할 것은 "지금껏 배웠으니 이제 혼자 해
봐." 하고 처음부터 전부 혼자 하도록 지시만 하고 방치해서는
안 된다는 점이다. 이 단계에서도 교사는 지속적으로 학생의 전
략 사용과정을 점검해야 한다. 그리고 만약 학생이 중요한 단계
를 건너뛰거나 잘못 활용할 경
우, 또는 기억이 나지 않아 다음
단계로 진행하지 못할 때 간단
한 언어적 단서(cue)를 제시해 주
어야 한다.

> **언어적 단서의 예**
> "철수야, 뭐가 하나 빠진 것 같은데, 그렇
> 지, 잘했어." "영희야, 그 다음이 뭐더라?
> 'ㅁ'로 시작되는 건데, 그렇지, 잘했어."

이 혼자 해 보기 단계에서 활용하면 좋은 방법이 바로 앞서
언급한 학생 스스로 '말로 생각하기'이다. 학생 스스로가 각 단계
를 소리 내어 말하며 수행하도록 지도한다. 말로 생각하기 기법
은 학습부진아 스스로 자신의 생각을 정리하는 데 도움이 될 뿐
만 아니라 교사 입장에서는 무엇이 잘못되고 무엇이 잘되고 있
는지를 파악할 수 있도록 하며 추가적인 지도에 도움이 된다. 전
략 활용이 숙달되고 오류가 적어지면 점차 목소리를 줄이고, 마
침내 '속으로 말하기' 단계에까지 이르면 완전히 숙달 단계에 도
달했다고 할 수 있다.

학습전략을 지도함에 있어 교사가 유념해야 할 것은 과제의 종류가 바뀌거나 난이도가 달라지면 동일한 학습전략이라고 하더라도 적용하는 법을 별도로 가르치고 연습시켜야 한다는 점이다. 학습부진아를 지도함에 있어 교사가 자주 오해하는 것 중 하나가 바로 한 가지를 가르쳐 놓으면 이에 대한 적용이나 활용이 자연스럽게 일어날 것으로 기대하는 것이다. 그러다 보니 학습에 있어 어려운 내용이 추가되었음에도 불구하고 이를 학습하는 중에 앞서 배운 학습전략을 활용하는 것을 별도로 가르치거나 연습시키지 않는다. 당연히 할 줄 알 것으로 착각하는 것이다.

학습부진아의 두뇌는 못하는 것, 어려운 내용이 추가된 것만으로 이미 풀가동된 상태이다. 이런 상태에서 지금 배우는 것을 다른 학습내용과 연결시키거나 이미 자신이 습득한 학습전략을 적용할 생각 자체를 할 정신적 여유가 없다. 그러다 보니 이미 자신이 습득하고 있는 학습전략을 제대로 활용하지 못해 학습능률이 떨어진다. 다음 순이(가명)의 사례를 살펴보자.

초등학교 3학년 순이는 불안증상이 심한 학습부진아이다. 불안이 심하다 보니 교사가 조금만 다그치거나 어려운 상황에 봉착하면 그대로 얼어붙어 아무것도 못하는 스타일이었다. 순이는 동화책을 가지고 노는 것을 좋아했는데, 동화책에 나오는 그림을 옮겨 그리는 것이 늘 일상이었다. 순이의 담임인 김 교사(가명)는 순이가 동화책을 좋아한다는 사실을 적극적으로 활용하여 읽기전략을 지도하였다. 김 교사의 열정적인 지도로 순이는 읽기전략을 충실히 습득했고, 처음에는 동화책에서 출발했던 읽기가 나중에는 일반적인 국어 교과서를 읽고 그 내용을 어느 정도 파악할 수 있는 단계에 이르렀다.

읽기가 어느 정도 단계에 올라 그 다음으로 지도한 내용은 순이가 어려워하는 사회였다. 김 교사의 입장에서는 읽기를 가장 잘 활용할 수 있는 과목이 사회라고 생각했기 때문이다. 김 교사는 순이에게 사회와 관련한 학습 지문을 함께 공부한 후 이와 관련된 내용을 읽도록 과제를 내 주었다. 그런데, 다음 날 순이는 전혀 과제를 해 오지 못했다. 김 교사는 순이가 다시 공부를 하지 않는 옛 버릇이 나타났다고 생각하여 이를 꾸짖었다. 그러나 그 이후로도 순이는 내 주는 과제를 제대로 해 오지 않았다. 수차례 꾸짖기도 하고 달래도 보았지만 순이는 아무런 말도 하지 않고 그저 멍하니 있을 뿐이었다. 순이의 이런 태도에 김 교사는 갈수록 힘이 빠지는 상황이었다.

이 사례에서 순이는 정말로 불성실하여 할 수 있는 과제를 하지 않았을까? 이 사례에서 정작 문제가 되는 사람은 김 교사이다. 김 교사는 사회 학습내용을 동일한 읽기라는 차원에서 국어 읽기와 연장선에 있는 학습이라고 생각했던 것이다. 하지만 순이 입장에서는 둘은 전혀 별개의 학습으로 동화책과 국어 교과

서를 읽으면서 습득했던 '읽기전략'을 사회 과목에 적용할 생각
자체를 하지 못하는 상황이었던 것이다.

순이는 불안이 심하다 보니 정서적, 인지적으로 얼어붙게
되어 학습을 전혀 할 수 없었다. 순이의 표현으로는 '머릿속이 하
얗게 되어 버리는 상황'이었던 것이다. 이와 같이, 어려운 학습내
용을 추가함에 있어 교사는 학습부진아가 한 발짝 떨어져 자신
이 이미 습득한 학습전략을 상기하고, 이를 새로운 학습내용에
활용할 수 있도록 명시적으로 지도한 후, 충분히 연습할 수 있는
기회를 제공해 주어야 한다. 〈표 5-5〉는 학습부진아에게 질문하
기 전략을 가르치는 예시이다.

•••• **표 5-5** ● **질문하기 전략 지도의 예시**

| 과정 | 활동 |
|---|---|
| 배경지식<br>활성화 | • 요즘 가장 알고 싶거나 궁금한 것에 대해 나눠 보기<br>• 질문의 의미: 궁금한 것에 대해 물어보는 것<br>• 같이 나누기: 질문을 하면 어떤 점이 좋을까?<br>　– 흥미와 관심이 생김<br>　– 새로운 것을 알게 됨<br>　– 질문하는 내용에 좀 더 집중할 수 있음 |
| 학습전략의<br>목표와 중요성<br>나누기 | • 질문하기 전략: 책을 읽을 때 중요한 내용에 대해 질문을 하며 읽기<br>• 책을 읽을 때 질문하기 전략을 활용하면 좋은 점<br>　– 읽고 있는 책에 대해 흥미와 관심이 생김<br>　– 책을 읽으면서 새로운 것을 알게 됨<br>　– 책을 읽는 동안 질문하는 내용에 좀 더 집중할 수 있음<br>• 질문의 종류: 상대방에게 하는 질문, 스스로에게 하는 질문<br>• 질문의 요소: 인물, 시간, 장소, 대상이나 사건, 이유 |

| 과정 | 활동 |
|---|---|
| 학습전략<br>시범 보이기 | • 짧은 전래동화 소개<br>• 같이 읽어 보기<br>• 질문하기 전략 시범 보이기(소리내어 각각의 질문을 하며 시범 보이기)<br>  – "누구에 대한 이야기지?"<br>  – "언제 있었던 이야기지?"<br>  – "어디서 있었던 이야기지?"<br>  – "무엇(어떤 사건)에 대한 이야기지?"<br>  – "왜 이런 일들이 생겼지?" |
| 학습전략 요소<br>암기하기 | • 질문의 키워드를 중심으로 문장을 만들기<br>  – '누가(인물) 언제(시간) 어디서(장소) 무엇을(대상) 왜(이유) 했지?'<br>• 문장 시범 보이기<br>• 문장 따라하기<br>• 반복 연습하기 |
| 함께<br>연습하기 | • 짧은 전래동화 소개<br>• 질문하기 전략을 활용하면서 같이 읽기<br>• 번갈아 가면서 질문해 보기(교사 주도)<br>• 새로운 전래동화 소개<br>• 질문하기 전략을 활용하면서 같이 읽기<br>• 번갈아 가면서 질문해 보기(학생 주도) |
| 혼자 해 보기 | • 새로운 전래동화의 소개<br>• 소리 내어 질문하기<br>• 소리를 조금씩 줄여 나가며 질문하기<br>• 체크리스트 제공<br>• 언어적 단서 주기 |

## 7) 7단계: 자신만의 꿈 찾기

학습부진아 지도에 대한 관심이 증가하면서 이들을 위한 다양한 프로그램이 학교에 도입되고 있는데 대표적인 것이 자기주도적 학습 프로그램이다. 그런데 실제 현장에서 자기주도적 학습 프로그램을 학습부진아 지도에 적용하였을 때 성공적인 결과가 도출되는 경우는 많지 않다. 그 이유는 자기주도적 학습 프로그램을 적용하는 시기에서 찾을 수 있다. 자기주도적 학습은 학습부진아 지도의 최종 단계로 그 과정에는 다양한 준비과정과 절차가 필요하기 때문에 학습부진아 지도 초기 단계에서 이 프로그램을 적용하면 의도한 효과를 얻기 어렵다.

대부분의 자기주도적 학습 프로그램은 '꿈 찾기'부터 시작한다. 자신의 꿈을 찾게 되면 학습동기가 형성되어 이후로 진행될 모든 교수 – 학습 과정에 유의한 영향을 끼치리라는 기대 때문이다. 그런데 학습부진아와 꿈 찾기 활동을 하면 예상치 않은 결과가 나타난다. 우선 현실성이 결여된 꿈을 찾는 경우이다. 예를 들면 연예인이나 운동선수가 되어서 유명해지고 돈도 많이 벌겠다는 꿈인데, 이런 꿈은 현실에 비추어 보았을 때 실현 가능성이 적은 경우가 많다. 허황된 꿈을 찾는 것은 학습동기 형성에 긍정적인 영향을 미치지 못한다. 꿈이 전혀 없다고 반응하는 경우도 많다. 자신의 인생에 대해 한 번도 진지하게 고민하고 생각해 보지 않은 학생에게는 당장 떠오르는 꿈이 없는 게 당연할지도 모른다. 꿈을 꾼다는 것은 새로운 희망을 찾는 활동인데, 여전히 학습 트라우마나 학습된 무력감에 사로잡힌 학습부진아들에게 꿈을 찾아보라고 하는 것은 우물에서 숭늉을 찾는 것과 다르지 않다.

꿈을 찾기 위해서는 먼저 긍정적 자아개념과 자기효능감이 조성되어야 한다. 꿈 찾기를 학습부진아 지도의 후반부에 배치한 이유가 바로 여기에 있다. 꿈 찾기는 철저하게 학습부진아의

장점을 기반으로 해야 한다. 3장에서 언급하였듯, 모든 학습부
진아는 자신만의 고유한 장점을 가지고 있다. 교사는 이러한 장
점을 그저 뭉뚱그리는 것이 아니라 하나하나 구체적이고 세부적
으로 분석해야 한다. 이렇게 구체적으로 분석된 장점은 학습부
진아의 진로와도 구체적으로 연결이 가능하다. 꿈 찾기가 가능
하기 위해서는 학습부진아 지도의 전 과정에 걸쳐 학생의 장점
을 찾아 격려하고 이러한 장점이 발현되어 학습능력의 향상으로
이어질 수 있도록 유도해야 한다. 꿈 찾기는 자신의 삶에 대한
진지한 성찰과 현실성의 바탕 위에 가능한 일이므로 교사의 안
내를 필요로 한다. 학생에게 꿈을 찾아보라고 무작정 맡겨 두는
것은 적절치 않다.

인지적 정보처리(Cognitive Information Processing: CIP)에 기반
한 진로탐색 모형은 학습부진아의 꿈 찾기에 대한 가이드라인
을 제시해 준다. CIP 기반 진로탐색 모형([그림 5-3] 참조)에서는
진로선택을 자기 자신과 직업에 관련된 지식에 대해 의사소통·
분석·종합·가치화하여 진로 목표에 대한 의사결정을 하고, 이
러한 진로 목표 달성을 위한 계획을 수립하고 실행하는 일종의
문제 해결 과정으로 정의한다(Sampson, Reardon, Peterson, & Lenz,
2004). 진로선택은 자기 자신에 대한 지식에 기반을 두며, 인지
적·정의적 요소 간의 지속적인 상호작용을 통해 이루어진다.

이러한 점에서 CIP 기반 진로탐색 모형은 학습부진아의 진
로지도 과정에서 왜 일회성 꿈 찾기가 효과가 없는지, 장점과 단
점에 대한 자기인식이 왜 필요한지, 교사의 지속적인 지지와 동

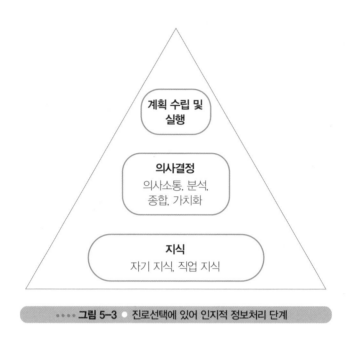

출처: 박진숙(2011)

•••• **그림 5-3** ● 진로선택에 있어 인지적 정보처리 단계

기부여가 왜 중요한지를 잘 보여 준다. CIP 기반 진로탐색 모형을 바탕으로 학습부진아의 성공적인 꿈 찾기 과정을 살펴보면 다음과 같다.

학습부진아 꿈 찾기의 첫 번째 단계는 자기 자신에 대해 정확하게 아는 것이다. 학습부진아는 오랜 실패 경험으로 인해 자신에 대한 신뢰가 부족하고, 열등감에 빠져 있으며, 꿈을 꾸는 것은 아무런 소용이 없다는 무력감에 사로잡혀 있다. 교사는 학습부진아가 이러한 열등감과 무력감에서 벗어나 스스로를 정확하게 직시할 수 있도록 도와주어야 한다. 학습부진아가 자신에 대한 열등감과 무력감에서 벗어나도록 지원하는 가장 좋은 방법은 바로 성공경험과 교사의 지지이다. 성공경험과 지지를 기반으로 교사는 학습부진아가 자기 자신을 정확하게 바로 볼 수 있도록 도울 수 있는데, 특히 자신의 장점과 선호도를 알 수 있도록 지원해 주어야 한다. '나는 ～을 좋아하고 잘할 수 있다.'라는 자기인식과 동기를 갖도록 만들어 주어야 한다.

학습부진아 꿈 찾기의 두 번째 단계는 진로에 대한 정보를 탐색하는 것이다. 자신의 장점과 선호도에 맞는 다양한 직업과 그와 관련된 구체적인 정보가 이에 해당된다. 공간지각이 뛰어나고 조작 활동을 좋아한다면 이런 장점과 선호도를 활용할 수 있는 직업이 무엇이 있는지(예: 기계나 자동차 설계 등), 이러한 직업을 얻기 위해서 준비해야 할 것은 무엇인지에 대한 정보를 파악한다.[3] 이러한 자기인식과 진로탐색의 과정은 학년에 따라 조금씩은 달라질 필요가 있다. 초등학교 저학년(1~2학년)은 충분한 자기인식에 집중하는 것이 더 중요하다. 자신이 어떤 것을 잘하고 어떤 것을 더 좋아하는지 파악할 수 있도록 지도함으로써 이후 진로목표를 설정함에 있어 필요한 기초를 닦는 것이 필요하다. 초등학교 중학년(3~4학년)부터는 이렇게 인식된 자신의 강점을 바탕으로 진로목표를 탐색할 수 있도록 지원하는 과정을 시작한다. 이때에도 구체적이고 직접적인 진로목표를 설정하는 데

---

3  학습부진아의 장점과 진로와의 연결에 필요한 진로 관련 정보들은 교육부에서 제공하는 진로정보망인 '커리어넷(https://www.career.go.kr/)'을 통해 얻을 수 있다. 커리어넷에서는 다양한 진로관련 정보를 추가로 얻을 수 있다는 점에서 학습부진아뿐만 아니라 일반 학생에게도 매우 유용하다.

목표를 두기보다 앞서 파악된 자신의 강점과 진로목표를 연결
해 가는 과정 자체를 습득할 수 있도록 지도하는 것이 중요하다.
초등학교 고학년(5~6학년) 또는 중학교부터는 보다 구체적인 진
로목표를 찾아가도록 해야 한다.

　　꿈 찾기의 세 번째 단계는 진로선택에 대해 합리적인 의사
결정을 하는 과정을 포함한다. 이를 위해서는 자기 자신과 진로
정보에 대해 의사소통하고, 분석·종합·가치화하는 것이 필요하
다. 학습부진아의 경우 이러한 합리적 의사결정을 해 본 경험이
많기 때문에 진로선택을 함에 있어서 목표를 지나치게 높게 잡
아 현실성이 결여되거나 반대로 지나치게 스스로의 수준을 낮춰
잡아 진로 선택이 자신의 삶에 별다른 동기부여를 하지 못하게
되는 경우가 많다. 교사는 학생이 합리적 의사결정 과정을 거쳐
자신의 수준을 고려하여 현실성 있는 진로를 선택할 수 있도록
안내해 주어야 한다.

　　꿈 찾기의 마지막 단계는 진로에 대한 실행 계획을 세워 이
를 실천하는 것이다. 이 단계에서는 학습부진아가 습득한 시간
관리 전략이 적극적으로 활용될 수 있다. 시간관리 전략의 단계
인 '실태 파악, 중요성 인식, 단기계획 세우기, 실행 및 평가, 장기
계획 세우기'를 그대로 진로에 대한 실행 계획과 실행에 적용할
수 있다. 구체적 진로계획을 위한 실태 파악 → 진로계획의 중요
성 인식 → 단기 진로계획 세우기 → 실행 및 평가 → 장기 진로
계획 세우기 순으로 계획을 세우고 실행해 본다.[4]

　　꿈 찾기 과정에서 유념해야 할 점은 꿈 찾기 과정을 통해 찾

은 진로목표가 대상 학생의 최종 진로가 아닐 수도 있다는 것이다. 학습부진아의 꿈 찾기 과정은 진로목표를 설정하는 것보다 학생이 자신의 강점과 약점을 인식하고 다양한 정보를 취합하고 분석함으로써 합리적 의사결정을 내리는 일련의 과정을 경험함으로써 학습에 대한 동기를 형성하는 데 목적을 두고 있다. 따라서 학습부진아가 이미 설정한 진로목표에 대해 회의를 품고 새로운 진로목표를 찾고자 하더라도 실망하지 말고 진로선택 과정을 다시 거침으로써 합리적 의사결정 과정을 경험하도록 유도하는 것이 좋다. 〈표 5-6〉은 학습부진아 광수(가명)에 대한 진로지도의 예시이다.

●●●● 표 5-6 ● 학습부진아 진로지도 예시

| 과정 | 활동 |
|---|---|
| 배경 | 광수는 현재 초등학교 6학년 학습부진아로 처음 지도를 시작했을 때 학습에 대한 문제뿐만 아니라 자신감과 자존감이 매우 낮은 상태였다. 자신은 늘 잘하는 것이 하나도 없다고 생각을 했으며, 머리 좋은 친구들을 부러워했다. 과목 중에는 특히 수학을 매우 어려워했는데, 실제 수학을 지도해 보면 수학 개념을 파악하는 데 다른 학생에 비해 오랜 시간이 걸렸다. 국어는 상대적으로 나은 수준이었으나 책 읽는 것을 싫어했으며, 특히 그림이 없는 책을 읽는 것을 매우 힘들어했다. 지능검사 결과 지능에는 문제가 없는 것으로 나타났다. |

---

4 학습부진아의 시간관리 전략은 4장의 '6. 학습전략 익히기' 절 참조

| 과정 | 활동 |
|------|------|
| 자기인식 | 광수를 지도하면서 가장 먼저 찾았던 것은 무엇을 잘하고 무엇을 좋아하는지였다. 광수가 가장 좋아하는 것은 게임과 만들기였는데, 그중에서도 프라모델 만들기를 매우 좋아했다. 실제로 프라모델 만드는 것을 보면 놀라울 만큼 높은 수준의 집중력을 보여 주었으며, 또래에 비해 단시간에 만들면서도 매우 높은 집중력을 보여 주었다. 한 가지 흥미로운 것은 광수가 프라모델을 만들 때 다른 또래처럼 설계도를 자세히 보지 않는다는 것이었다. 직접 보지 않으면서도 어떻게 프라모델을 조립할 수 있는지 물어보니, 부품들을 보면 머릿속에서 어떻게 맞춰야 하는지 그림이 그려진다는 이야기를 했다. 즉, 광수는 매우 뛰어난 공간지각 능력을 가지고 있었다. 다른 몇몇 입체물을 가지고 테스트를 해 본 결과 광수의 공간지각 능력은 매우 뛰어났다. 이러한 공간지각 능력은 광수의 큰 장점으로 시간이 날 때마다 이에 대해 집중적으로 인정하고 칭찬했다. 특히 수학에서는 입체도형의 전개도 등을 지도하면서 광수의 장점을 부각시켰다. 처음엔 반신반의하던 광수도 자신의 장점에 대해 인식하기 시작했으며 그 부분에 대해서는 매우 자신감을 갖게 되었다. |
| 직업지식 탐색 | 공간지각 능력과 만들기에 강점이 있다는 것을 중심으로 다양한 진로에 대해 함께 탐색했다. 공간지각 능력과 관련된 직업으로 기계설계, 그래픽 디자이너, 비행기 조종사와 같은 교통·운전 직업, 게임과 같은 가상현실 관련 직업 등을 같이 탐색하였다. 다양한 직업 중에서도 광수가 가장 관심 있어 하는 것은 건축이었다. 특히 다양한 건물을 설계하고 디자인하는 것이 프라모델 만드는 것과 흡사하다는 점에서 좋아했다. 실제 다양한 건물 프라모델을 함께 만들어 본 결과 높은 집중도와 흥미도를 나타내었다. |
| 의사결정 | 건축가가 되기 위해서는 어떠한 과정을 거쳐야 하는지 함께 탐색하기 시작했으며, 건축가라는 직업이 가지고 있는 다양한 장단점에 대해 보다 심도 있게 같이 이야기했다. 함께 자료를 찾아보고 대화할수록 광수는 건축가라는 직업이 자신에게 잘 맞는 직업인 것 같다는 이야기를 많이 했다. 부모님과도 함께 이야기를 나눈 결과, 부모님은 광수가 좋아하고 잘할 수 있는 일이라면 적극적으로 지지하겠다고 하였다. 특히 광수의 아버지는 시골의 오래된 가옥을 스스로 수리할 만큼 손재주가 뛰어난 분이었으며, 광수의 진로에 대해 적극적으로 후원하겠다고 약속했다. 결국 광수는 건축가라는 진로목표를 갖게 되었다. |

| 과정 | 활동 |
|---|---|
| **진로계획 및 실행** | 광수에게 건축가라는 목표가 생김에 따라 공부하는 태도에도 많은 변화가 생겼다. 특히 '수학을 못한다고 건축가를 포기하면 어리석은 결정'이라는 신문기사(중앙일보, 2013. 6. 17.) 등은 수학에 자신 없어 하는 광수에게 큰 힘이 되었다. 건축가가 되기 위해 필요한 것이 인문학적인 소양이라는 점에 따라 함께 책을 읽고 토론하는 시간을 늘리기로 했다. 아울러 건축가가 되기 위한 대학과정(예: 건축학과)에 입학하기 위한 타임플랜을 짜고 어떤 준비를 해야 하는지 구체적으로 알아보고 실천하기로 했다. 단기간에 성적에 있어 큰 변화를 보여 주고 있진 않았으나, 공부에 대한 광수의 태도는 과거에 비해 현저히 능동적으로 바뀌게 되었다. |

## 8) 8단계: 자기주도적 학습으로의 전환

학습부진아 지도의 최종 단계는 자기주도적 학습으로의 전환이다. 학생이 교사의 안내를 받으며 공부하는 것에 익숙해지고 자신의 꿈을 발견했다면 서서히 자기주도적 학습을 실행할 수 있도록 이끌어야 한다. 이를 위해서는 학습부진아가 자신만의 학습양식을 알고 이에 맞는 자신만의 학습방법을 찾도록 도와주어야 한다.

학습부진아가 자신만의 학습방법을 찾기 위해서는 학습에서의 '자기인식(self-awareness)'이 필수적이다. 학습에서의 자기인식이란 공부에서의 장점과 단점을 알고 자신에게 맞는 학습양식에 맞춰 공부해 가는 것을 의미한다(Nilson, 2013). 교사가 학습부진아의 학습특성을 파악함으로써 교수과정에 유용하게 활용할 수 있지만 학생이 자신의 학습특성을 인식하는 것이 훨씬 더 중

요하다. 이러한 자기인식은 저절로 형성되지 않으며, 교사가 안
내하는 메타인지 훈련을 통해 습득될 수 있다. 학습부진아가 스
스로 인지해야 하는 자신의 학습특성을 살펴보면 다음과 같다.

우선, 자신의 주의집중 특성과 학습양식을 파악해야 한다.
선택적 주의집중, 지속적 주의집중, 주의전환에서 학생 자신의
스타일을 파악하도록 지도해야 하는데, 이러한 주의집중 스타일
이 늘 동일하지는 않다는 점에 주의해야 한다. 시간에 따라, 물
리적 환경에 따라, 또는 함께 공부하는 친구들에 따라 주의집중
스타일이 변할 수 있다는 점에서 본인이 언제 최적의 집중을 할
수 있는지를 인지하도록 도와주어야 한다. 그리고 어떠한 상황
에서 어떠한 방법으로 공부할 때 학습효과를 극대화할 수 있는
지 인식하도록 도와주어야 한다.

다음으로, 자신에게 맞는 학습전략을 찾도록 지원한다. 교
사는 다양한 형태의 학습전략 중 어떠한 전략이 학생에게 효과
적이고, 어떠한 전략은 그렇지 않은지를 학생 자신이 파악할 수
있도록 도와주어야 한다. 마찬가지로, 모든 전략이 모든 상황에
서 효과를 나타내는 것이 아닌 만큼 어떠한 전략이 어떠한 조건
과 상황에서 본인에게 최적의 효과를 발휘하는지 파악할 수 있
도록 도와주어야 한다.

마지막으로, 자신만의 고유한 장점과 약점을 파악할 수 있
도록 지원한다. 모든 학생은 자신만의 고유한 장점을 가지고 있
고, 학습부진아도 마찬가지이다. 학습부진아의 경우 단지 학습
이라는 특수한 상황에서 자신의 장점을 제대로 발견하지 못했

## TTR(Test, Think, Retest) 전략: 나만의 학습방법 찾기

학습부진아가 주의집중 시간과 관련된 자신만의 스타일을 찾아본다고 가정하면 다음과 같은 지도가 이루어진다.

- 1단계-시도하기(test): 철수와 함께 어느 시간대에 가장 집중이 잘되었는지를 생각해 보고 실제 그러한지를 철수가 시도해 보도록 지도한다.
- 2단계-생각하기(think): 생각처럼 실제로 집중이 잘되었다면 이 시간대를 자신의 집중 시간대로 인식한다. 만약 실제 생각처럼 집중이 잘 되지 않았다면 왜 그런지 함께 생각해 본다(예: 과제의 차이, 장소의 차이, 당일 컨디션의 차이 등).
- 3단계-재시도하기(retest): 앞서 생각해 본 결과에 따라 방법을 조정하여 다시 한번 시도해 본다.

TTR 전략을 지도할 때 학생이 이 전략을 직접 활용함으로써 각 단계에 익숙해지도록 해야 한다. 학습부진아는 비효율적인 학습특성을 가지고 있고 습득한 학습전략 또한 매우 제한적이기 때문에 새로운 전략을 익히는 데 소극적인 경향이 있다. 따라서 TTR 전략을 쉽게 적용할 수 있는 과제부터 출발하여 조금씩 과제의 난이도를 높여 감으로써 새로운 학습전략에 대한 두려움을 극복할 수 있도록 한다.

을 뿐이다. 그러한 점에서 교사는 학습부진아가 스스로의 장점을 파악하고 나아가 아직 발견하지 못한 장점도 찾아갈 수 있도록 격려해 줄 필요가 있다.

필요하다면, 교사는 자기주도적 학습을 완전히 정착시키기 위해 메타인지 전략을 별도로 지도해야 한다. 자기주도적 학습으로의 전환을 위해 학생이 갖추어야 할 핵심적인 메타인지 전략은 자기점검과 보상 전략이다. '자기점검과 보상 전략'이란 자기가 공부를 제대로 하고 있는지, 학습방법을 제대로 적용하고 있는지 등을 스스로 점검하고 그 결과에 따라 스스로에게 보상을 주는 전략을 말한다. 학습부진아가 활용하면 좋은 자기점검과 보상 전략으로 SMRR 전략이 있다. SMRR 전략은 '멈추기(stop)' '점검하기(monitor)' '기록하기(record)' '보상주기(reward)'의 네 단계로 구성된다. 각각의 단계를 구체적으로 살펴보면 다음과 같다.

학습부진아가 자기점검에서 가장 먼저 연습해야 할 것은 '멈추기'이다. 학습부진아에게 자기점검 전략을 지도해 보면 자기점검을 위해서는 일단 하던 것들을 잠시 멈춰야 한다는 것을 잘 이해하지 못한다. 따라서 처음에는 시간을 정해 놓거나 과제 단위로 일단 멈추고 점검하고 기록하는 것을 연습시킨다. 예를 들어, 5분 단위, 10분 단위로 멈추고 점검하는 것을 연습하거나, 하나의 과제를 끝낼 때마다 점검하는 것 등이다.

일단 이렇게 멈추고 나면 스스로를 점검하고 점검된 결과는 기록으로 남기도록 연습시킨다. 점검하고 기록하는 단계에

서는 다양한 방법이 활용될 수 있는데, 대표적인 것이 체크리스
트와 그래프이다. 학습부진아 스스로 체크리스트에 제시된 문
항에 따라 자신의 학습상황을 점검하고, 그 결과를 그래프에 기
록한다. 특히 그래프와 같이 점검 결과를 가시적으로 기록하는
것은 그 자체로 점검 행동에 대한 강화가 될 수 있다는 점에서
매우 효과적이다.

마지막으로, 이렇게 기록한 결과가 원하는 수준에 도달했
을 경우 그에 대해 보상을 스스로에게 주는 것을 연습시킨다. 처
음에는 교사와 함께 보상 수준과 내용을 함께 정하고 학생 스스
로가 결정할 수 있는 기회를 점차적으로 증가시킨다. 하지만 자
기보상의 경우에도 외부적 지원이 필요한 경우(예: '2시간 공부 후
30분 게임하기' '매일 2시간씩 일주일 공부하고 문화상품권 받기' 등)가 많
다는 점에서 여전히 교사의 개입이 필요할 수 있다는 점은 유념
할 필요가 있다.

이러한 자기점검 및 보상 전략은 앞서 학습전략을 연습할
때와 마찬가지로 '모델링 → 함께 연습하기 → 혼자 연습하기'의
과정을 통해 학습부진아가 충분히 독립적으로 활용할 수 있도
록 지도해야 한다. 자기점검과 보상 전략은 공부뿐만 아니라 행
동문제, 친구관계 등 다른 다양한 영역에서 활용 가능하다는 점
에서 잘 익혀 두면 학습부진아의 삶 전반에 매우 도움이 되는 유
용한 전략들이다.

이러한 자기주도적 학습으로의 전환은 서서히 점진적으로
이루어져야 한다. 학습부진아가 공부에 대해 조금씩 자신을 가

지기 시작하면 교사는 점차 자신의 역할을 줄여 나가야 한다. 교사가 자신의 역할을 조금씩 줄여 가고 학생의 역할을 점차 늘려가는 작업 과정을 점진적 교수 소거(instructional fading)라고 한다(Shillingsburg, Hansen, & Wright, 2019). 마치 영화의 한 장면이 아주 서서히 옅어지며 사라져 가듯이, 교사의 역할 또한 조금씩 줄여 나가는 것이다. 이를 통해 학습부진아가 교사의 도움이 갑자기 사라지지 않을까 하는 불안감을 갖지 않도록 해야 한다. 자기주도적 학습으로의 전환은 학생이 자신감을 가진 영역의 작은 부분부터 시작하여 점차 확대해 나갈 때 성공적으로 이루어질 수 있다.

# 맺는 글:
# 머그컵에 물을 채우는 마음으로

다음은 학습부진아 지도와 관련된 일을 하면서 교사들에게 자주 듣는 이야기이다.

"나름 최선을 다해 학습부진아 지도를 해 오면서 매번 느끼는 아쉬움이 있습니다. 학생이 조금 좋아질 기미를 보일 때가 되면 학년이 그만 끝나 버립니다."

"최선을 다했는데도 학생이 바뀌질 않습니다. 이런 일이 반복되다 보니 실망스럽기도 하고 자신감도 사라져서 과연 학생들이 바뀔 수 있을지 의구심만 커져 갑니다."

사실 맞다. 우리도 이 일을 하면서 참 많은 학생과 부모, 교사들을 만나지만 사람이 변하기란 쉽지 않다는 것을 늘 느낀다. 우리가 교사연수를 할 때 하는 농담이 하나 있다. 우선, 결혼 생활 10년 이상 된 교사가 있는지 묻는다. 손을 들면 한 선생님을 선택해서 질문한다.

"선생님 요즘 부부싸움 많이 안 하지요?"

대부분의 교사가 지금은 거의 하지 않는다고 이야기한다. 그러면 이어 묻는다.

"신혼 때는 어떠셨어요. 많이 싸우셨지요?"

마찬가지로 대부분의 교사가 그렇다고 이야기한다.

"그럼 무슨 주제로 싸우셨어요? 국가와 민족을 위해서 싸우셨어요? 남북관계 이런 거요? (웃음) 보통 아주 사소한 것 가지고 싸우지요? '양말을 왜 이렇게 벗어 놨냐, 치약을 왜 이렇게 짜냐.' 같은 거요. 저도 그랬거든요. (웃음) 그런데 그거 아세요? 사람들은 한 가지를 깨달으면 더 이상 부부싸움을 하지 않아요."

궁금해하는 교사에게 이렇게 이야기한다.

"아~ 인간은 안 바뀌는구나. (폭소) 왜냐하면 양말 하나 벗는 것 가지고 몇 년을 싸워도 안 바뀌거든요." (웃음)

사소한 것 같지만 우리가 늘 느끼는 것을 반영한 농담이다. 누군가 한 인간을 변화시키는 것은 정말 쉽지 않은 일이다. 하물며 우리가 지도하는 학습부진아는 오랫동안 공부에 대해 실패를 경험하여 공부에 대해 두려움과 심리적 트라우마까지 가지고 있다. 이들이 단시간 내에 갑자기 공부를 열심히 하는 학생으로 바뀌는 것은 아주 극단적인 경험을 하는 몇몇 경우를 제외하면 거의 불가능하다.

오랫동안 실패와 좌절을 경험한 학생이 변화하려면 이러한 부정적인 경험을 상쇄시킬 만큼의 성공과 인정받는 경험이 필요하다. 이렇게 학습부진아들이 성공과 인정받는 경험을 쌓아가는 과정에는 반드시 지도교사의 수고로움이 동반된다. 그런데 교사의 노력과 정성이 가시적인 성과를 내려면 지난한 과정을 거쳐야 한다. 그러다 보니 학습부진아를 지도하는 많은 교사가 이러한 힘겨운 과정 속에 지치거나 좌절하게 된다. 역설적이게도, 학습부진아를 지도하는 교사를 현장에서 만나 보면 많이 하는 질문 중 하나가 "교수님, 진짜로 이 학생이 바뀔까요?"이다. 이러한 자조적인 질문을 하는 교사에게 우리는 학습부진아를 지도하는 과정은 머그컵에 물을 채우는 것과 비슷하다고 이야기한다.

실제 학습부진아가 변화되는 것은 머그컵에 물이 넘치도록 채우는 것과 비슷하다. 머그컵에 물이 넘치려면 우선 물을 부어야 한다. 그리고 그 물이 끝까지 채워졌을 때 한 방울만 물이 떨어져도 컵은 넘치게 된다. 그런데 문제는 머그컵에 물이 차고 있는 동안에는 겉으로 물이 얼만큼 찼는지 보이지 않는다는 것이다. 마찬가지이다. 학습부진아라는 컵에 그들의 학습능력이 얼마쯤 찼는지 보이지 않는다. 우리 교사들이 답답해하는 것은 바로 이 때문이다.

하지만 확실히 믿어야 하는 것은, 지금도 교사의 지난한 노력에 이 학생의 컵에는 물이 차오르고 있으며, 그렇게 차오른 컵은 언젠가는 넘칠 것이라는 점이다. 그렇다면 우리가 해야 할 것은 묵묵히 컵에 물을 채우는 것이다.

학습부진아 지도에 대한 일을 하다 보면 반가운 연락이 종종 온다. 한참 전에 상담을 해서 기억도 가물가물한 이들에게서도 연락이 온다.

"교수님, 저 혹시 기억나세요? ○○ 초등학교의 최 교사예요. ○○년도에 학생 때문에 교수님께 상담 받은 적이 있는데……."

그 교사가 잘 생각나지 않아도 상담했던 학생은 생각이 나서 반갑게 이야기하다 보면 다음과 같은 이야기를 들려준다.

"교수님, 그 학생이 얼마 전에 절 찾아왔었어요. 너무도 달라져서요. 졸업할 때는 하나도 바뀌지 않아서 걱정했었는데. 와서 하는 이야기가, '선생님 속 썩였던 것 죄송하다.'라고 하더라고요. 이제 선생님 실망시켜 드리지 않겠다고 이야기하는데 마음이 너무 벅차서 연락드렸어요."

이런 연락은 우리에게도 삶의 큰 보람이며, 동시에 교사가 이 일을 계속해야 하는 이유이기도 하다.

내가 학습부진아를 맡아 지도하는 시간 동안 이 학생의 컵이 넘치지 않을 수도 있다. 하지만 내가 이 아이의 컵에 물을 채우지 않으면 다른 누군가가 채워야만 넘치게 된다. 나는 그저 이렇게 컵에 물을 채워 나가면 된다. 만약 주어진 시간 안에 넘치지 않는다면 그저 채울 수 있는 데까지 채워 올려보내면 된다. 내년에 이 학생을 맡는 다른 교사가 이어서 컵에 물을 채워 넣으면 되고, 이렇게 이어지다 보면 학생의 컵은 언젠간 넘치게 된다.

그러니 내가 맡은 학생이 오늘 바뀌지 않았다고 실망하지 말자. 아직 컵에 물이 채워지지 않았다고 생각하면 된다. 그리고 내일도 묵묵히 학생의 컵에 물을 채워 나가자. 만약 내가 맡은 시간이 끝난다면 다음 교사에게 이 학생을 맡기고 다시 내게 오는 새로운 학생의 컵에 물을 채워 나가면 되는 것이다. 이것이 우리가 오늘 이들을 위해 할 수 있는 최선이다.

# 참고문헌

강금화, 황보명(2010). 5세 다문화가정 아동과 일반가정 아동의 언어, 읽기, 음운인식능력에 관한 연구. **언어치료연구, 19**(1), 143-158.

강영심, 김기홍, 김자경, 여승수, 최진혁, 황순영(2019). **특수교육학개론: 다양한 학습자와 함께하는 통합교육**. 서울: 학지사.

강옥려(2016). 경계선급 지능 아동의 교육: 과제와 해결 방안. **한국초등교육, 27**(1), 361-378.

강혜원, 김영희(2004). 학업스트레스 및 성적과 학습된 무기력의 관계. **상담학연구, 5**(4), 883-897.

고영건, 김미리혜, 김지혜, 김진영, 박경, 박기환, 서혜희, 안귀여루, 오상우, 육성필, 윤혜영, 이경희, 이은영, 이임순, 이현수, 정진복, 조선미, 최기홍, 최승원(2019). **이상심리학**. 서울: 학지사.

교육부(2015). 개정 교육과정. 교육부 고시 제 2015-74호.

교육부(2018). 2018년 교육기본통계 발표. 보도자료.

교육부(2019a). **2019년 국가수준 학업성취도 평가 결과**. 세종: 교육부.

교육부(2019b). 행복한 출발을 위한 기초학력 지원 내실화 방안. 보도자료.

교육부(2019c). **2019년 교육기본통계 주요내용**. 보도자료.

교육부(2019d). **2019년도 특수교육 운영계획**. 세종: 교육부.

국가법령정보센터(2019). 초·중등교육법. http://www.law.go.kr/

김동일, 신을진, 황애경(2002). 메타분석을 통한 학습전략의 효과연구.

아시아교육연구.

김동일, 이대식, 신종호(2016). **학습장애아동의 이해와 교육**. 서울: 학
지사.

김미배, 배소영(2012). 초등 읽기부진 아동의 읽기특성. **언어청각장애연
구, 17**(4), 565-581.

김선숙, 고미선(2007). 청소년의 학업성취 변화에 영향을 주는 요인: 잠
재성장모형을 적용하여. **한국청소년연구, 18**(3), 5-29.

김아영(2002). 자기결정성 이론에 따른 학습동기 유형 분류체계의 타당
성. **교육심리연구, 16**(4), 169-187.

김아영(2004). 자아효능감과 학습동기. **교육방법연구, 16**(2), 1-38.

김영숙(2016). **찬찬히 체계적, 과학적으로 배우는 읽기&쓰기 교육**. 서울:
학지사.

김은영, 신민경(2017). 초등 저학년 학습부진 아동을 위한 협력교사제 운
영 효과 분석. **아동교육, 26**(3), 43-64.

김재복(1996). 교육과정의 내용조직 유형(類型)에 관한 연구. **교육과정
연구, 14**(3), 73-93.

김정림, 강은희, 이지윤(2018). 음운인식 중재 프로그램이 지적장애 아동
의 음운인식 및 단어재인 능력에 미치는 효과. **언어치료연구, 27**(3),
1-12.

김진숙, 김계원(2008). 초등학교 고학년용 주의조절 척도 개발. **상담학연
구, 9**(3), 1101-1115.

김현수(2015). **공부상처 학습 부진의 심리학: 배움의 본능 되살리기**. 서울:
에듀니티.

김현철, 황수진, 박혜랑(2019). 상대적 빈곤층의 사교육비 지출규모와 변

화추이. **한국청소년연구, 30**(1), 155-183.

남미란, 이대식(2011). 이야기구조 학습전략이 읽기학습부진학생의 독해력과 읽기태도에 미치는 효과. 아시아교육연구.

노영덕(2015). **처음 만나는 미학**. 서울: 알에이치코리아.

박순길, 조증열(2016). 기초학습부진아동의 내·외적동기에 따른 학업적 실패내성, 우울, 학업효능감에 미치는 영향. **예술인문사회융합멀티미디어논문지, 6**, 135-142.

박신영(2013). 원조 된장녀 마리 앙투아네트가 주는 교훈. **채널예스**. 출처: http://ch.yes24.com/ Article/View/22550

박아청, 최성열(2007). 초등학생의 자기효능감 및 학습동기 수준에 따른 학교적응 차이. **교육심리연구, 21**(4), 989-1005.

박진숙(2011). 인지적 정보처리이론에 근거한 초등학생 진로집단상담 프로그램구성 및 효과 검증. 대구대학교 박사학위논문.

박찬선, 장세희(2015). **경계선 지능을 가진 아이들**. 경기: 한국학술정보.

변찬석, 권미영, 문경아(2018). 학습장애 진단기준 변경 전·후 실태. **특수교육재활과학연구, 57**(2), 221-242.

보건복지부(2018). 2017년 전국아동학대현황보고서. 보건복지부.

서울시교육청(2019). 2019 서울 기초학력 향상 기본 계획. 보도자료.

손영숙(2000). 지속적 주의의 이해와 응용. **한국심리학회지: 일반, 19**(1), 1-28.

신정인, 김춘경(2012). 학습부진아동의 경험에 대한 현상학적 연구. **특수교육재활과학연구, 51**(1), 127-152.

신종호, 이미영(2004). 수학연산문제 구성형식에 따른 수학부진학생의 수행결과 차이 분석. **학습장애연구, 1**, 115-132.

신진숙(2017). **지적장애아 교육**. 경기: 양서원.

양광모(2011). **따뜻하고 쿨한 공감의 기술**. 서울: 북큐브.

양수진, 정성심, 홍성도(2006). 주의력 결핍 과잉 행동 장애의 유병률과 관련 인자: 서울시 학교 정신보건 사업. Journal of Korean Neuropsychiatry Association, 45(1), 69-76.

오헌석, 성은모, 배진현, 성문주(2009). 최고 수준 전문가와 보통 수준 전문가의 특성 비교 분석. **아시아교육연구, 10**(4), 105-135.

우정한, 신화성, 김종훈, 김민주(2016). 초등학교 읽기장애학생과 일반학생의 빠른 이름대기, 읽기유창성, 읽기이해 특성 및 관계 비교. **특수교육재활과학연구, 55**(4), 163-183.

위영만, 강형원(2009). ADHD로 인한 학습부진아동 치험 1례. **동의신경정신과 학회지, 20**(4), 197-209.

윤선아, 김현택, 최준식(2007). 주의력 조절 척도의 신뢰도 및 타당화 연구. **한국심리학회지: 임상, 26**(1), 185-199.

윤은경(2012). 다중지능이론에 기초한 유아과학교육 프로그램 개발 및 효과. 전남대학교 대학원 박사학위논문.

윤채영, 황두경, 김정섭(2012). 초등 학습부진아와 일반아의 학업동기와 학습전략 특성 비교. **사고개발, 8**(2), 125-149.

윤형진(2009). 다중지능특성에 따른 강점기반 자기결정훈련이 지적장애학생의 자율성과 사회적 적응행동에 미치는 효과. 대구대학교 대학원 박사학위논문.

윤혜경(1997). 아동의 한글읽기발달에 관한 연구: 자소-음소대응규칙의 터득을 중심으로. 부산대학교 대학원 박사학위논문.

윤희준, 오윤혜, 정유숙(2016). 기분 장애 소아 청소년 환자에서 자살 행동, 공격 행동과 인지기능과의 관계. **소아청소년정신의학, 27**(1), 39-47.

이경화(2019). 기초 문해력과 읽기 부진 지도. **청람어문교육,** (71), 223-245.

이국종(2018). **골든아워1.** 서울: 흐름출판.

이대균, 서윤정(2005). 발음중심 교수법과 총체적 언어 접근법을 병행한 언어교육 프로그램의 효과. **열린유아교육연구, 10**(4), 23-44.

이대식(2019). 학습 어려움, 어떻게 이해하고 대처할 것인가?: 국내 학습 장애 교육 발전을 위한 과제와 방향. **학습장애연구, 16,** 1-32.

이대식, 임건순(2018). 학습부진 학생 지원 실태에 관한 초등교사들의 인식. **교육문화연구, 24**(4), 151-169.

이명숙, 전병운(2016). 초기 문해 지도를 위한 균형적 언어접근법의 연구 동향. **지적장애연구, 18**(4), 185-213.

이명진, 봉미미(2013). 청소년기의 학습된 무기력. **교육학연구, 51,** 77-105.

이병욱(2003). 우울증의 진단과 정신치료. **대한의사협회지, 46**(9), 794-799.

이소희, 신춘희, 박영례(2010). 어머니와 교사가 인식한 초등학생의 학습 강점에 관한 탐색 연구. **한국가족복지학, 15**(3), 53-76.

이승미, 박순경, 김중훈(2017). 초등학교 1학년 학생들의 한글 해득 수준 향상을 위한 지원 요구 분석. **교육과정평가연구, 20**(3), 1-24.

이유정, 오성배(2016). 지역 간 학업성취도 격차 실태 및 완화 방안에 대한 탐색적 연구: 가정내 사회적 자본을 중심으로. **한국교육문제연구, 34**(1), 93-114.

이은해, 김정윤, 오원정(2001). 아동의 또래지위 및 친구관계와 학교적응의 관계. **아동학회지, 22**(1), 1-18.

이인원, 윤정혜(2008). 초등학교 저학년 학습부진아 실태와 취학전 경험.

한국열린유아교육학회 학술대회 발표논문집, 553-562.

이지영, 김정미(2006). 단어재인과 읽기이해의 혼합 중재가 초등학교 읽기장애 아동의 비단어 읽기에 미치는 효과. **언어청각장애연구, 11**(3), 64-81.

이한아, 우민정(2016). 청소년 우울 위험군의 개인적, 심리적, 환경적, 인지적 특성. **한국여성체육학회지, 30**(3), 299-310.

이호준(2013). 중재반응모델에서의 증거기반 교수에 대한 초등학교 일반교사의 인식연구. 대구대학교 대학원 석사학위논문.

이화진, 부재율, 서동엽, 송현정(1999). 초등학교 학습부진아 지도 프로그램 개발 연구. 한국교육과정평가원 연구보고 RCC, 99-3.

장래혁. (2014). [두뇌 활용 노하우] 뇌교육 리더십, 좋은 의사 결정하려면 좋은 뇌 상태 만들어야. **브레인, 49**, 44-45.

전민희(2019. 3. 31.). [떨어지는 기초학력] "로그·미적분 수학 공식은 외계어" 방치된 수포자들. **중앙일보.** https://news.joins.com/article/23427325

정병삼(2012). 부모, 교사, 친구관계에서 지각하는 지지가 초기 청소년들의 학업성취에 미치는 종단적 효과. **한국청소년연구, 23**(2), 131-159.

정석환, 배정혜(2016). 한국 사교육의 존재방식: 사교육 업체의 관점에서. **동아인문학, 36**, 395-427.

정종성(2015). 초등학교 1학년 아동의 자모 인식, 단어 해독, 읽기 유창성 발달 양상 탐색. **초등교육연구, 28**(1), 113-131.

정종성, 최진오, 김동원(2018). 충북형 미래학력에 기반한 기초학력 개념 재정립 및 맞춤형 지원 방안 연구. 연구보고서. 충북교육청.

정평강, 김예리, 김중훈(2019). 읽기부진 아동을 위한 통합 파닉스 기반 개별화 읽기교수 전문성개발 프로그램에 참여한 교사들의 경험과 인식. **특수교육학연구, 53**(4), 185-211.

조주연(1998). 학습 및 기억에 대한 인지과학적 발견의 교육적 적용. **초등교육연구, 12**(2), 5-27.

최규련(2010). 가족구조, 부모와의 의사소통, 학업문제와 친구관계가 청소년 비행에 미치는 영향. Family and Environment Research, **48**(7), 33-48.

최재영(2002). 근접발달영역과 교수학습의 효과성 연구. **교육방법연구, 14**, 140-163.

최진오(2014). 초등학생의 ADHD 성향과 학습양식과의 관계분석. **특수아동교육연구, 16**(3), 41-59.

최진오(2019). 초등학생 학교폭력과 사이버불링의 구조적 관계에 있어 스마트폰 과의존의 매개효과 분석. **초등교육연구, 32**(4), 53-78.

통계청(2019). 2018년 혼인·이혼 통계. 보도자료. 통계청.

하정혜, 윤연기, 김판희(2014). 행동점검플래너를 적용한 학습전략프로그램이 학습부진학생의 자기주도적 학습능력과 학업성취에 미치는 영향. **교육심리연구, 28**(3), 521-537.

한국뇌과학연구원(2014). 의식의 뿌리, 생명의 근원 뇌간. **브레인, 44**, 56-59.

현진희, 안윤정(2014). 아스퍼거장애 아동 어머니의 양육경험에 관한 연구. **한국사회복지학, 66**(1), 113-138.

황두경, 김정섭(2014). 초등학교 학습부진학생의 시간관리능력과 학업적 자기효능감에 대한 시간관리 학습전략 프로그램의 효과. **사고개발, 10**(4), 39-57.

황매향(2006). 학업성취도에 영향을 미치는 사회적 관계 변인들의 상대
    적 영향력 차이. **아시아교육연구, 7**(3), 187-203.


Alfonso, V. C., & Flanagan, D. P. (2018). *Essentials of specific learning
    disability identification*. John Wiley & Sons.

American Psychiatric Association. (2013). *Diagnostic and statistical
    manual of mental disorders* (DSM-5®). American Psychiatric
    Publishing, Inc,.

American Psychiatry Association. (2018). What Is Specific Learning
    Disorder? Retrieved from https://www.psychiatry.org/

Arnold, L. E., Hodgkins, P., Kahle, J., Madhoo, M., & Kewley, G. (2020).
    Long-term outcomes of ADHD: Academic achievement and
    performance. *Journal of Attention Disorders, 24*(1), 73-85.

Baier, K. (2011). The effects of SQ3R on fifth grade students'
    comprehension levels. Doctoral dissertation, Bowling Green State
    University.

Barlow, D. H., & Craske, M. G. (2006). *Mastery of your anxiety and
    panic*. Oxford University Press.

Beck, A. T., Emery, G., & Greenberg, R. L. (2005). *Anxiety disorders
    and phobias: A cognitive perspective*. Basic Books.

Bergen, D., & Woodin, M. (2017). *Brain research and childhood
    education: Implications for educators, parents, and society*.
    Routledge.

Berninger, V. W., & Wolf, B. J. (2016). *Dyslexia, dysgraphia, OWL LD, and dyscalculia.* Paul H. Brookes Publishing Co.

Beyer, B. K. (2008). What research tells us about teaching thinking skills. *The Social Studies, 99*(5), 223-232.

Bogdashina, O. (2016). *Sensory perceptual issues in autism and asperger syndrome: Different sensory experiences-different perceptual worlds.* Jessica Kingsley Publishers.

Bouck, E. C. (2009). No Child Left Behind, the Individuals with Disabilities Education Act and functional curricula: A conflict of interest?. *Education and Training in Developmental Disabilities,* 3-13.

Boyle, J. R. (2012). Note-taking and secondary students with learning disabilities: Challenges and solutions. *Learning Disabilities Research & Practice, 27*(2), 90-101.

Bridgman, M. W., Brown, W. S., Spezio, M. L., Leonard, M. K., Adolphs, R., & Paul, L. K. (2014). Facial emotion recognition in agenesis of the corpus callosum. *Journal of Neurodevelopmental Disorders, 6*(1), 32.

Bushnell, I. W. R. (2001). Mother's face recognition in newborn infants: Learning and memory. *Infant and Child Development: An International Journal of Research and Practice, 10*(1-2), 67-74.

Cabell, S. Q., Justice, L. M., Logan, J. A., & Konold, T. R. (2013). Emergent literacy profiles among prekindergarten children from low-SES backgrounds: Longitudinal considerations. *Early Childhood Research Quarterly, 28*(3), 608-620.

CADDRA(2014). ADHD checklist.

Cleveland, B., & Fisher, K. (2014). The evaluation of physical learning environments: A critical review of the literature. *Learning Environments Research, 17*(1), 1–28.

Cook, N. D. (2018). *The brain code: Mechanisms of information transfer and the role of the corpus callosum.* Routledge.

Coutinho, S. A. (2007). The relationship between goals, metacognition, and academic success. *The Journal of Doctoral Research Education, 7*(1), 39–47.

Dehaene, S. (2017). 글 읽는 뇌. 이광오 외 역. 서울: 학지사. (원전은 2009에 출판)

Den Heijer, A. E., Groen, Y., Tucha, L., Fuermaier, A. B., Koerts, J., Lange, K. W., ... & Tucha, O. (2017). Sweat it out? The effects of physical exercise on cognition and behavior in children and adults with ADHD: a systematic literature review. *Journal of Neural Transmission, 124*(1), 3–26.

Ehri, L. C., & McCormick, S. (2004). Phases of word learning: Implications for instruction with delayed and disabled readers. In R. B. Ruddell & J. J. Norman (Eds.), *Theoretical models and processes of reading* (pp. 365–389). International Reading Association.

Erickson, R. L., Paul, L. K., & Brown, W. S. (2014). Verbal learning and memory in agenesis of the corpus callosum. *Neuropsychologia, 60*, 121–130.

Fletcher, J. M., Lyon, G. R., Fuchs, L. S., & Barnes, M. A. (2018). *Learning disabilities: From identification to intervention*. Guilford Publications.

Francis, H. (2017). *Learning to read: Literate behaviour and orthographic knowledge*. Routledge.

Gajria, M., Jitendra, A. K., Sood, S., & Sacks, G. (2007). Improving comprehension of expository text in students with LD: A research synthesis. *Journal of Learning Disabilities, 40*(3), 210–225.

Galda, L. (2010). First things first. Why good books and time to respond to them matter. *The NERA Journal, 46*(1), 1–7.

Gladwell, M. (2006). *The tipping point: How little things can make a big difference*. Little, Brown.

Graham, S., & Harris, K. R. (2017). Evidence-based writing practices: A meta-analysis of existing meta-analyses. In R. F. Redondo, K. Harris & M. Braaksma (Eds.), *Design principles for teaching effective writing* (pp. 13-37). Brill.

Hannell, G. (2006). Identifying children with special needs: Checklists and action plans for teachers. Corwin Press.

Harari, Y. N. (2015). **사피엔스: 유인원에서 사이보그까지, 인간 역사의 대담하고 위대한 질문**. 조현욱 역. 경기: 김영사. (원전은 2014에 출판)

Hatcher, P. J., Goetz, K., Snowling, M. J., Hulme, C., Gibbs, S., & Smith, G. (2006). Evidence for the effectiveness of the Early Literacy Support programme. *British Journal of Educational Psychology, 76*(2), 351–367.

Hatzigeorgiadis, A., Zourbanos, N., Mpoumpaki, S., & Theodorakis, Y. (2009). Mechanisms underlying the self-talk-performance relationship: The effects of motivational self-talk on self-confidence and anxiety. *Psychology of Sport and Exercise, 10*(1), 186-192.

Hay, I., & Fielding-Barnsley, R. (2006) Enhancing the early literacy development of children at risk for reading difficulties. *Australian Journal of Learning Disabilities, 11*(3), 117-124.

Hollander, E., & Stein, D. J. (Eds.). (2007). *Clinical manual of impulse-control disorders.* American Psychiatric Pub.

Huber, J. A. (2004). A closer look at SQ3R. *Reading Improvement, 41*(2), 108-113.

Hughes, T. A., & Fredrick, L. D. (2006). Teaching vocabulary with students with learning disabilities using classwide peer tutoring and constant time delay. *Journal of Behavioral Education, 15*(1), 1-23.

Iaccino, J. F. (2014). *Left brain-right brain differences: Inquiries, evidence, and new approaches.* Psychology Press.

International Reading Association & National Association for the Education of Young Children (1998). Learning to read and write: Developmentally appropriate practices for young children. *Young Children, 53*(4), 30-46.

Jensen, E. (2008). *Brain-based learning: The new paradigm of teaching.* Corwin Press.

Jitendra, A. K., Griffin, C. C., McGoey, K., Gardill, M. C., Bhat, P., & Riley, T. (1998). Effects of mathematical word problem solving by students at risk or with mild disabilities. *The Journal of Educational Research, 91*(6), 345-355.

Joseph, L. M. (2002). Facilitating word recognition and spelling using word boxes and word sort phonic procedures. *School Psychology Review, 31*(1), 122-129.

Jussim, L., & Harber, K. D. (2005). Teacher expectations and self-fulfilling prophecies: Knowns and unknowns, resolved and unresolved controversies. *Personality and Social Psychology Review, 9*(2), 131-155.

Kamp, C. F., Sperlich, B., & Holmberg, H. C. (2014). Exercise reduces the symptoms of attention-deficit/hyperactivity disorder and improves social behaviour, motor skills, strength and neuropsychological parameters. *Acta Paediatrica, 103*(7), 709-714.

Keller, J. M. (2009). *Motivational design for learning and performance: The ARCS model approach.* Springer Science & Business Media.

Klingner, J. K., Vaughn, S., & Boardman, A. (2015). *Teaching reading comprehension to students with learning difficulties, 2/E.* Guilford Publications.

Krain, A. L., & Castellanos, F. X. (2006). *Brain development and ADHD. Clinical Psychology Review, 26*(4), 433-444.

Kress, G. (Ed.). (2001). *Multimodal teaching and learning: The rhetorics of the science classroom.* A&C Black.

Lane, K. L., Wehby, J. H., Menzies, H. M., Gregg, R. M., Doukas, G. L., & Munton, S. M. (2002). Early literacy instruction for first-grade students at-risk for antisocial behavior. *Education and Treatment of Children*, 438-458.

Langer, N., Pedroni, A., Gianotti, L. R., Hänggi, J., Knoch, D., & Jäncke, L. (2012). Functional brain network efficiency predicts intelligence. *Human Brain Mapping, 33*(6), 1393-1406.

Lerner, J. S., Li, Y., Valdesolo, P., & Kassam, K. S. (2015). Emotion and decision making. *Annual Review of Psychology, 66*, 799-823.

Lindell, A. K., & Kidd, E. (2011). Why right-brain teaching is half-witted: A critique of the misapplication of neuroscience to education. *Mind, Brain, and Education, 5*(3), 121-127.

Maheady, L., & Gard, J. (2010). Classwide peer tutoring: Practice, theory, research, and personal narrative. *Intervention in School and Clinic, 46*(2), 71-78.

Martel, M. M. (2018). *Developmental Pathways to Disruptive, Impulse-control, and Conduct Disorders.* Academic Press.

Mayes, S. D., Calhoun, S. L., Mayes, R. D., & Molitoris, S. (2012). Autism and ADHD: Overlapping and discriminating symptoms. *Research in Autism Spectrum Disorders, 6*(1), 277-285.

Mehrabian, A. (1971). *Silent messages* (Vol. 8). Belmont, CA: Wadsworth.

Melillo, R. (2015). *Disconnected kids: The groundbreaking brain balance program for children with autism, ADHD, dyslexia, and other neurological disorders.* Penguin.

Montague, M., & Jitendra, A. K. (Eds.). (2018). *Teaching mathematics to middle school students with learning difficulties.* Guilford Publications.

National Center on Intensive Intervention (February, 2015). Behavior contracts, DC: U.S. Department of Education, Office of Special Education Programs, National Center on Intensive Intervention.

NCLD (2007). Learning disability checklist.

Nilson, L. (2013). *Creating self-regulated learners: Strategies to strengthen students? self-awareness and learning skills.* Stylus Publishing, LLC..

O'Connor, R.E. (2007). *Teaching word recognition: Effective strategies for students with learning difficulties.* New York: The Guilford Press.

Pally, R. (2018). *The mind-brain relationship.* Routledge.

Pierangelo, R., & Giuliani, G. A. (2006). *Learning disabilities: A practical approach to foundations, assessment, diagnosis, and teaching.* Pearson College Division.

Posner, M. I., & Rothbart, M. K. (2007). *Educating the human brain.* American Psychological Association.

Pressley, M., Borkowski, J. G., & Schneider, W. (2010). Cognitive strategies: Good strategy users coordinate metacognition and knowledge.

Price, G. R., & Ansari, D. (2013). Dyscalculia: Characteristics, causes, and treatments. *Numeracy, 6*(1), 1–16.

Ramirez, G., & Beilock, S. L. (2011). Writing about testing worries boosts exam performance in the classroom. *Science, 331*(6014), 211–213.

Ratey, J. J. (2008). *Spark: The revolutionary new science of exercise and the brain.* Little, Brown Spark.

Reynolds, S., & Lane, S. J. (2009). Sensory overresponsivity and anxiety in children with ADHD. *American Journal of Occupational Therapy, 63*(4), 433–440.

Riener, C., & Willingham, D. (2010). The myth of learning styles. *Change: The magazine of higher learning, 42*(5), 32–35.

Rolls, E. T. (2015). Limbic systems for emotion and for memory, but no single limbic system. *Cortex, 62*, 119–157.

Roth, F. P., Speece, D. L., & Cooper, D. H. (2002). A longitudinal analysis of the connection between oral language and early reading. *The Journal of Educational Research, 95*(5), 259-272.

Ryan, M. P., & Glenn, P. A. (2004). What do first-year students need most: Learning strategies instruction or academic socialization?. *Journal of College Reading and Learning, 34*(2), 4–28.

Sampson, J. P., Reardon, R. C., Peterson, G. W., & Lenz, J. G. (2004). *Career counseling and services: A cognitive information processing approach.* Thomson/Brooks/Cole.

Schmitt, M. C., & Gregory, A. E. (2005). The impact of an early literacy intervention: Where are the children now?. *Literacy Teaching and*

*Learning, 10*(1), 1-20.

Shillingsburg, M. A., Hansen, B., & Wright, M. (2019). Rapport building and instructional fading prior to discrete trial instruction: Moving from child-led play to intensive teaching. *Behavior modification, 43*(2), 288-306.

Shochat, T., Tzischinsky, O., & Engel-Yeger, B. (2009). Sensory hypersensitivity as a contributing factor in the relation between sleep and behavioral disorders in normal schoolchildren. *Behavioral Sleep Medicine, 7*(1), 53-62.

Shulman, G. L., Pope, D. L., Astafiev, S. V., McAvoy, M. P., Snyder, A. Z., & Corbetta, M. (2010). Right hemisphere dominance during spatial selective attention and target detection occurs outside the dorsal frontoparietal network. *Journal of Neuroscience, 30*(10), 3640-3651.

Silverman, S. M., Iseman, J. S., & Jeweler, S. (2009). *School success for kids with ADHD*. Prufrock Press.

Snowling, M. J. (2000). *Dyslexia*. Blackwell publishing.

Snyder, S., & Fisk, T. (2016). Applying Bandura's Model to identifying sources of self-efficacy of teaching artists. *Research in the Schools, 23*(2), 38-50.

Speece, D. L., Roth, F. P., Cooper, D. H., & De La Paz, S. (1999). The relevance of oral language skills to early literacy: A multivariate analysis. *Applied Psycholinguistics, 20*(2), 167-190.

Stephan, K. E., Marshall, J. C., Friston, K. J., Rowe, J. B., Ritzl, A.,

Zilles, K., & Fink, G. R. (2003). Lateralized cognitive processes and lateralized task control in the human brain. *Science, 301*(5631), 384–386.

Stevens, A. A., Tappon, S. C., Garg, A., & Fair, D. A. (2012). Functional brain network modularity captures inter-and intra-individual variation in working memory capacity. *PloS one, 7*(1).

Stoeger, H., & Ziegler, A. (2008). Evaluation of a classroom based training to improve self-regulation in time management tasks during homework activities with fourth graders. *Metacognition and Learning, 3*(3), 207–230.

Sutton, R. E. (2004). Emotional regulation goals and strategies of teachers. *Social psychology of education, 7*(4), 379–398.

Trevarthen, C. (2017). The function of emotions in early infant communication and development. In J. Nadel & L. Camaioni(Eds.), *New perspectives in early communicative development* (pp. 48-81). Routledge.

Uher, R., Payne, J. L., Pavlova, B., & Perlis, R. H. (2014). Major depressive disorder in DSM-5: Implications for clinical practice and research of changes from DSM-IV. *Depression and anxiety, 31*(6), 459–471.

Van Den Heuvel, M. P., Stam, C. J., Kahn, R. S., & Pol, H. E. H. (2009). Efficiency of functional brain networks and intellectual performance. *Journal of Neuroscience, 29*(23), 7619–7624.

von Plessen, K., Lundervold, A., Duta, N., Heiervang, E., Klauschen,

F., Smievoll, A. I., ... & Hugdahl, K. (2002). Less developed corpus callosum in dyslexic subjects—a structural MRI study. *Neuropsychologia, 40*(7), 1035-1044.

Vrugt, A., & Oort, F. J. (2008). Metacognition, achievement goals, study strategies and academic achievement: Pathways to achievement. *Metacognition and Learning, 3*(2), 123-146.

Yogev-Seligmann, G., Hausdorff, J. M., & Giladi, N. (2008). The role of executive function and attention in gait. *Movement Disorders: Official Journal of the Movement Disorder Society, 23*(3), 329-342.

Zimmerman, B. J., Bonner, S., & Kovach, R. (1996). *Developing self-regulated learners: Beyond achievement to self-efficacy.* American Psychological Association.

# 찾아보기

## 최진오(Jinoh Choi)

창원대학교 특수교육과 교수. 서울교육대학교를 졸업하고 교사로 근무하며 학습부진 및 학교부적응 학생들을 지도하던 중, 역량에 한계를 느껴 학교를 그만두고 미국으로 건너가 일리노이 대학교에서 학습 및 정서행동 장애를 전공하였다. 귀국 후에는 대학에서 예비교사들을 가르치고 있으며, 전국을 다니며 학습부진 및 학교부적응 학생지도에 대한 상담과 연수 프로그램을 진행하고 있다. 주요 연구 분야는 학습부진, ADHD, 다문화학생 학교부적응 등으로, 이와 관련하여 40편이 넘는 논문과 저서를 발표하였다.

## 정종성(Jongseong Jeong)

청주교육대학교 교육학과 교수. 서울교육대학교를 졸업한 후 초등교사로 근무하였으며, 일리노이 대학교 특수교육과에서 학습장애전공으로 박사학위를 취득하였다. 초등학교 저학년 아동의 문해력 발달 양상을 파악하고 이를 바탕으로 또래 아동과 문해력 격차가 큰 아동을 찾아 교육적 개입을 시도하는 데 관심을 가지고 있다. 읽기부진에 대한 연구와 더불어 난독증에 대한 오개념을 바로잡고 난독 아동을 선별, 진단, 중재하는 일련의 절차를 개발하기 위한 연구를 진행 중이다.

학습부진아의
# 공부잠재력 키우기

2020년 9월 1일 1판 1쇄 인쇄
2020년 9월 5일 1판 1쇄 발행

지은이 • 최진오 · 정종성
펴낸이 • 김진환
펴낸곳 • (주)**학지사**

04031 서울특별시 마포구 양화로 15길 20 마인드월드빌딩
대표전화 • 02)330-5114        팩스 • 02)324-2345
등록번호 • 제313-2006-000265호

홈페이지 • http://www.hakjisa.co.kr
페이스북 • https://www.facebook.com/hakjisa

ISBN 978-89-997-2156-4 03370

정가 14,000원

이 도서의 국립중앙도서관 출판시도서목록(CIP)은 서지정보유통지
원시스템 홈페이지(http://seoji.nl.go.kr)와 국가자료공동목록시스템
(http://www.nl.go.kr/kolisnet)에서 이용하실 수 있습니다.
(CIP 제어번호: CIP2020032212)

출판 · 교육 · 미디어기업 **학지사**

간호보건의학출판 **학지사메디컬** www.hakjisamd.co.kr
심리검사연구소 **인싸이트** www.inpsyt.co.kr
학술논문서비스 **뉴논문** www.newnonmun.com
원격교육연수원 **카운피아** www.counpia.com